스트레스에 강한 아이의 비밀

Self-Reg:
How to Help Your Child (and You) Break the Stress Cycle
and Successfully Engage with Life
by Dr. Stuart Shanker with Teresa Barker
First published by Penguin Press,
an imprint of Penguin Random House LLC, New York.

마시멜로 **실험** 이후 교육계에 가장 큰 파문을 일으킨 **아이의 참을성**에 대한 발견

스트레스에 강한 아이의 비밀

스튜어트 쉥커 · 테레사 바커 지음

김선영 옮김

북라이프

옮긴이 **김선영**

이화여자대학교 신문방송학과를 졸업하고 서울대학교 대학원에서 경제학을 공부했다. 현재 전문 번역가로 활동 중이다. 옮긴 책으로는 《과일 사냥꾼》《식량의 종말》《그린 투 골드》《북한의 숨겨진 사람들》《금융의 지배》《우리가 먹고 사랑하고 혐오하는 동물들》《근시사회》등 다수가 있다.

스트레스에 강한 아이의 비밀

1판 1쇄 발행 2016년 6월 20일
1판 5쇄 발행 2021년 11월 26일

지은이 | 스튜어트 솅커, 테레사 바커
옮긴이 | 김선영
발행인 | 홍영태
발행처 | 북라이프
등 록 | 제2011-000096호(2011년 3월 24일)
주 소 | 03991 서울시 마포구 월드컵북로6길 3 이노베이스빌딩 7층
전 화 | (02)338-9449
팩 스 | (02)338-6543
대표메일 | bb@businessbooks.co.kr
홈페이지 | http://www.businessbooks.co.kr
블로그 | http://blog.naver.com/booklife1
페이스북 | thebooklife
 ISBN 979-11-85459-47-9 03370

비즈니스북스는 독자 여러분의 소중한 아이디어와 원고 투고를 기다리고 있습니다.
원고가 있으신 분은 ms2@businessbooks.co.kr로 간단한 개요와 취지, 연락처 등을 보내 주세요.

지금 이 순간 한국 아이들에게
필요한 자기 조절력

만약 차에 연료가 떨어지거나 브레이크액이 부족하다고 알려주는 계기판의 경고등을 무시한다면 어떻게 될까? 경고등을 보지 못했거나 그게 무슨 신호인지 모르고 계속 주행한다면? 결국 당신 차에 큰 문제가 생길 것이다.

하지만 우리는 이런 위험한 상황을 거의 겪지 않는다. 정기적으로 차량을 점검하고 경고등에 불이 들어오거나 경고 표시가 뜨면 주의를 기울이기 때문이다. 내 차를 제대로 굴리려면 이런 노력이 필요하다. 그렇다면 자녀들에게도 이런 노력을 기울이는가? 아이에게 문제가 생겼다고 경고하는 많은 표시를 지켜보는가? 이는 세상의 모든 부모가 항상 신경 써야 하는 문제다.

다른 국가들과 마찬가지로 한국 역시 아이들과 청소년의 정신 건강에 빨간불이 들어왔다. 자살률, 우울증, 불안장애, 인터넷 게임 중독이 놀랄 만큼 증가하고 있다. 더욱 우려스러운 것은 이런 문제들이 잦아들 조짐이 보이지 않는다는 점이다. 이런 상황을 일으키는 원인을 어느 하나로 소급할 수는 없지만, 한국 학생들(그리고 학부모들)이 받는 과도한 압박이 두드러진 요인인 것만은 분명하다.

2차 세계대전 이후 한국은 급속한 경제발전으로 단숨에 산업사회로 도약했으며, 한국인들은 교육 경쟁력을 핵심 전략으로 삼았다. 높은 교육 수준을 달성한 한국인들의 노력은 진정 경이로웠다. 현재 한국 학생들은 수학, 과학, 독해 능력을 측정하는 국제 학력평가에서 종합 5위를 기록하고 있다. 하지만 이토록 놀라운 성적을 가능하게 한 부모들의 '억척스러운 자식 사랑'은 현재 아이들의 위태로운 정신 건강에 어떠한 해법도 되지 못하고 있다. 때로는 상황을 악화시키기도 한다.

이제는 그 이유를 다들 알 것이다. 우리가 자녀들의 엔진 경고등을 무시한 채 더 노력하라고 계속 몰아붙일 경우 아이들은 그런 노력을 하기 위해 인체의 스트레스 호르몬인 아드레날린과 코르티솔에 기댈 수밖에 없다. 문제는 이러한 신경 화학물질이 혈액에 쌓이면 정신과 뇌가 모두 쇠약해진다는 점이다. 그럴수록 아이는 점점 더 노력을 하지 못하거나 학습 능력이 떨어지고, 부모가 이런 아이를 꾸짖게 되면 같은 상황이 반복되는 악순환에 빠진다. 이 때문에 모든 연령대의 아이들에게 점점 흔해지는 정신 건강 문제가 생기게 된다.

바로 여기에 자기 조절법Self-Reg이 개입한다. 자기 조절법은 우리 아이나 10대들이 가장 뛰어난 성취 능력을 발휘하게 하는 방법을 알려준다. 아이들은 자기 조절에 능숙해질수록 점점 경쟁이 심해지는 세상에서 그 어떤 난관에 부딪히더라도 더욱 잘 대처해 나갈 것이다. 자기 조절은 일상에서 스트레스에 효과적으로 대처하는 방법을 말한다.

스트레스가 지나치면 부교감신경계의 회복 기제가 혹사당해 회복 능력을 잃고 만다. 인체가 크게 긴장하고 에너지가 심하게 고갈된다. 그러면 반성적·사색적 사고 능력뿐 아니라 무엇보다 중요한 학습 능력이 크게 손상된다. 유혹에 저항하는 능력이 약해지고, 투쟁-도피 상태로 쉽게 빠진다.

부모들이 자녀의 엔진 경고등을 간과하는 데에는 몇 가지 이유가 있다. 하나는 그 신호가 무슨 뜻인지 몰라서다. 즉 아이가 위험 영역red zone에 빠진 순간을 눈치 채지 못하는 것이다. 이때 가장 큰 문제가 발생한다. 충동성이 심해지거나 주의력이 산만해지는 것과 같은 아이의 스트레스 행동을 일부러 하는 잘못된 행동이라고 착각하는 것이다. 또 다른 문제는 보통 부모들이 스트레스가 무엇인지, 아이들을 괴롭히는 숱한 스트레스 요인이 무엇인지 부분적으로만 안다는 것이다. 우리는 스트레스를 주로 현대인이 일상에서 받는 압박 정도로 생각한다. 그렇지만 온갖 스트레스 요인을 떠올려야 한다. 사회적·감정적 스트레스는 물론이고 생물학적·환경적 스트레스까지도 살펴야 한다.

특히 중요한 것은 숨은 스트레스 요인들이다. 예를 들어 잠들기 직전에 비디오게임을 할 경우 아이가 잠든 후에도 변연계의 경보기가 몇 시간이고 계속 작동할 수 있다. 그러면 심박수와 호흡수가 올라가면서 투쟁-도피 상태에 놓이게 된다. 이러한 '숨은 스트레스 요인들'은 신경계에 끔찍한 손상을 입힐 수 있다. 그렇지만 대부분 아이의 정신이나 신체에 심각한 문제가 생긴 후에야 이런 상황을 감지한다.

일단 아이의 삶에서 숨은 스트레스 요인들이 무엇인지 알아냈다면, 이를 어떻게 줄일 것인가라는 문제가 남는다. 역설적이게도 아이들에게 스트레스 대처법을 가르칠 때 겪는 어려운 난관 중 하나는, 지금 스트레스가 심하므로 쉬면서 회복해야 할 순간임을 아이들 스스로 자각하게 하는 것이다.

마지막으로, 아이가 지나치게 스트레스를 받는 순간을 알아챘다면 어떻게 대처할 것인가라는 문제가 남는다. 아이가 그런 상황을 억누르거나 피하지 않는 것이 정말 중요하다. 무엇보다 아이가 기운을 회복하고 회복력을 키우는 방향으로 스트레스에 대처하는 법을 익히게 해야 한다. 하지만 보편적인 '처방'은 없다. 다른 아이에게 맞는 방법이 내 아이에게는 아닐 수도 있다. 설사 효과적인 방법을 찾았더라도 그것 역시 매 순간 바뀔 수 있다. 자신을 들여다보면서 에너지를 회복할 다양한 방법을 탐구해야 한다.

이러한 자기 조절 원칙은 장기적 성공과 행복을 위한 생리학적 비결을 담고 있다. 차분함이 어떤 상태인지 알게 해주고 장차 겪을 온갖 난관에 대처할 수 있는 능력을 길러 줘야 한다는 말이다. 한국의 속담에 '고생 끝에 낙이 온다'고 했다. 그렇지만 고생하는 과정에서 행복을 성취하는 능력이 훼손되면 낙은 오지 않는다. 당신이 자기 조절법으로 얻을 수 있는 가장 큰 유익함은 바로 이것이다. 당신과 아이가 현재 겪는 난관을 견딜 뿐 아니라, 그 난관을 딛고 더욱 성장해야 한다는 말이다.

아이들의 인생을 달라지게 한
자기 조절

나는 지금까지 자기 조절을 연구하면서 캐나다, 미국 등 전 세계에서 많은 아이들을 만났다. 수천 명은 물론이고 수만 명쯤 될 것이다. 나는 그 많은 아이들 중에 나쁜 아이를 보지 못했다. 개중에는 이기적이고 무신경하며 심술궂을 때가 있다. 집중하지 못하고 걸핏하면 소리를 지르거나 떼를 쓴다. 때로는 말을 안 듣거나 대들기도 한다. 이런 행동을 나열하자면 끝이 없다. 나도 애를 키우는 아빠지만, 이 세상에 나쁜 아이란 절대 없다.

우리는 어떤 아이를 나쁜 아이라고 단정할 때가 있다. 통제가 안 된다거나 구제불능 혹은 문제아라고 말하기도 하고, 주의력결핍 과잉행동장애ADHD 혹은 단순 주의력결핍장애ADD, 반항성 장애Oppositional Defiant

Disorder 같은 임상 용어를 쓰기도 한다. 하지만 어떤 식으로 표현해도 그런 결론은 가혹한 편견일 수 있다.

언젠가 길을 가다 네 살짜리 아들과 함께 애완견을 데리고 산책하는 이웃을 만났다. 내가 그 개한테 다가가 쓰다듬으려 하자 개가 갑자기 덤벼들었다. 이웃 남자는 멋쩍게 웃으며 "알폰스Alfonse가 아직 어린 강아지라서요."라며 미안해하듯 말했다. 그런데 어린 아들이 개를 혼내며 코를 찰싹 때리자 그는 버럭 화를 냈다. 개가 잘못된 행동을 하는 것은 괜찮아도 네 살 아들은 그런 행동을 하면 안 된다는 것 같았다. 우리는 한두 번쯤 그 아버지처럼 행동한 적이 있을 것이다. 아이가 순간적으로 보이는 모습에 좀 더 차분히 생각했다면 안 했을 행동을 말이다.

아이가 그런 행동을 하는 것은 소리나 소음, 산만하고 불쾌한 상황, 감정 등 내면이나 주변에서 벌어지는 상황에 대해 '순간적으로' 적절히 대응하지 못한다는 뜻이다. 그런데도 우리는 아이의 성격이나 기질에 문제가 있다는 듯 반응한다.[1] 더 큰 문제는 아이도 이런 생각을 차츰 받아들인다는 것이다.

우리가 이해하고 인내한다면 그 어떤 아이도 의미 있는 삶을 살도록 이끌 수 있다. 하지만 '까다로운 아이'라는 고정관념은 우리의 인식을 물들인다. 그렇다고 이 말을 오해해서는 안 된다. 다른 아이보다 유독 키우기 힘든 아이도 물론 있다. 하지만 아이에 대한 부정적인 편견은 보통 우리가 겪는 문제를 아이의 천성 탓으로 돌리는 한낱 방어기제일 뿐이다. 그런 인식 때문에 아이는 더욱 반발하고, 방어적으로 반응하고, 반항하며 불안해하고, 소심해진다. 이런 상황을 만들 필요가 없으며 만들어서도 안 된다.

나는 유치원 교사 2,000명이 참석한 컨퍼런스에서 이 사실을 언급한 적이 있다. 그때 객석 뒤쪽에서 이런 목소리가 흘러나왔다. "글쎄요. 우리 유치원에는 나쁜 아이가 있어요. 그 아이 아빠도 나쁜 사람이고, 아이 할아버지도 뼛속 깊이 못된 사람이에요." 다들 웃음을 터뜨렸지만 호기심이 생겼다. "음, 언제든 예외는 있으니까요. 그 아이를 꼭 한번 만나 보고 싶네요." 나는 그 교사의 초청으로 문제의 아이를 만나게 되었다. 몸을 질질 끌며 교실로 들어오는 아이를 본 순간, 나는 교사가 말한 잘못된 행동이 실은 스트레스에 반응하는 행동이었음을 한눈에 알 수 있었다.

아이는 소음에 민감했다. 자리에 앉기도 전에 복도에서 들리는 소리에 두 번이나 소스라치게 놀랐다. 게다가 눈을 찡그리고 있었는데, 방안의 형광등에 민감하다는 뜻으로 시각적인 정보 처리에 문제가 있는 듯했다. 의자에서 꿈틀거리는 모습은 똑바로 앉아 있기가 힘들어서인지, 아니면 딱딱한 나무 의자가 불편해서인지 알기 어려웠다. 결론적으로 진짜 문제는 생물학적 요인에 있었다. 이럴 때 언성을 높이거나 굳은 표정을 지으면 아이는 더욱 힘들어하고 산만하게 행동한다. 시간이 갈수록 이런 반응이 습관으로 굳어지면 아이는 말을 안 듣거나 반항적으로 나올 수 있다.

생물학적 요인은 특히 유전적 문제로도 나타나는데, 아이의 집안이 그런 듯했다. 아이 아버지와 할아버지도 아이처럼 생물학적 과민증이 있을지도 모른다. 또 성장할 때 주변 어른들이 이들에게 징벌적 태도를 보였을지도 모른다. 이런 반응이 아이를 문제의 길로 들어서게 했고, 다음과 같은 인식으로 굳어 버린다. "거봐, 내가 뭐랬어. 나쁜 아이랬지."

나는 곧바로 아이에게 집중했다. 그 교사에게 아이의 행동이 보여주는 신호가 얼마나 중요한지 깨우쳐 주고 싶어서 조용히 교실 문을 닫고 천장의 조명을 끈 다음(눈부셨을 뿐 아니라 끊임없이 윙윙거리는 소리가 났다.) 목소리를 낮추었다. 그러자 아이는 바로 긴장을 풀었고, 이 모습을 본 교사의 얼굴 표정이 부드러워지면서 이렇게 속삭였다. "어머나, 세상에!"

문제 있는 아이가 구제불능이 아니라는 사실을 알면 어른들은 하나같이 이런 반응을 보인다. 아이가 빛과 소리에 민감해한다는 모습을 본 순간부터, 이런 민감성이 아이의 선택이 아니라 유전적으로 타고났다는 사실을 안 순간부터 모든 상황은 바뀌었다. 아이를 대하는 교사의 태도가 순식간에 바뀌었다. 전에는 엄한 얼굴이었다면 이제는 눈웃음을 지어 보였다. 딱딱했던 말투도 부드럽게 바뀌었고, 거칠었던 몸짓도 느리고 리듬감 있게 변했다. 이제 교사는 내가 아닌 아이를 똑바로 쳐다봤다. 두 사람 사이에 교감이 이뤄지고 있었다. 교사가 보인 변화는 아이의 몸짓, 표정, 말투에서도 똑같이 나타났다.

이러한 변화는 교사가 아이를 달리 보거나 혹은 달라진 아이를 봤기 때문이기도 하지만, 교사와 아이 간의 역학 관계가 전반적으로 달라졌기 때문이기도 하다. 교사는 아이를 순응시키려던 태도를 버리고, 말하자면 자신의 고집이나 선입견을 내려놓고 처음으로 진심 어린 눈빛으로 아이를 바라봤다. 이제 교사는 아이를 가르칠 수 있게 되었다. 아이는 자신이 빛과 소리에 매우 민감하다는 사실을 처음으로 알았고 그동안 왜 힘들었는지 그 원인을 깨달았다. 이제 교사는 아이에게 언제, 어떤 이유로 산만해지는지 알려줄 수 있고, 그럴 때는 어떻게 대처해야 차분하게 집중할 수 있는지 가르칠 수 있었다.

올바른 위치에서 바라보기

자녀를 키우면서 아이에 대한 인식이 한결같은 부모는 없을 것이다. 우리는 아이를 돕기 위해 많은 노력을 한다. 아이들에게 물질적 안락뿐만 아니라 성공에 필요한 요령도 가르친다. 하지만 아이와 교감이 안 돼서 낙담하거나 화를 내는 경우가 자주 있다. 아이의 행동이 아무 쓸모없고 무익하다는 점을 알면서도 이 사실을 아이에게 설득하지 못해 답답해한다. 앞서 언급한 유치원 교사처럼 아무리 의도가 좋아도 설득만으로는 충분하지 않다. 자기 조절법은 아이의 행동뿐 아니라 우리 자신의 행동에 대한 '인식의 변화'에서부터 시작한다. 아이가 왜 그런 행동을 하는지 그 의미를 파악하자는 것으로, 누구나 생전 처음 해보는 일이 분명하다.

나의 대학원 지도교수이자 렘브란트Rembrandt에 관심이 많은 피터 해커Peter Hacker가 한번은 렘브란트 전시회에 가자고 했다. 일찍 갤러리에 도착한 나는 잠시 렘브란트의 자화상을 살펴봤다. 아무리 생각해 봐도 이 작품이 왜 대단하다고 하는지 이해되지 않았다. 해커 교수는 내게 그림을 본 소감을 물었고, 나는 그저 흐릿해 보인다고 대답했다. 해커 교수는 웃으면서 작품에서 몇 걸음 물러나더니 바닥의 한 지점을 가리켰다. 내게 그 위치에서 다시 한 번 그림을 보라고 했다. 그것은 실로 놀라운 경험이었다. 갑자기 초점이 완벽해지면서 그림이 눈에 들어왔다. 순간적으로 렘브란트의 천재성이 보였다.

지금까지 나는 이 작품이 왜 이렇게 예술적으로 인정받고 있는지 정말 궁금했다. 작품의 역사적 배경뿐만 아니라 그가 언제 어디서 이 작품을 그렸는지도 알고 있었다. 하지만 내가 수년을 매일같이 박물관에 와서 이 작품에 대해 공부했어도 해커 교수가 알려주지 않았다면 그림의 가치를 알아내지 못했을 것이다. 늘 잘못된 위치에서 그림을 바라봤을 테니 말이다.

자기 조절법은 우리에게 시작 지점을 알려준다. 즉 아이의 행동에 초점을 맞추고, 아이의 욕구에 반응하는 법과 아이 스스로 대처하는 법을 안내할 것이다. 그 과정에서 당신과 아이의 관계는 돈독해질 것이다. 그렇다고 아이에게서 특정 행동을 유도하는 것은 아니다. 당신을 비롯해 주변 사람을 짜증나게 하거나 문제가 될 만한 언행을 하지 못하게 하는 것도 아니다. 자기 조절법은 자신의 기분과 집중력에, 친구를 사귀는 능력과 공감하는 능력에, 아이가 행복하게 살아가는 삶에 필요한 소중한 가치와 미덕을 개발하는 능력에 큰 변화를 주는 방법을 말한다.

이 방법은 관련 분야가 발전하고, 자기 조절에 대한 이해가 깊어지면서 얻은 성과다.[2] 자기 조절이라는 용어는 다양한 의미로 쓰이는데, 정신생리학적 의미로는 우리가 스트레스에 반응하거나 기운을 회복할 때 쏟는 에너지를 가리킨다.[3] 스트레스라는 말도 원래는 균형을 유지하기 위해 에너지를 소모시키는 온갖 자극을 가리킨다. 자신이 처리해야 하는 업무나 나에 대한 주변의 인식처럼 사회심리적 요인뿐 아니라, 앞서 말한 남자아이의 사례처럼 청각적·시각적 자극 같은 환경적 요인, 부정적 감정과 긍정적 감정, 남들이 받는 스트레스에 대처해야 하는 상황, 여가 시간에 해서는 안 되는 행동 등이 모두 스트레스에 해당한다.[4] 아이는 스트레스 지수가 높아지면 차츰 회복 기능을 상실하면서 비교적 사소한 일에도 민감하게 반응한다.

자기 조절법은 5단계 방법을 통해 (1)아이가 지나친 스트레스를 받는 순간을 알아채고 (2)아이의 스트레스 요인을 알아낸 다음 (3)스트레스 요인을 줄이며 (4)아이 스스로 대처가 필요한 순간을 자각하게 하고 (5)자기 조절 방법을 개발할 수 있도록 돕는다.

아이가 언제 스트레스를 과하게 받는지, 아이에게 무엇이 스트레스로 다가오는지 알아내기란 쉽지 않다. 특히 요즘 아이들은 숨겨진 스트레스에 무수히 많이 노출돼 있기에 정말 어렵다.[5] 전혀 효과가 없음에도 아이에게 진정하라고 말하면 그만이라고 생각하는 부모도 있다. 물론 아이의 자기 조절을 돕는 간단한 방법은 없다. 아이마다 다르고 욕구도 끊임없이 변하기 때문이다. 지난주에는 통했던 방법이 오늘은 효과가 없을 수도 있다. 그렇지만 네 단계를 밟다 보면 아이에게 어떤 방법이 맞는지 알아낼 수 있을 것이다. 또한 가장 중요한 것은 아이도 이런 발견을 할 수 있다는 점이다.

플라톤 시대 이후 자기 통제력은 인격의 척도로 인정받아 왔다.[6] 그것은 아이에 대한 사고방식과 아이를 건강한 몸과 정신, 인격을 갖춘 어른으로 키우는 양육 방식에 큰 영향을 미쳤다. 어른들에게도 유혹을 물리치고 고난과 역경을 극복하기 위해서는 의지력이 필요하다는 인식을 심어 주었다. 하지만 고전 철학자들과 그 추종자들은 한 가지 중요한 사실을 인식하지 못했다. 우리에게는 이보다 훨씬 더 근본적인 무언가가 작동한다는 사실이다.

자기 통제는 충동을 억제하는 것이다. 반면 자기 조절은 충동의 원인을 찾아내 그 충동의 강도를 낮추고, 필요하다면 충동을 이겨 내는 에너지를 채우는 것이다.[7] 사람들은 이러한 차이를 명확하게 이해하지 못했다. 사실 이 둘을 섞어서 사용하기도 한다. 자기 조절은 자기 통제와 근본적으로 다를 뿐만 아니라, 자기 통제를 가능하게 해주며 때로는 자기 통제를 필요 없게 만든다. 이런 근본적인 차이를 이해하지 못한다면 자기 통제력이 약한 아이가 원만하게 학교생활을 하고 인생에서 성공하도록 토대를 쌓아 주기는커녕 더 큰 스트레스를 받게 할지도 모른다.

자기 조절은 아이가 보이는 문제 있는 행동을 아이가 지나치게 스트레스를 받고 있다고 알려주는 소중한 신호로 본다. 어떤 아이가 충동적이며 감정 조절을 잘 못하고, 때로는 감정이 폭발하거나 변덕스럽고, 쉽게 좌절하며 집중하지 못하고, 교우 관계가 원만하지 못하고 공감 능력에도 문제가 있다고 가정해 보자. 이렇게 아이를 나쁘다거나 게으르며 이해가 느리다고 생각하게 하는 행동들은, 보통 아이가 지나치게 스트레스를 받아서 연료 탱크에 연료가 바닥났다고 알려주는 표시다. 자기 조절법은 아이의 스트레스 요인을 알아내고, 이를 줄일 수 있는 방법을 알려준다. 이제 우리는 아이 스스로 이 모든 스트레스를 다룰 수 있게 도와야 한다.[8]

자기 조절법은 먼저 우리 스스로가 자신의 스트레스 요인을 얼마나 잘 파악하고 있으며 이를 줄일 수 있는지 그리고 아이와 교감할 때 얼마나 차분하게 주의 깊은 상태를 유지할 수 있는지부터 점검한다. 컨퍼런스에서 내게 질문한 교사처럼 화가 나거나 어찌할 바를 모를 때 이렇게 말할 수 있어야 한다. "대체 왜 이런 일이 생긴 거지?" "내가 놓치고 있는 게 뭐지?" 때로는 "내가 틀렸다."라는 사실을 인정해야 한다. 하지만 이는 결코 쉽지 않으며 누구나 꺼려한다.

나는 그 유치원 교사와 아직도 연락을 한다. 그날 이후 교사는 그 아이뿐만 아니라 다른 모든 아이들과도 교감하게 되었으며, 더 큰 변화가 생겼다고 말했다. 자신의 인생이 완전히 바뀌었다는 것이다. 가족과 친구를 대하는 태도는 물론이고, 무엇보다 자신에 대한 태도가 바뀌었다고 했다. 이 모든 변화가 정말 눈 깜짝할 사이에 일어났다고 말했다.

그 이유가 뭘까? 그녀는 냉담하고 그 아이를 지도하는 데 완전히 지쳐 있어 그 아이를 포기하려 했던 사람이었을까? 전혀 그렇지 않다. 그녀는 매우 온정적이고 헌신적이었다. 그럼에도 아이에게 뭔가 잘못이 있다고 판단했다. 이는 옳은 판단이 아니었다. 어떤 상황이 벌어지고 있었지만, 그것은 잘못된 것이 아닌 뭔가 다른 것이었다. 이 책은 당신의 아이가 겪는 뭔가 다른 것을 알아내는 방법을 다룰 것이다.

이런 문제를 뿌리부터 다루는 방법이 있다. 바로 자기 조절법이다. 이 책은 자기 조절법을 사용할 수 있는 방법을 제시할 것이며, 당신의 아이가 활용할 수 있도록 가르칠 것이다. 이는 문제를 겪는 아이뿐만 아니라 모든 아이에게 필요하며, 우리 모두가 알아야 하는 방법이다. 그리고 그 어느 때보다 절실한 방법이다.

차례

제1부

자기 조절법, 삶과 학습의 필수 요소

제1장 자기 조절의 힘

제2부

자기 조절을 위한 다섯 가지 영역

제3부

유혹에 시달리는 10대, 압박에 시달리는 부모

제10장 청소년기의 힘과 위험성

제1부

자기 조절법,
삶과 학습의 필수 요소

제1장

자기 조절의 힘

"더 노력해!"

누구나 주위에서 쉽게 듣고, 스스로 다짐하는 말이기도 하다. 음식을 먹거나 술자리에서, 직장 상사와 대화할 때는 더욱 의지를 발휘해서 자기 통제를 해야 한다.[9] 우리는 운동을 해야 하고 절제된 소비를 해야 한다. 세상의 끝없는 유혹도 뿌리쳐야 한다. 만약 유혹에 넘어가면 거기서 빠져나오기 위해 더욱 노력해야 한다.

우리는 이 말을 끊임없이 들을 뿐만 아니라 아이에게 하는 조언도 대부분 이 점을 강조한다. 그런데 노력하면 할수록 자기 통제가 힘들고 목표와도 멀어지는 기분이다. 그럴 때 나약한 자신을 질타한다. 아이들도 마찬가지다. 그런 자책과 실망감은 아이가 학교생활이나 인생에서 얻을 수 있는 유익한 경험과 멀어지게 한다.

신경과학의 발전으로 사람은 왜 늘 하던 대로 행동하는지 또는 내 의지대로 행동하는 것이 왜 이렇게 힘든지 원인이 밝혀지고 있다. 또한 자신의 행동을 바꾸는 방법뿐 아니라 자기 통제가 이런 행동 변화와 거의 관계가 없다는 사실 역시 알게 되었다. 연구 결과를 보면, 자기 통제를 강조하고 추구할수록 자기 통제와 긍정적인 행동 변화는 더욱 어려워진다고 한다.

그렇다고 내 말을 오해해서는 안 된다. 당연히 자기 통제는 중요하다. 자신의 분야에서 정상에 오른 많은 사람이 자기 통제의 본보기가 되기 때문이다. 그런데 이보다 더 중요한 것은, 우리가 받는 스트레스 강도와 그 스트레스에 적절히 대처하는 방법이다. 즉 자기 조절을 얼마나 잘하는지가 중요하다. 사람들의 성공담을 들여다보면, 그들이 남들과 다른 이유는 뛰어난 자기 조절 능력 때문이라는 사실을 알 수 있다.

스트레스가 심해지는 순간을 자각하고 이 사이클을 끊어 내는 방법을 알게 되면 우리는 삶의 무수한 스트레스 요인을 다루는 방법인 자기 조절에 더 능숙해진다. 자율신경계autonomic nervous system, ANS는 스트레스에 대처할 때 에너지를 소비하는 대사 과정을 일으킨 후 다시 기력을 보충하고 인체를 성장시키는 회복 과정을 밟는다. 스트레스를 많이 받을수록 자신을 통제할 수 있는 자원이 줄어들어 더욱 충동적으로 변한다. 하지만 자기 조절 과정을 자연스럽게 이해하고 스트레스에 맞서는 게 아니라 이를 다룰 수 있는 간단한 방법을 알게 되면 억지로 자기 통제를 할 필요가 없다.

행동에 대한 근거 없는 믿음이 뒤집히다

우리는 쉽게 자기 통제가 잘 안 되는 것을 개인의 나약함과 연관 짓곤한다. 하지만 이는 자기 통제를 정신력과 기질의 문제로 여기는 다분히고전적인 관점이다. 이런 생각이 수천 년간 우리를 지배해 왔다. 자기통제 능력이 부족하다고 평가 받은 사람은 엄청난 죄책감에 시달리고자책했다. 하지만 이제 근대 과학은 그런 견해가 근본적으로 결함이 있다고 주장한다.

자기 조절과 관련해 근대 과학이 이룬 획기적인 성과 중 하나는 뇌신경학자 조지프 르두Joseph LeDoux가 '감정의 뇌'emotional brain라고 이름붙인 대뇌변연계의 작동 원리를 발견한 것이었다.[10] 전전두피질prefrontal

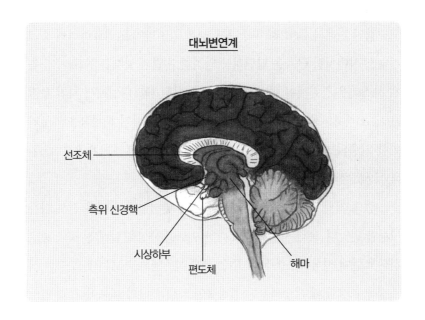

대뇌변연계

선조체

측위 신경핵

시상하부

편도체

해마

cortex, PFC 아래 놓인 이 피질하 구조는 편도체amygdala, 해마hippocampus, 시상하부hypothalamus로 이루어진다. 변연계 시스템 중에서도 편도체는 사람에게 강렬한 감정과 충동을 불러일으킨다. 변연계 시스템은 우리가 무언가를 기억하고 그 기억과 관련된 감정을 만들 때 결정적인 역할을 한다. 이는 부정적인 기억은 물론이고 긍정적인 기억에도 관여한다. 사랑, 욕망, 두려움, 수치심, 분노, 정신적 충격 등 모든 것이 이곳을 신경학적 근거지로 해서 생긴다.

과거에는 두뇌가 일종의 위계질서를 이루며 기능하는 것으로, 즉 전전두피질의 고차원적 시스템이 저차원적 변연계 시스템에서 생기는 충동을 통제하고 억제한다는 식으로 해석했다.[11] 이러한 견해에 따르면, 충동에 빠지는 이유는 전전두피질이 너무 약해서 변연계의 강렬한 충동을 억제하지 못했기 때문이다. 이러한 해석은 의지력과 자기 통제를 일종의 정신적 근력으로 보는, 지금까지 의심의 여지없이 받아들인 고전적인 견해와 들어맞는다.[12] 사람들은 의지박약을 치료하려면 소크라테스 시대처럼 근육을 단련하듯 엄격한 훈련과 절제를 통해 자기 통제 시스템을 강화해야 한다고 생각했다. 이런 패러다임에서 자기 부정self-denial(유혹과 기본적 충동을 뿌리치는 것) 훈련은 자기 통제력을 키우기 위한 일종의 벤치 프레스bench press(가슴 근육을 키우는 역기 운동—옮긴이)에 해당한다.

그런데 지난 20년 동안 뇌 과학 분야가 발전하면서 이와 전혀 다른 그림을 얻었다. 특히 시상하부에 대한 새로운 사실을 알게 된 것이 중요하다.[13] 현재 시상하부를 뇌의 주요 통제 시스템으로 보는데, 무수한 시스템을 조절할 때 시상하부가 결정적인 역할을 하기 때문이다. 즉 면역 체계, 체온, 공복, 갈증, 피로, 생체리듬, 심박수, 호흡, 소화, 신진대사, 세포 재생뿐 아니라 듣기, 말하기, 마음 읽기, 육아, 애착 행동 등의 주요 활동까지 시상하부가 관여한다. 이러한 기능은 비교적 약한 스트레스 요인부터 극도로 위험한 상황에 이르기까지 변연계가 위협이라고 판단한 상황에서 두뇌가 보여주는 가장 원초적인 반응과 관련된다. 그런 반응을 진정시킬 수 있으면 우리는 다른 자기 조절 과정도 다룰 수 있다.

뇌를 구성하는 세 가지 영역

1960년대 예일대학의 신경과학자 폴 맥린Paul MacLean은 지금까지도 유용한 두뇌 이론을 정립했다.[14] '뇌의 삼위일체' 모델이다. 인간의 뇌는 세 가지 별개의 영역으로 구성되고, 각각은 인류 진화사에서 서로 다른 시기에 발달했으며, 서로가 서로를 감싸면서 층위를 이루고 있다. 뇌의 맨 위 가장 앞쪽에는 그 이름이 암시하듯 가장 최근에 진화한 신피질新皮質, neocortex이 있다. 신피질은 언어, 사고, 마음 읽기, 자기 통제와 같은 고차원적 기능을 담당한다. 신피질 아래에는 이보다 훨씬 오래된 구포유류의 뇌paleo-mammalian brain가 있다. 여기에 위치한 변연계는 강렬한 감정과 관련된 행동과 충동 등을 관장한다. 뇌의 밑바닥에는 가장 오래되고 원시적인, 이른바 파충류의 뇌reptilian brain가 있다. 이는 변연계와 밀접하게 기능하면서 인간을 각성시키고 기민하게 만든다.

맥린의 뇌 모델은 뇌 구조를 지나치게 단순화한 면이 있다. 하지만 자기 통제와 자기 조절의 신경생리학적 차이를 이해하는 데 유익하다.

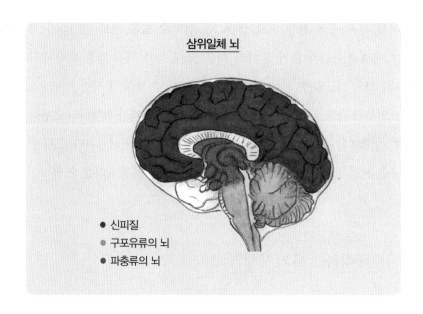

삼위일체 뇌

● 신피질
● 구포유류의 뇌
● 파충류의 뇌

자기 통제는 전전두피질과 관련된 몇몇 시스템이 개입하는 신피질적 현상과 관련이 깊다. 반면 자기 조절은 구포유류의 뇌와 파충류의 뇌 시스템으로부터 영향을 받는다. 이 시스템은 전전두피질과 독자적으로 혹은 이보다 먼저 활성화될 뿐 아니라 전전두피질의 기능을 상당 부분 억제하기도 한다.

경계를 늦추지 않는 뇌

시상하부는 인간의 내부 환경을 관장한다. 예를 들면, 체온을 37도로 유지하고, 혈액 내 나트륨과 포도당 농도를 적정 수준으로 유지하며 잠자는 동안 쉬면서 회복하게 하고, 고장이 난 곳을 고치거나 치유한다.

외부 온도가 갑자기 떨어지면 시상하부는 대사 반응을 일으켜서 체열을 올린다. 호흡수와 심박수가 올라가고, 몸이 부르르 떨리면서 이가 덜덜거린다. 이 모든 과정에서 상당한 에너지를 소모한다.

추위는 자율신경계가 감시하고 반응하는 환경적 스트레스 요인의 대표적인 예다.[15] 이러한 외부 자극이 지나치게 커지면 보통 정서적·사회적·인지적 스트레스 요인이 될 뿐 아니라 조금만 위험이 감지되어도 대뇌변연계가 과민하게 반응한다. 그러면 변연계는 전전두피질이 실제 위험한 상황인지 판단하기도 전에 위협이라고 인식하고 경보기를 작동시켜(움직임이나 진동이 감지되면 울리는 자동차 경보기처럼) 위험에 대처하는 신경화학적 반응을 일으킨다. 즉 투쟁-도피fight-or-flight 상태로 전환시키는 것이다. 이 방법이 효과가 없으면 두뇌는 인체의 기능을 멈춘다. 동물처럼 위험이 닥치면 죽은 척하는 것이다. 삼위일체 두뇌에서 가장 고대적 부위인 파충류의 뇌는 아드레날린adrenaline을 분비하고 코르티솔cortisol을 분비시키는 복잡한 신경화학적 연쇄반응을 일으켜 위험에 대처한다.

신경화학적 반응으로 심박수와 혈압, 호흡수가 올라가면 주요 근육에 포도당과 산소가 전달된다.(폐, 목구멍, 콧구멍이 모두 열린다.)[16] 에너지가 솟구치고, 지방세포에서 지방 대사가, 간에서 포도당 대사가 일어난다. 경계심과 반응도도 증가한다. 동공이 커지고, 머리털이 곤두서며(초기 인류는 이런 식으로 몸집을 커 보이게 해서 적에게 두려움을 안겼다.) 냉각 메커니즘으로 땀샘이 열리고, 통증의 내성을 높이기 위해 엔도르핀endorphin이 분비된다.

이러한 경보장치는 현대인의 삶에서 볼 때 매우 원시적이다. 경보장치 입장에서는 진짜 적과 가상의 적, 이를테면 롤플레잉 게임RPG(역할 수행 게임)에 나오는 적이 전혀 차이가 없다. 그래서 두 가지 상황에서 모두 아드레날린을 분출한다. 야생에서 살아가는 파충류와 포유류를 위해 설계된 이 시스템은 지금 상황이 얼마나 위협적이고, 그 위험이 얼마나 이어질지 판단하지 못한다. 경보기가 켜지면 투쟁-도피 상태를 계속 유지할 뿐이다.

이때 인체는 충분한 에너지를 확보하기 위해 생존에 필수적이 아닌 기능을 모조리 차단한다. 이는 에너지를 당장 위기를 대처하는 데 필요한 시스템으로 최대한 보내려는 자연스러운 반응이다. 이렇게 느려지거나 멈추는 필수적이지 않은 기능을 보면 당신은 매우 놀랄 것이다. 동시에 자기 통제가 절실히 필요한 순간, 통제력을 발휘하기 힘든 이유를 설명하는 중요한 단서가 된다.

에너지를 전환하고 소모하는 투쟁-도피 반응

투쟁-도피 상태가 되면 소화 시스템처럼 위기 상황에 필수적이지 않은 시스템에서 에너지를 끌어온다. 음식을 배불리 먹으면 몸이 나른해지는 이유는 인체가 소화에 쓰는 에너지가 상당하기 때문이다. 이외에도 스트레스를 받으면 기능이 느려지거나 기능을 멈추는 대사 기능으로 면역 체계가 있다. 세포의 치유와 성장, 모세혈관에 보내는 혈류량(부상을 당했을 때 출혈로 사망할 가능성은 낮다.), 세포 재생산이 이에 해당한다.[17]

이런 상황을 떠올려 보자. 당신이 수백 번이나 하지 말라고 말한 행동을 여덟 살 자녀가 해서 화가 치밀었던 순간이 있을 것이다. 그때 당신은 얼마나 이성적이었는가? 이성적인 생각은 고사하고 말이나 제대로 할 수 있었는가? 사람은 격분하면 말할 때 흥분하는 경향이 있는데, 포유류의 뇌와 파충류의 뇌가 전면에 나서기 때문이다. 즉 전전두피질의 왼쪽 영역이 밀려나는 것이다. 그러면 전전두피질이 관장하는 온갖 훌륭한 고차원적 기능을 잃는다. 즉 언어 능력, 반성적 사고 능력, 타인의 사회적·정서적 신호를 읽는 법, 공감 능력뿐 아니라 자기 통제 능력도 당연히 상실한다!

분자생물 학자들은 투쟁–도피의 상태일 때 멈추는 기능에서 흥미로운 현상을 발견했다.[18] 예를 들어, 갑자기 스트레스가 솟구치면 중이中耳 근육이 수축하고, 말소리가 안 들리며 저주파음이 크게 들린다. 이런 반응은 포유류의 뇌와 파충류의 뇌 입장에서는 지극히 합당한데, 저주파음은 포식자들이 수풀에 숨어 있다는 신호일 수 있기 때문이다. 하지만 우리는 이러한 반응으로부터, 주변 소음으로 괴로워하거나 무언가에 집중하지 못하고 산만한 아이들이 바로 옆에서 지켜보지 않는 한 우리를 무시하는 것처럼 보이는 이유를 알게 된다. 그리고 아이들이 우리의 목소리와 몸짓을 매우 위협적으로 느끼는 이유를 이해하게 된다.

투쟁–도피 상태에서 근대적이고 언어 기능이 발달한 사회적 두뇌가 잠시 기능을 멈추면 우리는 곧바로 고대적인, 언어 이전의 상태로 바로 퇴행한다. 그러면 위기에 몰린 동물이 보여주는 원시적인 생존 메커니즘이 작동된다.

스트레스는 각성 조절을 방해한다

자율신경계는 각성 상태를 조절한다. 푹 잠들었을 때처럼 각성도가 가장 낮은 순간부터 아이들이 생떼를 부릴 때처럼 각성도가 최고조에 달한 상태까지 각성도를 조절한다.[19]

각성 조절arousal regulation은 각성도를 높이는 교감신경계sympathetic nervous system, SNS의 활성화activation 기능과 모든 것을 느리게 만드는 부교감신경계parasympathetic nervous system, PNS의 억제inhibition 기능이 상호보완적으로 작동하는 과정으로 보면 이해하기 쉬울 것이다. 이는 두뇌가 가속 페달을 밟거나 브레이크를 밟는 것이다. 어떤 경우에 활성화나 회복 기능이 어느 정도 필요한지는 상황에 따라, 그리고 당연한 얘기지만 저장된 에너지에 따라 다르다. 우리는 매일같이 온종일 각성도를 조절

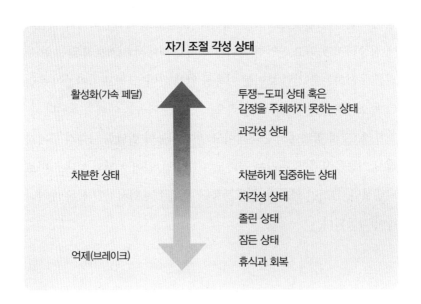

한다.[20] 각성도가 올라가면 자연스럽게 에너지 소모가 커진다. 각성도가 떨어지면 에너지를 보충한다.

아이들은 스트레스를 받을수록 뇌에서 각성 조절을 하지 못한다. 그러면 회복 기능이 회복 탄력성을 잃으면서 과각성 혹은 저각성에 빠질 수 있다.[21] 어떤 행동을 시작하지 못하거나 가만히 있지 못하고, 늘 산만한 상태가 바로 이런 경우다.

이 중 가장 심각한 상태는 투쟁-도피 반응에 불이 붙어서 아이가 너무 쉽게 끊임없이 놀라는 경우일 것이다. 아이가 이런 상태에 빠지면 우리에게서 벗어나려고 발버둥 친다. 부모는 이런 상태를 일종의 거부 반응으로 보기도 하지만, 위계질서를 갖춘 두뇌의 여러 가지 기능 중 하나가 작동 중인 것이다. 즉 위협에 대처하려는 자연스러운 생물학적 반응이다.

1. 사회적 교감
2. 투쟁-도피 반응(교감신경의 각성)
3. 기능의 멈춤(부교감신경의 각성)
4. 정신적 해리解離(육체적 이탈out-of body 상태로 피실험자들은 자신에게 벌어진 일이 남에게 생긴 것처럼 보인다고 보고한다.)

이런 스트레스 반응의 위계는 사회적 교감에 개입하는 전전두피질의 가장 최신식 두뇌 시스템부터 위협에 대처하는 고대적인 메커니즘까지 모두 포괄하는 맥린의 삼위일체 두뇌 모델을 반영한다.[22] 사회적 교감이 불가능하거나 충분하지 않을 경우, 두뇌는 투쟁-도피 반응으로 돌아선다. 그러면 사회적 상호작용을 피할 뿐 아니라 상호작용 자체에서 스트레스를 받을 수 있다. 즉 아이가 도움을 받아야 함에도 부모에게 달아나거나 대드는 경우다. 위험이 사라지지 않으면 두뇌는 기능 멈춤 상태로 전환해 마지막 몸부림을 위해 줄어드는 에너지를 모은다. 정신적 해리 현상을 보여주는 마지막 단계는 생존 메커니즘이라기보다 정신과 신체의 고통을 덜기 위한 장치에 가깝다.

만성적인 저각성 또는 과각성 상태에서는 이른바 배움형 뇌에서 생존형 뇌로 중대한 전환이 일어난다.[23] 그럴 경우 아이는 현재 자신의 주변이나 내면에서 일어나는 일에 주목하거나 이를 처리하는 것을 무척 힘들어한다. 아이는 쉽게 기능을 차단하거나 충동적이고 공격적인 성향(남들에게는 물론 자신에게도)을 보인다. 만성적으로 멍하거나 과잉 행동을 하는 아이들은 나약하거나 단지 노력을 안 해서가 아니라 지나치게 스트레스에 시달리는 것이다.

이런 아이들은 쉽게 진정되지 않으며, 말을 안 들으면 벌을 준다고 엄포를 놓는 대응 역시 극심한 스트레스가 될 수 있다. 자신을 진정시키는 방법도 모르는 아이가 자신의 의지로 진정할 수 없듯, 아이는 자신의 선택으로 저각성 혹은 과각성에 빠진 것이 아니다. 자기 조절은 이런 아이들에게 자신을 진정시킬 수 있는 도구와 요령을 알려준다.

큰 대가를 요구하는 내면의 전쟁

만성적으로 각성도가 높아지면 변연계의 경보장치가 스트레스에 매우 예민해져서 사소한 일에도 경보기가 울린다.[24] 변연계가 있지도 않은 위험을 찾으면서 인식 자체에 변화가 생기는 것이다. 만성적으로 저각성이나 과각성인 아이들이 무표정한 배우의 얼굴을 적대적으로 느끼는 경우가 훨씬 많다는 실험 결과는 이런 점에서 주목할 만하다.

진화적 맥락에서 보면, 이는 위험한 환경에서 더할 나위 없이 적합한 반응이다. 문제는 경보기가 자주 울릴수록 더욱 쉽게 불이 붙고 또 재차 울린다는 점이다. 경보기가 너무 자주 또는 쉽게 울리면, 경보기가 울려도 이를 자각하지 못하는 안타까운 상황이 생긴다.

평소 출근하는 상황을 떠올려 보자. 알람시계(이 물건에 이런 이름을 붙인 데에는 그만한 이유가 있다.)가 울리면 당신은 갑자기 과각성에 빠진다. 잠을 충분히 자지 못했거나 설쳤다면 더욱 갑작스럽다. 이제 당신은 아이들을 얼른 깨워 학교 갈 채비를 시키고, 학교에 데려다 준 다음 출근해야 한다. 이때 당신은 붐비는 인파와 혼잡한 교통, 각종 소음과 교통 체증을 견뎌야 한다. 아침 근무를 시작하기도 전에 스트레스 지수는 높아진다.

하지만 오전에 커피 한잔과 도넛을 먹으면 마음이 차분해진다. 간식을 먹으면 기분이 좋아지고 긍정적인 감정이 생기는 데에는 생리학적인 이유가 있다. 그렇지만 당신은 통제가 안 될 만큼 간식을 찾을 것이고, 양껏 먹고 나면 죄책감에 빠져서 간식을 먹고 싶다는 욕구를 떨치려 할 것이다. 이런 충동에 맞서는 것만으로도 당신은 투쟁-도피 상태에 빠질 수 있다. 또한 그것도 통제하지 못했다며 자신에게 화를 내면, 즉 전전두피질이 다시 제자리로 오면 모두를 두렵게 하는 투쟁-도피 사이클에 더욱 취약해질 수 있다.

인간의 내면에서 실행 기능executive functions과 충동이 전쟁을 치른다는 2,500년 전부터 유래한 이 오래된 개념은 통제력 부족을 탓하는 자신을 적절하게 묘사한다.[25] 자기 통제라는 개념은 이 전쟁에서 이기기 위해 근육(근성, 단호함, 자기 절제 등)을 키우면 힘들 때 모든 걸 포기하고 싶은 충동을 억누를 수 있다고 본다. 이는 기본적으로 힘든 상황에 굴복하지 않고, 불편한 감정에 대처하는 법을 배워야 한다는 주장이다. 하지만 이런 전쟁을 치르고 나면 언제나 큰 대가가 뒤따르고 에너지 소모도 지나치게 많다.

당장은 아니더라도 언젠가는 그에 따른 타격을 받게 된다. 시간이 지나서 부정적인 감정이나 자기 만족감을 통제하는 게 힘들어진다든지, 신체적·정신적 건강에 심각한 문제가 생길 수 있으며 정서적 불안에 시달릴 수도 있다. 피실험자들의 스트레스를 높이면 충동성이 커지고 자제력이 떨어진다는 연구 결과도 있다. 자기 조절은 불편한 감정을 무시하기보다 그런 감정을 스트레스가 지나치다는 표시로 인식하는 것이다. 즉 경보장치가 계속 켜져 있다는 신호로 인식하고, 이것을 끌 수 있는 방법을 알려준다.

상충하는 요인들로 폭주하는 스트레스 사이클

자기 조절의 핵심은 어떤 반응이나 행동을 자신이 저항하거나 통제해야 하는 대상으로 인식하지 않는다는 점이다. 우리가 늘 해왔던 "왜 내가 이런 충동을 통제하지 못하는 거지?" 하는 질문 대신 "내가 왜 지금 이런 충동을 느끼는 거지?" 하고 물어야 한다. 이 질문을 던지는 순간, 자기 조절은 긍정적이고 변화를 일구는 강력한 도구가 된다.

우리는 단지 갈망만을 이야기하는 것이 아니다. 여기에는 끊임없는 걱정을 비롯해 구체적이지 않은 대상도 해당된다. 흔히 느끼는 두려움이나 끓어오르는 분노, 침투적 사고intrusive thought(우연히 의식 속에 떠오르는 원하지 않는 불쾌한 생각—옮긴이), 암울한 전망 등도 포함된다. 갑작스럽게 투쟁-도피 반응이나 기능 정지 반응을 유발하는 생각, 느닷없는 충동, 강렬한 감정, 강한 욕구 등이 이에 해당한다.

하지만 각성 상태는 적이 아니다.[26] 우리는 잠을 자다 깨야 할 때, 공상하다 집중해야 할 때, 놀다가 일을 해야 할 때 각성 상태에 의지한다. 각성도를 높이는 것up-regulate, 즉 각성도를 바꿔 에너지를 끌어올리는 사이클은 정상적이고 건강한 것이다. 보통 사람은 평소 이런 사이클을

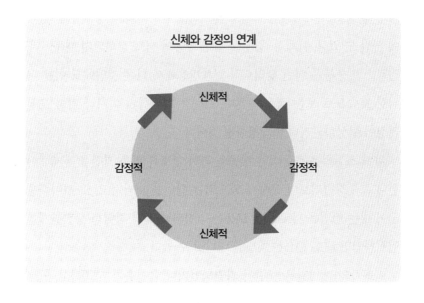

신체와 감정의 연계

신체적

감정적

감정적

신체적

무수히 그리며 활동한다. 각성도를 높이는 사이클은 전적으로 생물학적 상태를 보여주는 것으로, 잘못되거나 바람직한 행동과는 아무 관련이 없다.

우리가 통제에서 벗어난 스트레스 사이클에 개입하고 제동을 걸어야 하는 순간은 이러한 사이클이 증속구동(속도를 내기 위해 가장 높은 기어를 사용하는 것—옮긴이) 상태에 빠져서 저속 기어로 변경이 안 될 경우다.

나는 이 스트레스 사이클에 몇 가지 요소를 덧붙이겠지만, 간단한 경우부터 살펴보자. 이를 통해 사이클을 구성하는 신체적 요소와 감정적 요소가 맞물리면서 상호 강화되는 과정을 볼 수 있다.

일례로, 아드레날린 분비로 얼얼한 기분이 들거나 통증이 생기면 감정적으로 갑자기 불안하거나 두려워진다. 하지만 갑작스런 불안감이나 두려움 역시 신체에 불편한 감각을 일으킬 수 있다. 만성적으로 스트레스를 받을 때 아드레날린 반응이 계속되는 현상이 이에 해당한다. 자기 통제로 이 사이클을 억지로 끊으려고 할수록 더욱 통제 불능 상태에 빠질 수 있다. 신체적·감정적 각성 반응이 서로 강화되기 때문이다. 갑작스런 충동은 이런 생리학적 연쇄반응에서 나온 것임에도 이를 나약한 모습으로 보는 경우가 많다. 사실은 나약함이 아니라 각성 조절 과정이 활성화되거나 비활성화된 것이다.

자기 조절법은 충동적인 행동을 하지 않도록 더욱 자신을 통제해야 한다고 주장하기보다 충동을 일으키는 원인을 파악하고, 그 사이클을 끊어 내는 방법을 가르친다. 보통은 감정과 신체의 강력한 상관관계를 인식하기만 해도 중요한 첫발을 내디딜 수 있다.

자동차의 계기판은 엔진이 과열되었거나 윤활유가 부족하고, 연료가 예비분밖에 없을 때 이 사실을 알려준다. 하지만 우리에게는 이런 시스템이 없다. 연료 탱크를 급격히 소모시키는 스트레스 사이클에 갇혔다고 알려주는 장치가 없다. 대신 부정적인 감정과 생각, 행동이 그 역할을 대신한다. 이런 것이 당신에게 현재 지나치게 스트레스를 받고 있고 에너지가 바닥났다고 알려준다.

이는 아이들이 각성도를 조절할 때도 특히 중요하다.[27] 문제는 아이들이나 청소년들조차 자신의 감정이 어떠한지 정확하게 표현하지 못한다는 점이다. 우리가 확인할 수 있는 것은 아이들이 보여주는 행동(혹은 하지 않는 행동)이다. 우리가 아이들의 신호를 읽게 되면 아이들 스스로 각성도를 조절하도록 도울 수 있는 효과적인 방법을 떠올릴 수 있다. 보통의 부모가 해야 하는 첫 번째 조치는 아이들이 보내는 신호가 중요하다는 점을 인지하는 것이다. 아이를 키우는 많은 부모가 이런 신호를 무시하거나 부정하기 때문이다.

부모는 신이 정해준 자기 조절 파트너다

자기 조절이냐, 자기 통제냐 하는 선택의 기로에 선 모녀
버니스Bernice는 불안증이 심각한 열두 살 딸 어텀Autumn 문제로 우리 클리닉을 찾아왔다. 하지만 그녀 자신도 불안증이 심각했다. 그녀는 안절부절못했고, 손가락에 밴 얼룩을 보니 골초였다. 어느 모로 보나 결론은 확실했다. 그녀는 온통 딸에 대한 걱정뿐이었다.

버니스는 딸보다 자신의 욕구를 우선하는 엄마는 아니었지만, 문제는 스트레스 사이클에 갇혀 있고 증속구동 상태에 놓여 있다는 점이었다. 그녀는 심한 불면증에 시달렸는데, 돈과 다른 자녀들 걱정과 함께 결혼과 직장생활에 대한 고민으로 잠을 이루지 못했다. 한밤중에 깨면 이런저런 걱정으로 심란해했다. 그녀 자신도 인정했듯 신경쇠약증을 앓고 있었고, 딸에게 안 좋은 일이라도 생기면 더 큰 걱정에 휩싸였다. 꼬리를 무는 걱정과 긴장감, 심약함 그리고 긴장감으로 점점 기력이 떨어졌다.

버니스는 내가 자주 목격한 흥미로운 패턴을 보여주었는데, 소위 말하는 자기 조절 혹은 자기 통제에 대한 부모들의 이분법적 시각이었다. 그녀는 딸에게 자기 조절법이 필요하다는 사실을 즉시 이해했다. 그런데 자신에게는 자기 통제가 필요하고, 딸을 위해 더욱 통제력을 길러야 한다고 확신했다! 그녀는 딸이 다양한 생물학적·감정적·사회적 스트레스 요인으로 지나치게 스트레스에 시달린다는 사실도 금세 이해했다. 딸의 상황이 자신 때문이며 딸의 불안증에 죄책감도 갖고 있었다. 그녀는 자신의 온갖 걱정을 통제하기 위해 더욱 노력해야 한다고 믿었다.

시간이 걸렸지만 버니스는 딸 어텀과 마찬가지로 자신에게도 자기 조절이 필요하다는 사실을 이해했다. 그녀는 딸과 요가학원에 다니기로 했다. 출산하기 전에 요가를 했던 그녀는 요가를 하고 나면 마음이 차분해지고 즐거웠다. 그녀와 딸은 매주 진료 시간에 요가 매트를 가지고 우리를 찾아왔다.

버니스는 딸의 기분이 좋아지는 일이라면 뭐든지 하겠다는 강한 의지가 있었다. 딸이 자기 조절 훈련을 통해 나아지는 모습을 보면서 자신 또한 무력감을 떨쳐냈다. 하지만 가장 큰 원동력은 딸 못지않게 자신에게도 자기 조절이 필요하다는 사실을 그녀 스스로 인정한 것이었다. 두 모녀가 빠르게 나아진 모습, 그것도 둘이 함께했다기보다 서로를 통해 나아진 모습은 무척 흥미로웠다.

문제 행동을 바꾸는 다섯 가지 핵심 단계

자기 통제는 모든 문제에 만병통치 식의 패러다임을 제시한다. 자기 조절은 어떤 환경에서도 최고 기량을 발휘하도록 에너지를 쓰게 하는 포괄적이고 열린 시스템을 만든다. 자기 조절을 더 깊이 이해할수록 문제 행동에서 벗어나 사람들과 교감할 수 있는 기회를 마련할 수 있다.

모든 아이는 나이와 상관없이 자신을 조절할 수 있는 방법을 배울 수 있다.[28] 나의 주요 목표는 자녀들이 자기 조절을 할 수 있게 돕는 방법을 부모인 당신이 터득하는 것이다. 버니스와 마찬가지로 당신도 아이가 보내는 신호를 읽고, 아이가 하는 행동의 의미를 이해하며, 아이가 생각하고 느끼고 행동하는 것을 억누르고 통제하기보다 아이 스스로 자각하도록 이끄는 방법을 배우게 될 것이다. 또 아이가 차분한 상태를 경험하고, 필요하다면 차분해지도록 돕는 방법을 깨우칠 것이다. 다음의 다섯 가지 자기 조절 단계는 당신의 제2의 천성이 될 것이다.

1. 행동의 신호를 읽고 이를 재구성한다.
2. 스트레스의 요인을 알아낸다.
3. 스트레스의 요인을 줄인다.

4. 스트레스 받는 순간을 자각하고 그 원인을 파악한다.

5. 마음을 진정시키고 휴식과 회복에 도움을 주는 방법을 찾는다.

일상에서 각각의 단계를 혼자 할 수 있는 방법을 배울 것이다.

* **행동의 신호를 읽고 이를 재구성한다** : 우리가 시도하는 작업의 상당 부분은 그런 행동을 하는 의미를 이해하는 것이다. 이를 모르면 그런 행동이 걱정되거나 짜증만 날 뿐이다. 이 과정을 통해 자신 만의 신호를 읽어 내고, 왜 그런 상태에 빠지는지 알아내며, 이를 열이나 두드러기처럼 중요한 신호로 인식하는 법을 직접 체득해 야 한다.[29]

* **스트레스의 원인을 알아낸다** : 왜 하필 지금인지 묻는다. 스트레스는 보통 업무나 돈, 대인관계에 문제가 있거나 시간은 촉박한데 할 일이 산더미 같을 때 생긴다. 이 모든 것이 스트레스의 요인은 맞 지만, 스트레스라는 개념은 훨씬 더 포괄적이고 미묘하다. 숨겨진 스트레스 요인을 고려한다면 더욱 그렇다. 어떤 사람에게는 소음 이나 특정 소리가 상당한 스트레스로 작용한다. 또 빛이나 시각적 자극(지나치든 부족하든)이 스트레스인 사람도 있다.

누구에게나 공통된 스트레스 요인으로는 냄새, 촉감, 앉거나 서 있는 자세, 대기 상황 등이 있다. 우리를 둘러싼 환경은 분명 스트 레스를 많이 주지만, 의식적인 정보로 이것들을 차단한다. 그렇지 만 뇌 깊숙이 자리한 감시 체계, 즉 포유류의 뇌와 파충류의 뇌는 이를 차단하지 않으며 이 모든 스트레스에 어떻게 대처할지 우리 내부의 수용기와 끊임없이 대화한다.

- **스트레스의 요인을 줄인다** : 빛에 매우 민감한 사람은 실내 밝기를 조절할 수 있는 디머 스위치dimmer switch로 바꾸기만 해도 편안해진다. 디머 스위치는 자기 조절법의 각종 상황에 들어맞는 유용한 비유다. 신체적·감정적·인지적·사회적으로 스트레스를 받는 사람들에게 모든 상황을 조절할 수 있는 디머 스위치가 있다면 아무 문제가 없을 것이다. 경우에 따라서는 스트레스 요인에 전혀 노출되지 않게 할 수도 있다.

- **지나치게 스트레스 받는 순간을 자각하고 그 원인을 파악한다** : 과도한 스트레스에 익숙해지면 이를 정상으로 느낄 수 있다. 정도가 심해지면 가만히 앉아 호흡에 집중하는 것(보통 마음을 진정시켜 준다고 보는 행동)이 조증일 때보다 수천 배는 괴롭다. 자기 조절법은 내면에 대한 자각 능력을 키우는 방법으로, 내면의 자각은 때로는 아주 서서히 일어나기 때문에 어느 정도는 감당할 수 있을 뿐 아니라 즐길 수도 있다. 최종 목표는 단지 증상을 자각하는 것이 아니라 지나치게 스트레스를 유발하는 요인을 알아내는 것이다.

- **마음을 진정시키고 휴식과 회복에 도움을 주는 방법을 찾는다** : 마지막으로 긴장감을 낮추고 에너지를 보충할 수 있는 전략이 필요하다. 이 부분에서 자기 조절법은 전적으로 개인적인 여정이 된다. 누구

에게나 통하는 방법은 없기 때문이다. 예전에 진정 효과가 있었던 방법이 어느 날은 정반대의 결과를 불러올 수도 있다. 지난번에 자신을 진정시켰던 방법이 효과가 없을 수도 있다. 때문에 앞서 네 단계는 마지막 다섯 번째 단계를 위해서도 꼭 필요하다.

신호를 읽을 수 있게 되면 나에게 맞는 대응 전략과 적합하지 않은 대응 전략을 구분할 수 있다. 후자를 적합하지 않은 대응 전략이라 부르는 이유는, 잠시 안정을 줬지만 기력을 소모시키고 더욱 긴장된 상태에 빠뜨리며 저각성 또는 과각성에 더욱 취약하게 만들기 때문이다. 자기 조절에 적합한 전략은 효과가 지속적이고 유용해야 한다. 그 이유는 자기 조절이 가능하도록 시스템의 균형을 유도하고, 이 상태를 유지하는 데 초점을 맞추기 때문이다.

우리에게 진짜 필요한 것은 내면의 안정이다

많은 걱정으로 한밤중에 깼는데 다시 잠을 못 드는 이유를 무엇이라 생각하는가? 이는 당신이 잠든 사이 내면의 경보기가 울렸다는 표시다. 긴장한 상태로 잠들었기 때문에 긴장이 풀리지 않은 것이다. 경보기를 울린 요인이 무엇이든 심박수, 혈압, 호흡이 매우 고조되면서 당신은 잠에서 깼을 것이다. 그리고 나서도 잠을 못 자고 불안해하는 이유는 아드레날린이 솟구치기 때문이다. 그렇다면 전전두피질에 있는 시스템을 통해 걱정거리를 검토해야 할까?[30] 소용없다. 그 시스템은 이미 기능이 멈췄다.

이렇게 반복되는 스트레스 반응을 끊는 방법 중 하나는 복식호흡을 하면서 내면을 응시하는 명상mindfulness meditation을 하는 것이다.[31] 뇌를 진정하는 효과가 있다고 알려진 내면 응시 훈련은 숨을 천천히 들이마시고 내쉬면서 호흡을 따라가고, 내게 의지가 되는 사람이나 대상을 떠올리거나 명상을 하는 것이다. 그림을 그리거나 마음을 달래는 음악을 들어도 좋다. 자기 조절법의 핵심은 관심사를 딴 데로 돌리거나 괴롭히는 대상을 억누르기 위해서가 아니라 스트레스 사이클을 깨기 위해 이런 행동을 한다는 점이다. 침투적 사고나 걱정을 달리 보기만 해도 긴장은 바로 풀릴 수 있다. 그렇게 되면 회복 기능이 작동하면서 전전두피질이 다시 제 기능을 하게 된다.

인간은 기력이 떨어지고 긴장감이 높은 상태를 잘 자각하지 못한다.[32] 나는 인간이 그럴 수밖에 없는 진화상의 이유가 있다고 본다. 인간에게는 자신의 각성 상태보다는 위협적인 상황에 집중하는 것이 더 유리했을 것이다. 문제는 요즘처럼 스트레스 요인이 도처에 널린 시대에는 자신도 모르는 사이에 지나치게 스트레스를 받을 수 있다는 점이다.

자기 조절법의 진짜 힘은 자신의 각성도를 알아채고 긴장을 푸는 법을 배우는 데 있다. 그 목표는 내면의 괴물을 정복하는 힘을 얻는 게 아니라 긴장이 풀리면 괴물들이 사라지는 변화를 경험하는 것이다.

마시멜로 실험을 넘어서

그날 밤은 우리 딸의 체육 수업이 있었다. 딸이 수업하는 모습을 2층 학부모 관람석에서 지켜본다는 것은 무척 기대되는 일이었다. 일을 쉴 수 있으며 내가 전혀 모르는 여덟 살 딸의 모습을 볼 수 있는 흔치 않은 기회였다.

내 바로 옆에는 젊은 부부가 세 살배기 아이와 함께 앉아 있었는데, 그 아이는 임상 용어로 '콩이 가득한'full of beans 아이였다. 에너지가 넘쳐흘러서 쉴 새 없이 질문하거나 재잘거렸고, 관람석을 뛰어다녔다. 또 누나의 눈길을 끌기 위해 유리창을 두드렸을 뿐 아니라 다른 아이들과 놀고 싶어 부산스러웠다. 아이의 부모도 아들의 행동이 주변에 민폐를 끼친다고 생각했는지 아이를 제지했다. 나는 딸의 수업을 완전히 잊은 채 그 부부가 5분 동안 "안 돼."라는 말을 몇 번이나 하는지 세어 봤다.(모두 열 네 번이었다.)

부부는 아이를 점점 심하게 혼냈다. 처음에는 부드럽게 타이르다가 곧 짜증을 냈고, 얼마 안 가 몹시 화를 냈다. 집에서 챙겨 온 건강한 간식을 먹이고, 팝콘도 한 봉지 사주고, 휴대용 오락기를 손에 쥐어 주고 심지어 뇌물까지 줬지만 어떤 방법도 1분 이상의 효과는 없었다.

그러다가 어느 순간 아이 엄마가 아이의 엉덩이를 때리고는 벤치에 억지로 앉혔다. 꼬마는 훌쩍거리더니 얌전히 있으려고 최선을 다했다. 아이는 몇 분간 간신히 앉아 있었다. 그러다 슬금슬금 눈치를 보며 부모 몰래 벤치에서 일어났다. 엄마 아빠가 자신을 지켜보고 있다는 사실을 눈치 챈 순간 아이는 뛰기 시작했다. 그렇지만 바로 붙잡혔다! 이런 상황이 반복됐다. 참관 수업을 하는 두 시간 내내 아이와의 실랑이가 계속됐다.

이 광경을 지켜보면서 측은하다는 생각이 들었다. 나도 아이들을 키우면서 같은 경험을 했다. "너는 왜 한번 부르면 밥 먹으러 오지 않니?" "넌 왜 이렇게 씻기는 게 힘드니?" "대체 선생님이 어떻게 해야 어머니께 말씀을 드릴 거니?" 그런데 이런 상황에서 신세 한탄 대신 진지한 질문을 던져 보면 어떨까?

그날 내 눈앞에서 가족 드라마가 펼쳐졌을 때, 그 꼬마 또래지만 얌전히 앉아 있던 아이들도 꽤 있었다. 그렇다면 그 어린아이는 왜 그렇게 산만했을까? 부모의 노력은 왜 소용이 없었을까? 왜 하필 그때 그런 일이 생겼을까? 이것이 우리가 던져야 할 질문이다.

그 꼬마는 비좁고 붐비는 공간이 참기 힘들어서 몸을 이리저리 움직여야 편했을지도 모른다. 아니면 딱딱한 나무 의자가 불편했거나 체육 수업이 너무 지루했을지도 모른다. 어쩌면 수업을 지켜보는 것이 너무 신이 나서 이리저리 뛰어다녔는지도 모른다. 이외에도 다양한 가정을 해볼 수 있다. 그렇지만 핵심은 이것이다. 그 아이는 지금 스트레스가 엄청나다는 사실을 그 어떤 행동보다 생생하게 전달했다는 점이다. 아이 부모는 자신을 통제하라고 아이를 꾸짖었지만, 그럴수록 아이는 심하게 저항하고 더욱 몸부림 쳤다.

사실 그 아이의 행동이나 짜증을 내다 화를 낸 부모의 반응 모두 의지력이나 자기 통제가 선천적으로 부족하다는 증거는 아니다. 그들은 모두 지쳐 있었고 자포자기 상태였다. 우리는 그 심정을 너무나 잘 안다. 그렇다면 아이와 실랑이할 때 현명하게 대처할 수 있는 방법은 없을까? 더 중요하게는 그런 행동을 안 하게 할 수 있는 방법은 없을까? 물론 있다. 그런데 그렇게 하려면 대대적인 인식의 전환을 거쳐 자기 통제가 아닌 자기 조절에 힘을 쏟아야 한다.

이제 이 둘의 차이점을 살펴보겠지만, 전문가들도 혼동할 만큼 헷갈리는 개념이다. 부모는 아이의 행동이나 그에 대한 자신들의 반응이 통제가 안 된다고 느낄 때 통제력에 주목하기 쉽다. 그렇지만 통제력에 초점을 맞추는 순간, 기회의 문은 닫히고 만다. 즉 아이와 대화를 할 수 없고, 건설적인 상호작용이 멈추며 배움의 기회가 사라진다. 반면 자기 조절법에 초점을 맞추면, 곧바로 기회의 문이 열린다. 자기 조절법은 다음과 같은 간단한 질문을 묻는 것에서부터 시작한다. "왜 하필 지금일까?"

자기 통제와 자기 조절을 의식적으로 구분하려는 노력은 중요하다. 둘을 구분하지 않으면 아이들을 '착한 아이' 혹은 '나쁜 아이' 하는 식으로 설명하게 된다. 또한 아이의 성격과 학교생활, 앞으로 살아갈 인생에 대해 결함 있는 가정을 하게 된다.

마시멜로 연구가 놓친 중요한 사실

1963년 미국의 심리학자이자 스탠퍼드 대학 교수인 월터 미셸Walter Mischel은 성공적인 삶에서 자기 통제가 얼마나 중요한지를 암시하는 상징적이고 간단한 실험을 했다.[33] 네 살에서 여섯 살에 이르는 600명의 아이들을 대상으로 한 실험이었다. 미셸 교수는 지금 눈앞에 보이는 마시멜로를 참으면 나중에 더 많이 준다는 약속을 믿고 마시멜로의 유혹을 이긴 아이들이 갈수록 학업 성적이 뛰어났다는 사실을 보여주었다.

후속 연구들도 만족감을 미룰 줄 아는 아이들이 클수록 다방면에서 두각을 나타냈다고 보고했다. 이 아이들은 고등학교를 졸업하고 대학에 진학할 확률이 높았고, 신체뿐만 아니라 정신적으로도 건강하며 어리석고 무모한 행동을 하는 경우가 적었다. 법에 저촉되는 행동을 하거나 각종 중독에 빠질 확률도 낮았고, 삶에 대한 만족도가 더 높았다.

우리는 이 모든 것이 자기 통제와 관련 있다고 생각하기 쉽다. 동시에 유혹에 저항하기라는 허술한 잣대로 어린아이의 인생을 점친다는 사실에 왠지 섬뜩한 기분이 들기도 한다.[34] 마시멜로 연구는 성공하기 위해서는 자기 통제가 가장 중요하다는 그동안의 믿음을 확인해 준 듯했다. 이 연구는 참여한 아이들이 어리다 보니 아주 어린 나이에도 통제력 수준을 가늠할 수 있다는 증거로 언급되기도 했다. 이 두 가지 가정이 합쳐지면서 부모가 어려서부터 개입하면 아이에게 자기 통제력을 길러 줄 수 있고, 나아가 인생에서 성공할 수 있다는 희망을 심어 주었다. 이는 양육과 교육, 많은 전문가 상담에서 고전적인 행동 수정 방식이 중요하다는 인식을 싹트게 했다.

심지어 인터넷을 떠도는 세서미 스트리트Sesame Street(미국의 유아용 TV 프로그램—옮긴이)도 '만족의 지연'을 주제로 삼았다.[35] 그렇지만 사람들이 잘 모르는 사실이 하나 있다. 이 실험에 참가한 아이들의 행동을 얼마든지 조작할 수 있다는 점이다. 10대 청소년, 대학생, 심지어 어른들의 행동도 조작이 가능하다. 실험 전 아이를 피곤하거나 불안하게 만들면 유혹에 넘어갈 가능성은 확연히 커진다. 실험 전 아무 문제가 없는 아이도 이런 조건을 만들면 유혹에 넘어간다. 실제로 시끄럽거나 사람이 많고 자극적인 냄새가 나는 곳에서 실험을 하거나 아이에게 부정적인 생각이나 감정을 심어 주기만 해도 아이는 유혹을 뿌리치기 힘들어할 것이다.[36]

마시멜로 실험은 악의 없는 유쾌한 실험처럼 보일지도 모른다. 그렇지만 이 실험은 어린아이가 스트레스에 어떻게 대처하는지 알아보기 위해 세심하게 고안한 것이었다. 실제로 상당수의 아이들이 이 실험에서 엄청난 스트레스를 받는다. 썰렁한 방에 혼자 남겨진 아이는 불편한 의자에 앉아 탁자에 떡하니 놓인 마시멜로를 바라보는 것 말고는 할 게 아무것도 없다. 시간이 얼마나 흘렀는지도 모른 채 낯선 어른이 상을 주러 다시 올 때까지 기다려야 하는 것도 아이에게는 스트레스다. 실험에서 아이들이 힘들어하는 모습을 지켜보면, 아이들에게는 그 시간이 영원처럼 느껴진다는 사실을 알 수 있다. 그야말로 스트레스 실험이 분명하다. 우주 비행사가 밀폐된 공간에서 오래 견디는 실험을 아이에게 적용한 셈이다.[37]

연구에 따르면, 아이들이 힘겨운 상황에서 보이는 반응은 대개 각성도에 따라 다르다고 한다. 마시멜로가 담긴 접시가 나오고 지시 사항이 주어지기 전에, 아이가 얼마나 차분하고 집중할 수 있는지가 결과에 영향을 준다는 것이다. 어떤 아이가 지금은 참았다가 나중에 보상으로 마시멜로를 더 많이 받는 쪽보다 당장 마시멜로를 먹는 쪽을 선택한다면, 그 사실에서 얻을 수 있는 정보는 많지 않다. 반면 그 아이가 왜 참지 못했을까 하는 질문을 던지는 순간, 우리는 자기 조절 분야를 파고들게 된다. 바로 이 점에서 행동의 변화를 유도하는 힘을 발견하고, 스트레스가 가득한 세상에서 회복력을 높여 주는 인생의 전략을 얻게 된다.

자기 조절은 두뇌가 스트레스에 대응하는 과정으로, 에너지를 소모하는 대사 과정을 유발한 후 이를 상쇄하는 또 다른 대사 과정을 일으키고, 이어 회복을 촉진하는 과정을 거친다. 이렇게 균형을 이루는 메커니즘을 끊임없이 반복하면서 내적 안정감을 유지한다. 이 과정에서 심부체온이 일정하게 유지되는데, 우리 몸은 너무 더우면 체열을 발산하거나 땀을 내서 균형을 회복한다. 또 너무 추우면 몸을 떨거나 치아를 부딪쳐서 체온을 회복한다.

이 모든 과정에 에너지가 필요하며, 에너지 소모가 가장 많을 때는 대뇌변연계, 즉 강렬한 감정과 충동을 관장하는 감정의 뇌가 경보기를 울릴 때다. 다시 말해 위협에 대응하고, 다시 회복하는 과정을 말한다.[38]

이는 자동차의 가속 페달이나 브레이크를 밟는 상황과 유사하다. 편도체가 뭔가 위협을 감지하면 시상하부는 가속 페달을 밟는다. 또 편도체가 경보기를 끄면 시상하부는 브레이크를 밟는다. 문제는 편도체가 경보기를 너무 자주 울리면 시상하부가 계속 가속 페달을 밟아서 브레이크 패드가 닳는다는 점이다. 즉 회복 시스템이 회복 능력을 상실한다.[39] 이렇게 되면 문제가 드러나기 시작한다. 행동과 학습에 문제가 생기고 신체적·사회적·감정적인 문제도 발생한다. 자기 조절은 감정의 뇌를 진정시키고 경보기와 전반 시스템의 각성도를 잠재워서 반응과 회복이라는 이중 시스템이 서로 순탄하게 작동하게 해준다.[40]

이때 중요한 사실이 있다. 에너지가 방전되면 아이는 충동을 억제하는 것을 더욱 힘들어한다는 점이다. 유혹적인 마시멜로를 참는 것이든, 뛰어다니지 않고 가만히 앉아 있는 것이든 마찬가지다. 마시멜로 실험이 자기 통제를 보여주는 연구라고 성급하게 결론을 내릴 경우, 우리는 마음을 진정하고 집중하려면 에너지가 필요하다는 핵심적인 사항을 놓치고 만다. 다시 말해 생물학적으로 볼 때 스트레스 상황에서 차분히 집중하려면 에너지를 써야 한다는 사실을 놓치는 것이다. 스트레스가 클수록 에너지 소모도 커진다. 더구나 이때 자기 통제를 목표로 삼으면, 아이가 스트레스를 받아 상황이 악화될 수 있다.[41]

앞서 설명한 수업 참관 때 산만했던 어린 꼬마도 바로 이런 경우였다. 초반에 아이를 얌전히 있게 하려다 실패한 부모는 갈수록 상황을 악화시켰다. 그들 부부는 아이가 자꾸 움직인다며 계속 꾸짖다가 나중에는 엉덩이를 때렸다. 부모의 행동은 이미 과했던 아이의 스트레스를 더욱 키우고 아이의 행동을 자극했다. 여기서 생기는 최악의 결과는 부모의 호된 꾸지람으로 아이가 투쟁-도피 반응을 넘어 기능 정지에 빠지는 것이다.

그런데 우리는 보통 이런 상태를 아이가 순응했다고 오해하기 쉽다. 부모는 이렇게 생각할지도 모른다. '이제야 말귀를 알아듣는구나!' 그렇지만 애석하게도 이 상태에 놓인 아이는 당신이 하는 말을 거의 대부분 처리하지 못한다. 게다가 투쟁-도피 반응이나 기능 정지 반응이 자주 일어날수록 아이는 스트레스에 더욱 예민하게 반응한다. 신경계가 툭하면 경보기를 울릴수록 아이는 마음을 진정하지 못한다.

자기 조절과 자기 통제의 차이는 단지 사소한 의미적 차이만을 이야기하지 않는다. 단어와 개념은 그 영향력이 큰 만큼, 우리가 아이를 바라보는 관점에도 영향을 준다. 우리는 오랫동안 의지력이나 자기 통제를 제대로 이해하지 못해서 아이의 행동을 오해했고, 아이의 잠재력을 얕잡아 보거나 심지어 잠재력을 억눌렀다. 마시멜로의 유혹에 넘어간 아이를 타고난 의지력이 약하다고 본 것도 이런 오해에서 비롯되었다.[42]

우리가 상과 벌로 아이에게 자기 통제를 가르칠 때에도 기본적으로 이런 오해를 깔고 있다. 소위 말하는 행동주의적 관점은 1세기 전 미국의 심리학자 존 왓슨John Watson에 의해 시작됐다. 왓슨 박사는 과학적으로 만든 처벌과 보상 체계를 현명하게 활용하면 어떤 아이라도 원하는 성격으로 만들 수 있다고 주장했다.[43] 이에 따르면 우는 아기를 재울 때 하는 행동부터 점검해야 한다. 행동주의 이론에서는 우는 아기를 달래는 행동을 우리가 고쳐 주려는 아이의 행동에 대해 상을 준 것으로 본다. 행동주의는 아이가 자신이 알아서 우울한 기분을 조절하는 방법을 터득해야 하고, 부모가 아이를 달래지 않고 자제해야만 효과적으로 아이를 가르칠 수 있다고 설명한다.

이러한 사고방식에 따르면 마시멜로 연구에서 의지가 약한 네 살짜리의 행동은 당장 만족을 얻으려는 자연스러운 욕구를 억제하고 통제하는 방법을 부모에게 제대로 배우지 못했기 때문이다. 이렇게 엉뚱한 이론이 자녀 양육에서 깊이 뿌리내렸다. 그런데 이런 시각이 매우 유해하다는 사실을 깨달은 것은 불과 몇 년이 되지 않는다.

현재 심리적·행동적·사회적 문제로 힘들어하는 아이들이 급증하고 있다. 이럴 경우 역사적으로는 자기 통제가 부족했기 때문이라고 여겼지만, 이제는 자기 조절에 문제가 생긴 것으로 명확하게 이해하게 되었다. 예를 들어, 소아비만과 소아당뇨가 유행하는 현상은 정크푸드를 떨쳐 내지 못할 만큼 의지력이 부족해서가 아니다.[44]

뭔가 기본적인 것에 균형 감각을 잃은 아이에게 자기 조절을 강요하는 방법은 답이 아니다. 항상 최선을 다하는 자세와 의미 있는 행동 변화, 건강에 필요한 자기 조절 능력은 그런 식으로 강요한다고 해서 키워지거나 회복되지 않는다. 이런 사실을 이해하지 못하는 한 그렇잖아도 부족한 아이의 자기 조절 능력을 더욱 떨어뜨리게 될 뿐이다.

스트레스가 결과를 바꾼다

지난 몇 년간 마시멜로 연구와 유사한 실험이 수없이 진행됐다. 그중 가장 흥미로운 것은 스트레스를 높여서 개인의 수행 능력을 조작한 연구였다. 이 연구는 각종 스트레스 상황을 만들었다. 예를 들면, 피실험자로 하여금 괴로운 일을 떠올리거나 고통스러운 장면을 쳐다보게 했다. 또 어떤 일을 하는 동안 시끄러운 소음을 들려주거나 자극적인 냄새를 맡게 했다. 실험실을 너무 덥거나 춥게 혹은 지나치게 북적대게 만들었다. 피실험자가 배고프거나 잠을 제대로 못 잔 상태에서 실험을 진행하기도 했다.[45]

연구 결과 감정적·신체적·심리적 스트레스가 클수록 만족을 미루지 못하는 것으로 나타났다. 이는 아이의 충동을 억제하는 능력이 무엇보다 생리학적 문제며, 과도한 스트레스에 시달리면 자기 조절 시스템에 문제가 생긴다는 뜻이다. 스트레스를 받거나 매우 지쳤을 때 우리는 명료하게 사고하지 못한다. 반면 마음이 평온할 때는 힘든 순간도 잘 넘긴다. 이런 맥락에서 아이의 행동은 신경학적 요인과 생리학적 요인이 좌우하며, 자기 조절은 자기 통제와 전혀 다른 역할을 한다.

연료 없이 달리는 차

스트레스는 환경적·신체적·인지적·감정적·사회적 요인 등 온갖 형태를 띤다. 또한 그 하나하나가 자기 조절 과정에 영향을 준다. 아이를 시끄러운 교실의 비좁은 의자에 앉혀 놓고 집중력이 필요한 과제를 내준 다음 친구가 옆에서 방해하게 하면 아이는 몹시 괴로워한다. 제대로 아침식사를 하지 못했거나 잠을 못 잔 상태에서 학교에 가면 아이의 스트레스 지수와 에너지 소모량은 훨씬 커진다.

가장 최근에 당신의 아이가 짜증을 냈거나 감정이 폭발했던 순간을 떠올려 보라. 집처럼 개인적인 공간인데도 폭발한 경우가 있었는지 생각해 보라. 그 순간을 찾아보면 아이에게 스트레스를 준 요인이 무엇인지 알 수 있을 것이다.

아이들에게 과도한 스트레스를 주는 요인은 무척 다양하다. 아이들은 보통 자신의 상태를 말로 표현하지 못하고 행동이나 기분, 남의 말을 못 알아듣거나 다른 아이들과 어울리지 못하는 등으로 자신의 상태를 드러낸다. 소리, 냄새, 시각적 방해물, 의자나 양말의 질감 등 환경적 요인에서 크게 스트레스를 받는 아이는 집중을 하지 못하거나 짜증나는 사람에게 쉽게 화를 낸다.

평소 환경적 요인에 휘둘리지 않고, 친구들과 잘 어울리는 아이라도 부모가 이혼을 하거나 감정에 급격한 변화가 생기면 심하게 동요할 수 있다. 수면 부족이나 운동 부족, 영양 불균형 등 요즘 아이들이 흔히 겪는 3대 결핍 증상으로 에너지가 고갈되는 경우도 있다. 그렇지만 근본적인 요인은 동일하다. 이런 아이들은 자신의 에너지로 감당할 수 없을 만큼 과도하게 스트레스를 받고 있는 것이다. 과도한 스트레스를 받는 아이들은 길고 험난한 등반을 할 때처럼 에너지 소모가 극심하다.

그렇게 되면 상황은 더 심각해진다. 스트레스로 연료 탱크가 바닥나면 아이들은 일상생활을 위해 아드레날린과 코르티솔에 의지한다. 그래서 들뜨거나 조증에 빠지는데, 이는 어른이나 아이 모두를 지치게 한다. 이는 아이들이 의도적으로 통제할 수 있는 행동 영역이 당연히 아니다. 아이는 자신이 선택해서 그런 행동을 하는 게 아니기 때문이다. 의도적 행동에 관여하는 뇌 부위가 지나친 스트레스에 빠진 순간 그 기능을 멈추는 것이다. 체육 수업을 참관할 때 그 꼬마가 부모의 말뜻은 고사하고 목소리가 들렸는지도 의심스럽다. 이와 관련된 뇌 부위 역시 그런 순간이 오면 기능을 멈추기 때문이다.[46]

우리가 오해하는 아이들의 스트레스 사인

아이의 문제 행동이 지나친 스트레스에서 온다는 사실을 알게 되면 당신이 아이와 맺는 관계는 완전히 바뀐다. 자기 조절법에서는 이를 일컬어 아이의 행동에 대한 인식 변화라고 부른다. 일단 아이의 행동을 달리 바라보면 아이가 못마땅한 행동을 했을 때 자동 반사적으로 반응하기보다 잠시나마 상황을 돌아보게 된다. 아이에게 짜증을 내기보다 아이의 행동을 호기심 있게 지켜보게 된다. 아이를 혼내거나 가르치려 하기보다 모든 감각을 동원해 아이의 말에 귀 기울이게 된다. 아이의 스트레스를 높이고 기력을 소모시키는 행동을 하기보다 아이가 안정을 되찾고 기운을 차리도록 돕게 된다. 이 과정이 바로 자기 조절법이다.

자기 조절은 다섯 가지의 발달 영역을 토대로 한다. 바로 신체적·인지적·사회적·감정적·친사회적 영역이다. 서로 상호작용하면서 영향을 주고받는 이 모든 영역은 '왜 하필 지금인가?'에 대한 답을 품고 있다. 따라서 우리는 다섯 가지 영역을 모두 다뤄야 한다. 아이의 스트레스가 지나치게 높음을 보여주는 매우 단순한 신호 중에는 보통 행실이나 태도가 나쁘다고 오해받는 행동들도 있다. 다음과 같은 신호에 주의를 기울이자.

- 쉽게 잠들지 못하거나 자꾸 깨는 것
- 아침부터 심술을 부리는 것
- 툭하면 기분이 상하고 아주 사소한 일에도 토라지며 이런 감정이 쉽게 진정되지 않는 것
- 기분이 좋았다가 바로 나빠지는 등 변덕이 심한 것
- 집중하지 못하고 당신의 목소리도 들리지 않는 것
- 걸핏하면 화를 내거나 지나치게 슬퍼하거나 두려워하고 불안해하는 것

아이가 이런 행동을 할 때 혼내거나 창피를 주고 벌을 주면 상황은 더 심각해진다. 처벌이 그 자체로 스트레스가 되기 때문이다. 심하게 혼을 내면 앞서 언급한 것처럼 아이가 기능 정지에 빠질 수 있다. 이런 모습이 자기 통제를 하는 것처럼 보일지도 모르지만, 실은 자기 통제와는 정반대인 상황이다. 너무 당황해서 반응 시스템이 작동되지 않는 상태이기 때문이다.[47]

스트레스 반응과 각성도, 에너지 수준을 자기 통제와 순응이 아닌 자기 조절이라는 맥락에서 바라보면 극적인 변화를 끌어낼 수 있다. 때로는 아주 간단한 조치만으로도 놀라운 변화가 온다. 예를 들면, 목소리를 낮추거나 아이 방에서 눈에 거슬리는 잡동사니를 치우고 조명을 바꾸는 것 등이다. 어떤 아이들은 더 힘겹고 복잡한 과정을 거쳐야 하기 때문에 어른 못지않게 혼란스러워한다.

개중에는 노력을 하지만 실패하는 경우도 있다. 또 노력을 전혀 안 하는 아이도 있는데, 그럴 경우 아이가 왜 그러는지 또 어떻게 해줘야

할지 몰라 당황하기도 한다. 노력을 하다가 중도에 포기하는 아이도 있다. 우리는 그 상황을 이해하지만 어떻게 대처해야 할지 몰라 난감해한다. 아이가 어떤 모습을 보이든 아이의 행동을 달리 인식하면, 관계의 역학이 바로 바뀌면서 아이가 처한 상황을 제대로 이해하고 지속적인 변화를 끌어낼 수 있는 방법이 보인다.

스티븐의 사례

스티븐Steven의 부모는 아들이 태어나자마자 인내심을 갖고 애정 어린 보살핌이 필요하다는 사실을 알았다. 난산으로 태어난 스티븐은 건강 상태가 안 좋았으며 황달 증세도 있었다. 심박수와 호흡수가 높은 데다 자극과민증이 있어서 생후 나흘 동안 신생아 집중치료실에서 치료를 받아야 했다. 스티븐은 태어나서 빛과 맛, 냄새에 유난히 민감한 반면(이를 과민증hypersensitive이라고 한다.), 목소리에는 둔감해서(이를 둔감증 hyposensitive이라고 한다.) 무척 고생했다. 아이는 청력에 문제가 없는데도 특정 단어의 발음을 구분하지 못했다. 게다가 피곤하거나 스트레스가 심하면 과민증과 둔감증이 더욱 심해졌다.

스티븐은 생후 첫 해 동안 음식을 먹거나 잠을 잘 때도 무척 괴로워했다. 또 자주 울고 쉽게 진정하지 못했다. 스티븐의 부모는 부드럽게 말하거나 몸짓과 동작을 천천히 하면 아이가 차분해진다는 사실을 깨달았다. 또 아이가 불안해하면 살살 흔들어서 진정시켰고, 슈퍼마켓 같은 장소는 과부하로 바로 당황하기 때문에 데려가지 않았다.

스티븐은 첫돌 무렵까지도 심하게 짜증을 부리긴 했지만, 매일 밤 같은 시각에 잠들어 깨지 않고 푹 자기 시작했다. 이제 스티븐은 음식도 잘 먹고, 열 달 무렵에는 걷기 시작했다. 무엇보다 중요한 점은 스티븐이 부모를 기쁘게 해줬다는 점이었다. 아이는 엄마의 목소리만 들려도 웃었고, 살살 어루만지거나 아빠가 어깨에 태우면 차분해졌다.

그 후 스티븐은 유치원에 다녔다. 그런데 다른 아이들과 어울리기 시작하면서 새로운 장애가 생겼다. 다른 아이들에게 활기를 불어넣는 활동이 스티븐에게는 에너지를 소모시켰다. 게다가 소리에 둔감해서 다른 사람이 말을 걸어도 알아듣지 못하는 등 어려움을 겪었다. 사람들은 스티븐의 반응이 느리면 어리둥절해 하거나 짜증을 냈다. 집에서는 부모가 스티븐을 이해하고, 대화에 어려움이 없도록 따뜻하게 격려했다. 하지만 집 밖에서는 선생님이나 친구들과 대화를 하다가 분위기가 어색해지는 경우가 있었다. 그럴 때면 스티븐은 긴장하거나 발끈했다.

스티븐의 뛰어난 운동신경도 문제였다. 스티븐은 색칠하기, 블록 쌓기, 장난감 조립 등 단순한 활동에 금방 흥미를 잃었다. 특히 친구들과 어울리거나 공부할 때 불만이 많아서 자신은 물론 주변 사람들도 매우 힘들어하고 스트레스를 받았다.

스티븐에게 장점이 있다면, 몸의 움직임과 관련된 대근육이 매우 발달해 있다는 점이었다. 스티븐은 첫돌 무렵부터 뛰어다녔고, 당연히 몸으로 하는 놀이를 좋아했다. 세 살 무렵부터 공중제비를 돌았고, 네 살이 되자 스케이트와 하키를 배우고 싶어 했다. 스티븐은 이른바 감각적 자극을 갈망하는, 즉 많이 움직여서 몸에 자극을 느끼고 싶어 하는 아이였다. 스티븐은 스케이트를 오래 탈수록 차분해지고, 밥을 잘 먹었으며 일찍 잠자리에 들어 푹 잤다.

다섯 살이 되자 스티븐은 활동적인 아이가 되었다. 그렇지만 곧잘 말썽을 피웠다. 스티븐은 긴장을 안 하면 온화하고 차분하게 행동했는데, 보통 집에 있을 때는 그랬다. 그렇지만 뭔가 불만이 있거나 친구와 문제가 생기면 발끈했다. 스티븐은 친구들과 어울리는 방법을 몰랐다. 학교에서 장난감에 욕심을 부렸고, 자기 마음대로 안 되면 억지를 썼다. 스티븐의 엄마는 집에서 일대일 놀이를 하면 좀 나아질까 싶었지만 아니었다. 학교에서나 집에서도 장난감 때문에 생긴 사소한 다툼이 금세 큰 싸움으로 번졌고, 그럴 때마다 스티븐은 친구를 밀치거나 때렸다. 그럴 때마다 스티븐은 아무도 놀아 주지 않고 생일 파티에도 초대 받지 못하는 아이로 유명해졌다.

모두가 모여서 얘기를 나누는 시간처럼 가만히 앉아서 하는 집단 활동이나 선생님의 지시를 따라야 하는 활동이 스티븐에게는 고역이었다. 스티븐은 분위기를 파악하지 못했기 때문에 실수를 하거나 오해를 샀다. 스티븐은 어디를 가나 '까다로운' 아이로 인식되었다. 물론 차분할 때는 다정하고 적극적인 아이였다. 스티븐이 감정의 기복을 느낄 때 부모에게서 따뜻한 격려를 받았던 것과 달리, 유치원 등의 수업에서는 늘 꾸지람을 듣거나 반성하는 시간을 가져야 했다. 적극적인 자세를 보여도 주변의 반응이 냉담했기 때문에 스티븐은 갈수록 의기소침해졌다. 그러다 보니 일곱 살이 되어서는 여러 가지 면에서 자존감이 낮은 아이가 되었다. 그 연장선에서 스티븐은 자신의 잘못을 인정하려 하지 않았고, 그를 돌보는 어른들을 더욱 화나게 했다.

스티븐의 부모는 아들을 헌신적으로 돌봤지만 장래가 우려됐고, 매번 새로운 난관에 부닥칠 때마다 속상하고 스트레스가 쌓였다. 그렇지만 자기 조절법으로 스티븐과 차분히 교감하고 아이가 다방면에서 나아지는 모습을 보면서(스티븐의 부모도 나아졌다.) 차츰 힘을 얻기 시작했다. 스티븐의 부모는 TV 시청을 제한하고 일찍 잠자리에 들게 하는 등 집에서 아이의 스트레스를 전반적으로 낮출 수 있는 방법을 끊임없이 고민했다. 스티븐이 감정을 폭발해도 엄하게 꾸짖지 않고 인내했다. 이런 과정을 통해 아이는 감정을 폭발해도 금세 자신의 감정을 추슬렀다. 앞서 말했듯이 스티븐은 네 살 때 스케이트와 하키를 배우고 싶어 했다. 하지만 마음만 간절했을 뿐, 실제 배우는 과정에서는 극도의 불안에 시달려야 했다. 단체 경기인 만큼 주변 아이들과의 관계에서 오는 스트레스를 견디고 코치의 지시에 따라야 했기 때문이다.

하지만 스티븐은 주변 사람들의 도움으로 잘 버텨 냈다. 스티븐은 스케이트 끈을 묶을 때도 주변의 도움이 필요했는데, 신발의 착용감에 매우 민감했기 때문이다. 스티븐의 부모는 스케이트 신발에서 느끼는 불편함이 스케이트를 타면서 느끼는 불안감으로 연결된다는 사실을 직감적으로 알았다.

스티븐의 부모는 아이가 학교생활에서 받는 스트레스를 최소한으로 줄여 주고, 자기 조절법으로 불안감을 낮춰 주었을 뿐 아니라 공부에 집중할 수 있도록 도와줄 선생님과 코치를 찾았다. 유소년 리그의 하키 코치는 스티븐이 처음 하키를 하면서 스케이트를 신고 한 발짝도 움직이지 못할 때 농담으로 긴장을 풀어 주고 파일론pylons(하키 연습 때 쓰는 원뿔 모양의 장애물—옮긴이)을 이용해 빙판에서 계속 연습하게 했다. 하키팀 동료들도 스티븐을 응원하고, 작은 승리에도 진심으로 축하해 줬다. 주변 사람들의 격려뿐 아니라 스케이트를 타고 싶다는 간절함이 있었기에 스티븐은 더욱 힘을 낼 수 있었다.

타고난 교육자였던 스티븐의 학교 선생님도 문제를 안고 있는 이 아이가 안전한 엄마 품에서 벗어나 학교생활에 적응하도록 도왔다. 선생님은 교실이 시끄러우면 스티븐이 쉽게 당황한다는 사실을 알고 나서 교실 뒤쪽에 조용한 공간을 마련해 언제라도 이곳에서 스티븐이 마음을 달랠 수 있게 했다. 이렇게 스트레스에 대처하는 방법을 마련하고, 이 방법을 써야 할 순간을 아이에게 자각하게 하는 것이 자기 조절법의 핵심이다.

스티븐이 2학년이 되자 선생님은 또 다른 조치를 했다. 교실에서 집중을 방해하는 요소를 없애 아이가 매우 힘들어한 읽기 학습을 효과적으로 배우게 했다. 역시나 스트레스 요인을 줄이는 것이 중요했다. 덕분에 스티븐은 적은 노력으로도 집중이 가능해져 책을 읽는 일이 가능해졌다. 끊임없이 신체적·감정적인 스트레스 요인을 줄여 준 결과, 스티븐은 차분해졌고, 자신에게 필요한 기술을 익혔으며 하고 싶은 공부도 하게 되었다. 스티븐은 선생님이나 코치의 지시를 집중해서 듣는 법, 공부하거나 하키를 연습할 때 자신의 생각과 행동을 효과적으로 표현하는 법, 다른 친구들의 생각과 감정을 파악하는 법을 배웠다. 자신의 언행이 남들에게 어떤 영향을 주는지도 깨달았다. 이 모든 결실의 가장 중요한 핵심은 단순한 의지력이 아니었다. 스티븐이 자신의 에너지를 도전과 변화에 쓸 수 있게 해준 것은 다름 아닌 자기 조절법이었다.

시간이 흐르면서 스티븐은 자신의 감정을 파악하고 조절하는 법, 자신의 신체 상태가 기분이나 스트레스에 어떤 영향을 주는지 이해했으며 흥분하거나 화내지 않고 스트레스에 효과적으로 대처하는 요령 등을 깨달아 갔다. 물론 많은 기복이 있긴 했지만 스티븐은 학업과 운동 모두 좋은 결실을 맺었다. 10대 때 고등학교 하키팀의 주장이 된 스티븐은 천부적인 리더십을 발휘했다. 그는 남다른 친화력과 강한 신념, 투지, 회복력을 두루 갖춘 모두가 원하는 리더였다. 마시멜로 연구만 놓고 본다면 어린 시절의 스티븐이나 문제라고 낙인찍힌 수많은 아이를 보고 이런 결과가 가능하리라고 예상하지 못했을 것이다.

스티븐은 결코 예외적인 경우가 아니다. 당신의 아이가 어떤 문제를 겪고 있든, 자기 조절은 긍정적인 변화와 성장을 유도하는 무엇보다 중요하고 유일무이한 수단이다. 자기 조절법은 하나의 과정이다. 여러 가지 면에서 자기 조절법은 아이와 맺는 관계를 바꾸고 아이의 행동을 바로 수정해 주며, 시간이 흐르면 다른 중대한 변화도 보이기 시작한다. 그렇지만 무엇보다 중요한 점은 자기 조절법이 아이의 내적 자원을 풍부하게 한다는 것이다. 더불어 당신의 자원도 풍부하게 해준다.

아이를 괴롭힐 것인가, 보살필 것인가

자기 조절법의 기본 전제는 다음과 같다. 아이를 조절해 줘야만 아이가 자기 조절 능력을 키울 수 있다.[48] 그렇다고 우리가 먼저 아이를 통제해야만 아이에게 자기 통제력이 생긴다는 뜻은 아니다.

자기 조절법은 각성도를 조절해 주는 내면적인 과정이지, 행동을 관리하는 것은 아니다. 즉 아이 스스로 조절할 수 있을 때까지 어른이 외부 조절자로서 아이의 각성도를 조절해 주는 핵심적인 역할을 하는 것이다. 각종 요인이 아이의 각성도를 지나치게 높이거나 반대로 지나치게 낮출 수 있다. 이럴 때는 아이가 안정을 되찾게 하고, 뭐든 문제를 키우지 않는 것이 중요하다.

스티븐이 바로 이런 예시를 보여준다. 뛰어난 하키 선수가 되려면 부단한 연습과 빙판에 집중하는 능력이 필요하다. 이는 투지와 다르다. 스티븐이 빙판에서 상당히 오랜 시간을 보낼 수 있었던 이유는, 적어도 초반에는 하키를 하면 자기 조절이 되는 느낌을 받았기 때문이었다. 자신의 선택으로 특정 활동에 엄청난 시간을 쏟는 아이들도 대부분 마찬가지다. 이 아이들이 제빵이나 미술, 피아노 연주에 뛰어난 이유는 '최고가 되고 싶다'는 바람 때문이 아니라 그런 활동을 할 때 느껴지는 기분 좋은 몰입감 때문이다.

스티븐의 가족이 자기 조절법을 시작하자마자 아이의 행동이 바로 변한 것은 아니었다. 스티븐은 수차례 많은 기복을 겪었다. 보통 이런 정체 상태는 아프거나 수면 시간이 부족한 경우 등 신체적인 문제로 생긴다. 스티븐은 자신이 다루기 힘든 감정이 있다고 느꼈다. 수치심과 죄책감으로, 이는 모든 아이가 힘들어하는 감정이다. 스티븐은 아프거나 매우 피곤하고 당황했을 때 다시 어린아이 상태로 퇴보했다. 또 심하게 짜증을 내고, 공격적인 행동을 했으며, 전혀 악의 없는 말에도 거친 욕을 내뱉어 문제를 더욱 복잡하게 만들었다. 또 싸우려하거나 상대방을 협박하는 등 완전히 비이성적인 모습도 보였다. 스티븐은 운동을 잘하고 운동신경이 남달랐기 때문에 이런 모습이 친구들에게 위협적이거나 두려움을 주기에 충분했다. 하지만 이런 심각한 퇴보를 좌우하는 것은 언제나 사람들이 스티븐에게 보이는 반응이었다. 이런 모습을 지켜보면서 나는 이 책을 쓰기로 마음먹었다.

당근과 채찍 대신 자기 조절법 선택하기

스티븐의 사례는 본질적으로 자기 조절법을 중심으로 아이를 양육하거나 교감할 때 생기는 패러다임의 전환을 보여준다. 스티븐의 부모는 아이의 감정이 폭발하면 어릴 때 해줬던 것처럼 화내지 않고 달래면 된다는 사실을 알았다. 한번은 스티븐 엄마에게 한바탕 소동이 벌어질 때 어떻게 그렇게 침착할 수 있는지 물어보았다. 그때 들은 답변이 내가 다른 부모나 교사들과 연구 활동을 지속하게 한 원동력이었다. 그녀는 "그런 상황에서 스티븐은 자기가 무슨 말을 하고, 어떤 행동을 하는지 사실 몰라요. 그런 행동은 지금 내가 괴롭다는 것을 알리는 아이 나름의 표현일 뿐입니다."라고 대답했다. 이것이 바로 인식 전환의 핵심이다.

우리는 아이가 괴로운 상태에서 하는 말을 너무 심각하게 받아들이는 경향이 있다. 우리는 언어의 기본적인 의사소통 기능에 익숙해서 아이가 하는 말에만 귀 기울일 뿐, 아이의 목소리를 듣지 못한다. 그렇지만 아이가 무슨 말을 하는지 무시하고 어떤 식으로 말하는지 주목한다면, 지금 몹시 괴로워서 감정이 들끓고 있는 아이의 목소리가 들릴 것이다. 우리의 아이들은 10대들도 마찬가지지만, 그런 순간이 오면 우리가 다시 외부 조절자로 개입해 주기를 바란다.

스티븐의 부모는 스티븐에게 자기 통제력을 길러 주려고 노력했다. 그렇지만 아이가 잘 자고 잘 먹고 열심히 운동하고 또 자기 조절법을 연습하면, 자기 통제가 크게 문제되지 않는다는 사실을 깨달았다. 스티븐은 내면 상태에 귀 기울이고 특정한 스트레스 요인을 찾아내면서 피곤하거나 긴장되는 순간을 더 잘 감지했다. 또 그럴 경우 어떻게 대처해야 하는지도 잘 알게 되었다. 10대인 스티븐은 중요한 시합이나 시험을 앞두고 밤새 놀거나 파티에 가는 법이 없다고 한다. 다음 날 최고의 기량을 발휘하려면 푹 자야 한다는 사실을 알기 때문이다.

요즘 부모들은 온갖 스트레스에 시달린다. 아기들은 계속 보채고, 아무 때나 울어 댄다. 일상적으로 수면 부족과 기력이 고갈되는 상태에 시달리고 있다. 쉽게 불붙는 성냥처럼 사소한 일들이 쌓이다가 어느 순간 분노나 불만이 기폭제가 되어 아이나 우리 모두 쉽게 감정에 불이 붙는다.

우리가 과학과 임상 시험을 통해 행동생물학과 자기 조절의 핵심적 역할, 자기 조절을 하는 요령과 습관을 길러 주는 다양한 수단을 깊이 이해하게 된 것은 최근 몇 년 사이의 일이다. 자기 조절법을 배우기에 너무 늦거나 이른 시기는 없다. 사실 우리는 자기 조절을 하도록 처음부터 설계되었다. 자기 조절법은 태어나면서부터 자연스럽게 시작되는 것이다.

제3장

세상의 모든 자극에 노출되는 아기들

미국의 위대한 생물학자 스티븐 제이 굴드Stephen Jay Gould는 《다윈 이후》After Darwin라는 책에서 아기는 미성숙한 상태에서 태어난다고 했다.[49] 생애 첫 단계에서 아기는 말 그대로 '자궁 밖에 놓인 태아'다. 굴드는 "인간의 아기는 배아 상태로 태어나 생후 아홉 달 동안 그 상태를 유지한다."고 표현했다. 이는 혁신적인 생각이었다. 내가 부모들에게 강연할 때마다 서두에 이 이야기를 꺼내면 다들 깜짝 놀라곤 한다. 사실 다른 동물과 비교했을 때 출생 시 인간의 두뇌는 놀랍도록 미숙하며, 오랫동안 이 상태를 유지한다.[50]

우리는 무기력한 존재로 태어난다. 세상에 나온 우리는 혼자서 먹지도 못하고, 1년 가까이 걷지 못할 뿐 아니라 혼자 힘으로 살아가는 데 필요한 아주 간단한 일조차 하지 못한다. 게다가 툭하면 울부짖는 아기를 보면 알 수 있듯이, 자기 조절 능력이라고는 찾아볼 수 없다. 그렇지만 이것이야말로 우리 인간종의 결정적인 특징이다. 그렇다면 조물주는 왜 이처럼 중요한 능력을 채워 주지 않고, 신생아의 두뇌가 알아서 발달하도록 떠넘겼을까? 이 사실은 요즘 부모들의 역할과 어떤 관련이 있을까?

먼저 두 가지의 바람직한 특성으로 설명할 수 있는데, 각각은 초기 인류가 다른 종에 비해 뚜렷한 진화상의 이점을 누리게 했다. 하나는 두 발로 걷는 이족보행bipedalism이고, 다른 하나는 커다란 두뇌를 가진 점이다. 직립보행은 에너지 효율성에서 장점이 많다. 커다란 장점 중 하나는 손이 자유롭다는 것으로, 덕분에 우리 선조들은 사냥을 하거나 집안일을 할 때 노동절약형 도구를 만들 수 있었다. 이족보행으로 다양한 해부학적 변화도 생겼는데, 그중에서도 두뇌의 성장으로 온갖 기술이 발달하고 사회적 발전을 이룬 점이 가장 중요하다.

그렇지만 문제가 하나 있었다. 두뇌 크기는 출산이 가능하고 서서 걸을 수 있을 만큼만 커야 했다. 이에 조물주는 기발한 해결책을 내놓았다. 태아의 뇌를 출생 후에 점점 더 커지게 한 것이었다.[51] 40주가 지나면 태아는 산모의 몸에 대대적인 절개를 하지 않고도 산도를 통과할 수 있는 최대한의 머리 크기를 갖고 태어난다.(전에 많은 청중 앞에서 이런 설명을 하니 객석 뒤쪽에서 이런 탄식이 흘러나왔다. "조물주가 참 너무하네!")

진화한 인간의 두뇌는 점점 커진 반면, 이들이 출산한 아기의 두뇌는 발달한 성인 두뇌에 비해 작았다. 오늘날 출생하는 신생아의 두뇌는 성인 두뇌의 4분의 1 정도의 크기다. 출생 후 신경계는 폭발적으로 성장하는데, 이렇게 빠르고 광범위하게 성장하는 시기는 생애에 단 한 번뿐이다. 이 시기에 신경망의 뿌리와 가지인 축삭돌기와 수상돌기가 뻗어나오면서 다른 뇌 부위와 연결되기 시작한다.[52] 신경계의 뿌리와 가지가 연결된 부위를 시냅스synapses라고 하며, 생후 첫 해에 매초마다 수백 개의 시냅스가 새로 생긴다. 이 과정을 전문 용어로는 '왕성한 시냅스의 형성'exuberant synaptogenesis이라고 하는데, 이 시기의 특징을 잘 드러낸다. 이렇게 시냅스끼리 연결되는 과정을 결정적으로 좌우하는 것은 아이와 양육자 사이의 교감이다.

8개월 무렵이면 아기의 두뇌는 내부와 외부 환경 모두에 최대한 효율적으로 대처하기 시작한다. 주변 세상을 탐색할 때 발버둥을 치기보다 전략적인 움직임을 택해 기어 다니고 다가가며 움켜쥐고 끌어당긴다. 시냅스가 놀라운 속도로 성장하고 가지치기를 하는 기간은 네 돌무렵까지 이어지고, 아이가 여섯 살하고도 6개월이 되면 뇌의 95퍼센트 정도가 성장을 마친다. 이렇게 성장하고 가지치기하는 뇌의 초기 발달 과정은 다른 모든 성장의 발판이 된다. 그래서 이 기간에 뇌가 충분히 발달하지 못하면 신체적·정신적으로 다양한 문제가 생길 수 있다.

아이가 성장하면서 보여줄 스트레스 반응stress reactivity은 생후 첫 해에 말 그대로 활발하게wired 일어난다.[53] 언어, 감정, 사회성, 사고, 행동의 밑바탕인 신경계 형성과 시냅스 연결은 부모와 아이가 초기에 맺는 힘겨운 교감으로 활성화된다.[54] 우리는 부모로서 당연히 신생아의 다급한 신체적·현실적 욕구에 주목하는 경향이 있지만, 초기 양육은 이보다 훨씬 더 깊고 복잡한 신경학적 과정의 핵심이다. 미완성의 상태인 아기 두뇌는 태어나면서부터 우리에게 부모로서 해야 할 일을 지정한다. 이렇게 미숙한 아기의 두뇌 상태를 이해하고 또 뇌과학 분야가 꾸준히 발전하면서 우리는 아이와 부모 혹은 아이와 양육자 사이의 친밀하고 지속적인 교감이 두뇌의 두드러진 성장 및 형성을 자극한다는 놀라운 사실을 확인했다.

온갖 자극에 노출되는 아기들

이제 신경계에 가해지는 충격을 살펴보자.[55] 안락한 자궁에서 아홉 달 동안 비교적 조용하고 평온하게 지낸 태아는 이제 안전한 공간에서 벗어나 갑자기 비좁은 산도를 통과하는데, 머리를 밀어 넣고 몸을 쑤셔 넣은 후에야 비로소 세상으로 나온다. 이때 태아는 전혀 경험해 보지 못한 온갖 자극에 노출된다. 바로 빛, 냄새, 공기, 추위, 손길, 피부를 스치는 마른 수건이나 담요 등이다. 이어 사람들이 몸을 이리저리 눌러 보고 몸무게와 키를 측정하고 심박수와 근긴장도, 반사 기능을 검사하고 채혈 등을 한다.

신생아는 새롭고 낯설며 때로는 불편한 온갖 내부 감각에도 대처해야 한다. 숨을 쉬는 것 자체도 전혀 새로운 경험이다. 태아는 자궁에서 탯줄을 통해 산소와 영양분을 직접 공급 받았다. 비좁은 공간에서 태아 주변에 쌓인 노폐물과 이산화탄소도 탯줄이 제거해 줬다.

조물주는 신생아가 반사 반응으로 이 과정을 버티게 했지만, 그렇다고 생리학적으로 조금이나마 수월하다는 뜻은 아니다. 이 과정이 너무 힘들 때 신생아들이 주로 하는 첫 번째 행동이 있다. 바로 우는 것이다. 어떤 연구에 따르면 태아는 임신 후기에도 조용히 운다고 하지만, 그래도 태어나서 우는 울음은 시끄럽고 날카로우며 완전히 진 빠지는 새로운 경험이다.

이렇게 내부와 외부 환경이 갑자기 바뀌어도 신생아의 기본 욕구는 자궁에 있을 때와 다르지 않다. 신생아는 여전히 따뜻하고 안전하며 안심할 수 있는 공간을 찾고, 계속 보살핌을 받으려고 한다. 신생아는 이제 자신의 욕구를 다른 사람에게 전달하는 방법을 익혀야 한다. 자기 조절과 회복 능력이 부족해도 그렇게 해야 한다. 자궁 밖으로 나온 신생아는 자궁 속 태아와 마찬가지 상태이므로 부모나 양육자는 신생아의 욕구를 세심하게 파악해 대처해야 한다.

처음 아기를 돌볼 때의 핵심은 달래기다. 아기는 쉽게 놀라는 데다 매번 놀랄 때마다 신경계가 상당한 에너지를 소모한다. 신생아의 놀람 반응은 아기의 투쟁-도피 반응에 해당해서 머리부터 발끝까지 모든 근육이 긴장한다. 발버둥치거나 몸을 움츠리고, 심박수와 혈압이 오르고, 호흡이 격해진다. 뇌는 이렇게 소모된 에너지를 보충하기 위해 인체를 회복시키는 신경호르몬을 분비한다. 하지만 스트레스 지수가 너무 높으면 에너지 소모를 줄여야 하므로 면역계와 성장계를 비롯한 다수의 과정을 억제한다. 이러한 기능 차단은 그 자체로 더 큰 스트레스 요인이 된다. 예를 들어, 스트레스가 계속되면 소화계가 느리게 작동하면서 성장에 필요한 영양분이 아기에게 제대로 공급되지 않을 수 있다.

놀람 반응은 에너지 소모가 엄청나므로 아기가 너무 자주 놀라지 않게 해야 하고, 놀랐을 경우에는 바로 회복하도록 해줘야 한다. 생리적으로 볼 때, 각성 상태는 아기가 신체적으로든 감정적으로든 내부와 외부 감각을 의식하고 이에 반응하는 과정을 가리킨다.[56] 놀란 아기에게 회복할 기회를 주지 않으면, 아기는 쉽게 과각성에 빠진다. 생리적 긴장과 심리적 긴장이 높은 이 상태에 놓이면 아기는 더욱 쉽게 놀란다. 어떤 아기는 과각성일 때 본능적인 자기방어로 무심한 태도를 보인다. 이는 아기들의 도피 반응이다. 또 어떤 아기는 짜증을 부리는데, 이는 투쟁 반응에 해당한다.

식당에서 잠드는 아기

레이첼Rachel과 사이먼Simon은 하루에 여섯 시간에서 여덟 시간밖에 안 자는 석 달 된 딸 멜라니Melanie 문제로 우리 클리닉을 찾아왔다. 보통 석 달 된 아기는 하루에 열다섯 시간을 자야 한다. 부부는 내게 집 근처에 있는 식당에서 만나자고 했다. 나는 멜라니를 보모에게 맡기고 우리 셋만 만나는 줄 알았다. 그런데 놀랍게도 부부는 유모차에 멜라니를 태우고 식당에 나타났다. 내가 그 얘기를 하자 그들은 웃으면서 멜라니가 유일하게 협조해 주는 곳이 바로 여기라고 말했다. 매일 아이를 이곳에 데려오면 식당 문턱을 넘자마자 바로 잠들어서 집에 갈 때까지 깨지 않는다고 했다. 우리가 만난 그날도 정말 그랬다.

식당에서 잠드는 습관과 평온한 아기의 모습은 얼핏 문제가 없어 보인다. 멜라니가 집에서는 도무지 잠들지 않는다며 부부가 우리에게 도움을 요청한 점만 빼면 말이다. 나는 멜라니를 매일 식당에 데려오는 이유를 충분히 이해했다. 집에서는 울고불고 떼쓰는 아기가 식당에 오면 그런 행동을 멈추기 때문이다. 더구나 이 방법은 멜라니를 낮잠 재우는 가장 간단한 해결책처럼 보였다. 레이첼과 시몬은 낮잠 시간을 줄여서 멜라니가 일찍 푹 자게 하려고 무척 애를 썼다. 잠자리에서 편안한 멜로디를 들려주었고, 이 방법이 효과가 없으면 자장가 인형을 이용했다. 아이가 깨면 부모를 찾을까 봐 아기 침대를 부부 방으로 옮기기도 했다. 그렇지만 그 어떤 방법도 효과가 없었다.

신생아의 뇌가 미숙하다는 사실을 알면 이 상황이 달리 보이고, 지금 어떤 일이 벌어지고 있는지 깨닫게 된다. 아마 식당의 시끌벅적한 소음은 멜라니를 당황시켰을 것이고, 멜라니가 잠에 빠진 것은 자극 과부하로부터 자신을 지키려는 원시적 방어기제가 작동했기 때문이었을 것이다. 즉 멜라니는 마음이 진정되기는커녕, 그 공간을 매우 부담스러워했다는 것이다. 이는 식당에서 잠드는 것이 문제의 일부였다는 뜻이다. 또 멜라니가 뇌와 신체의 빠른 성장에 필요한 회복성 수면을 취하는 게 아니었다. 멜라니의 교감신경은 과열 상태였다.

멜라니는 잠드는 걸 힘들어했을 뿐 아니라 잘 생각이 없었다. 이는 어린 아이들에게 흔한 증상이지만, 보통 많이들 오해한다. 멜라니의 부모는 아이가 분명 피곤한데도 불편한 상태에서 벗어나려 하지 않는다고 느꼈다. 바로 과각성 상태였다. 그래서 흔히 잠을 자지 않으려는 아이는 재울 필요가 없고, 억지로 재워 봤자 소용없다고 생각하기 쉽다.

왜 이 아기는 습관적으로 잠을 거부하는 것일까? 우리는 이런 패턴이 굳어진 원인을 파악해야 하지만, 이보다 더 중요한 것은 그 습관을 끊는 방법을 알아내는 것이다. 바로 이 대목에서 아기 두뇌가 태아기 상태라는 굴드의 아이디어는 자기 조절법과 마찬가지로, 보통 우리가 생각하는 것과 반대인 해결책을 제시한다.

멜라니 부모는 집에서 아이의 낮잠을 줄이려고 노력했고, 아예 낮잠을 재우지 않은 적도 있었다. 많은 부모처럼 이들 부부도 오후 낮잠 때문에 아이가 밤에 잠들지 않는다고 생각했다. 사실 부모들은 아이가 밤에 자야 한다는 생각에 거의 강박처럼 매달린다. 그러다 보니 극단적인 처방으로 아이가 늦게까지 깨어 있게 하거나 잠잘 때쯤 많이 먹여서 밤새 깨지 않게 한다. 하지만 멜라니를 더 잘 자게 하려면 낮잠이 더 필요했다. 그렇다면 어떻게 해야만 이것이 가능할까?

이를 단순히 '수면 문제'로 바라볼 경우, 통상적인 해결책은 수면 자체와 잠자리에 들기 전에 하는 행동에 주목한다. 반면 자기 조절법은 아이의 과각성 상태와 아이의 에너지를 고갈하는 소모적 사이클을 끊어 내는 방법에 초점을 둔다. 이러한 초점 이동은 에너지 점검과 함께 이뤄져야 한다. 그리고 아이가 에너지를 덜 쓰고 온종일 에너지를 더 저장하도록 도와야 한다. 멜라니는 에너지를 모으기 위해 잠이 더 필요했을 뿐 아니라, 더 오래 푹 자기 위해 마음을 안정시켜 줄 에너지가 필요했다.

멜라니의 부모는 아이의 수면 문제를 우려했지만, 정작 중요한 문제는 아이가 과도한 스트레스 상태일 때 그 신호를 깨달아야 한다는 점이다. 자기 조절법의 첫 단계는 아이들이 저마다 다르다는 사실을 기억하고, 아이의 행동에서 과도한 스트레스 상태임을 알려주는 신호를 읽어 내는 것이다. 자기 조절에 필요한 에너지라는 기본적인 문제 역시 매우 다양한 행동으로 드러난다. 멜라니의 경우는 잠을 제대로 안 자는 것으로 나타났다. 그렇지만 어떤 아이는 잠을 너무 많이 자는 행동으로 보여준다. 아이가 지나치게 울거나 전혀 안 우는 경우도 있다. 문제를 드러내는 방식이 다양한 만큼, 특정 행동을 반드시 아이가 불안하다는 신호로 해석할 수는 없다. 그렇지만 우리는 언제나 그럴 가능성이 있다는 점을 염두에 두어야 한다.

아기가 하루 동안 느끼는 각성 사이클

아기는 하루 동안 다양한 각성 상태를 경험한다.[57] 이는 교감신경과 부교감신경이 하는 역할로, 이 과정에서 에너지를 소비하려는 욕구와 에너지를 회복하고 보충하려는 욕구가 충족된다. 수면은 각성도가 가장 낮은 상태로, 건강 유지와 치유라는 기본적인 기능에 필요한 에너지만 소모한다. 당황하거나 감정을 주체하지 못하면 각성도와 에너지 수요가 가장 높아진다. 떼쓰기tantrum 는 아이가 당황했음을 보여주는 익숙한 행동의 하나다. 그렇지만 신경계에 과부하가 걸리면 아이는 방어 수단으로 도피withdraw 를 택해 자극을 차단하거나 무딘 반응을 보인다. 멜라니도 바로 이런 경우였다. 어느 쪽이든 극단적인 상태에 처하면 신경

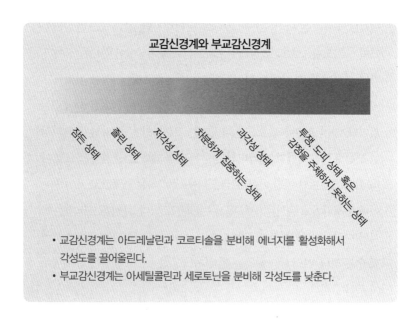

교감신경계와 부교감신경계

잠든 상태 / 풀린 상태 / 저각성 상태 / 차분하게 집중하는 상태 / 과각성 상태 / 투정, 도피 상태 혹은 감정을 주체하지 못하는 상태

- 교감신경계는 아드레날린과 코르티솔을 분비해 에너지를 활성화해서 각성도를 끌어올린다.
- 부교감신경계는 아세틸콜린과 세로토닌을 분비해 각성도를 낮춘다.

계는 평온한 중간 지점으로 돌아가기 위해 각성도를 끌어올리거나 끌어내리기 시작한다.

유대감을 느끼고 아기를 달래는 동조적 뇌의 탄생

신경학적으로 볼 때 아기가 자궁 밖으로 나온 태아라면 탯줄의 역할과 탯줄의 자기 조절 기능은 누가 대신하는 걸까? 이를 일종의 블루투스나 무선 연결기기로, 즉 양육자와 아기의 두뇌가 각성 조절을 위해 서로 연결됐다고 생각해 보자. 이렇게 공유된 의사소통 채널을 일컬어 '동조적 뇌'interbrain라고 하는데, 이는 접촉, 마주 보기, 목소리 그리고 무엇보다 감정의 공유를 통해 생기고 유지된다. 동조적 뇌는 아이가 성장하면서 공동 조절co-regulation 능력을 갖추게 하는 신경적·심리적·감각적 심층 회로를 마련해 준다.[58]

동조적 뇌는 신생아의 뇌에서 아직 발달하지 못한 각성 조절을 해주는 신경학적이자 신경생물학적인 연결 장치다. 이렇게 두뇌끼리 직접 연결되면서 아기의 뇌는 각성 조절 능력이 있는 고차원적인 부모의 뇌와 접속한다.

아기가 자신을 달랠 수 있는 반사 행동은 제한적이다. 손가락 빨기는 중요한 반사 행동이며 주의 산만, 시선 회피(딴 데 보기), 기능 정지도 마찬가지다. 스트레스의 정도에 따라 아기는 끊임없이 기능을 정지하고, 침대에 멍하니 누워 있거나 과잉 반응을 보이기도 하며, 마음을 진정하지 못해 몇 시간씩 울기도 한다. 이런 상태를 내버려 두면 아기들은 속수무책이 된다. 이럴 때 우리는 각성 조절이 원활하게 이뤄지도록 도와야 한다. 즉 아기가 놀거나 밥을 먹을 시간이 되면 각성도를 올려 주고, 쉴 때가 되면 각성도를 낮춰 주어야 한다.

고차원 두뇌(이를 엄마 두뇌 또는 아빠 두뇌라고 하자.)는 표정, 자세, 움직임, 소리 등 아기가 보내는 신호를 읽은 다음 밥을 먹거나 놀이를 하고, 세상에 대해 공부할 때는 각성도를 높여 주고, 쉬거나 잠잘 때는 각성도를 낮추는 등 상황에 맞게 아기의 행동을 조절해 준다. 신생아가 본능적으로 젖꼭지를 찾듯이 아기는 선천적으로 부모와 유대를 쌓으면서 아직 혼자 못하는 내적 조절을 해주려는 부모의 도움을 선뜻 받아들인다.[59]

아기들은 본래 호기심이 많지만 모든 신생아가 양육자와 순순히 교감하는 것은 아니므로, 양육자는 아기를 구슬리는 법을 배워야 한다. 밥을 먹거나 사회적 상호작용을 해야 하는데 아이가 무심하거나 반응이 없으면, 엄마 두뇌나 아빠 두뇌가 과장되게 웃거나 목소리를 높이고 동작을 크게 하면서 아기의 각성도를 높여야 한다. 잘 시간인데 산만하거나 눈이 말똥말똥한 과각성 상태라면, 부모는 목욕 놀이나 자장가 부르기, 동화책 읽기, 침대 흔들기 등 예부터 해온 잠자리 일과를 해서 아이의 각성도를 낮춰야 한다. 여기서 문제는 아이들마다 기운이 나거나 마음이 진정되는 행동, 불편하거나 기운이 빠지는 행동이 모두 다르다는 점이다.[60]

보통 아기들은 당신의 목소리와 부드러운 손길, 환한 웃음, 반짝이는 눈빛 등 감정적 리듬에 맞춰 교감한다. 부모나 양육자가 이러한 신호로 아기의 각성도를 높이면 아기는 충분한 에너지를 끌어 모아 중요한 사회적 소통을 한다. 이를 통해 감정이 발달하며 얼굴 표정과 목소리, 동작, 말이 전달하는 의미도 배운다. 마찬가지로 감정 과부화로 회복이 필요한 순간, 잔잔한 목소리나 부드러운 손길을 보내면 아이의 각성도는 떨어진다.[61]

엄마는 자신의 욕구에 반응하듯 아기의 욕구에 반응한다. 사실 아기의 욕구에 반응하는 과정에서 엄마 자신의 욕구에도 반응하게 되는데, 동조적 뇌는 쌍방향으로 작용하기 때문이다. 양육자의 반응은 인지적 반응일 뿐 아니라 생리학적 반응이다. 그래서 양육자는 아기의 감정을 자각할 뿐만 아니라 실제로도 느낀다. 아기가 괴로우면 양육자도 괴로워하고, 아기가 화를 내거나 놀라면 양육자도 화를 내거나 놀란다. 또 아기를 달래는 과정에서 양육자도 마음의 안정을 얻는다.

동조적 뇌는 촉각, 청각, 시각, 심지어 후각을 통해 부모와 아기가 '우뇌에서 우뇌'로 소통하면서 시작된다.[62] 생후 첫해가 지날 무렵이면 아기의 좌뇌도 이에 동참한다. 즉 언어가 가능해진다. 그러면 단 2~3년

부모와 아이는 동조적 뇌로 연결되어 끊임없이 의사소통한다.

만에 아기는 주로 언어로 의사소통을 하게 되는데, 그렇더라도 이전의 우뇌끼리의 의사소통은 이면에서 늘 가동된다. 이를테면 남들의 기분을 읽고, 그에 반응하는 행동으로 나타난다.

친밀한 교감은 아이의 기본적인 각성 상태, 즉 두뇌의 공회전 속도 idle speed(가속 페달을 밟지 않은 상태에서 회전하는 속도—옮긴이)를 결정하는 데 기여한다. 엔진은 핵심 장치와 부속 장치가 원활하게 굴러가게끔 충분한 동력을 내도록 공회전 속도를 조절한다. 공회전 속도는 엔진마다 다르기 때문에 기계 내부의 압력에 따라 공회전 속도를 조절해야 한다. 당신 아기의 공회전 속도도 면역계 활성화와 성장 및 회복에 필요한 세포의 신진대사를 촉진할 수 있도록 충분한 동력을 내야 한다. 그러나 스트레스가 계속되면 기본적인 각성도가 상향 조정된다. 여기에는 배고픔이나 수면 부족 같은 생리적 스트레스, 생물학적 감각, 두려움이나 분노, 부정적 경험 같은 감정적 스트레스도 포함된다. 스트레스가 클수록 아이는 기본적인 각성도를 올리며, 쉴 때에도 에너지를 많이 소비하고, 스트레스에 더욱 예민해진다.

아이들은 기본적인 각성 수준이 높아지면 매우 다양한 반응을 보인다. 계속되는 스트레스에 도피 성향을 보이거나 짜증을 내고, 때로는 두가지 반응이 순간적으로 오가기도 한다. 아이의 기본적인 각성 수준은 동조적 뇌의 발달이라는 시련을 거치면서 형성된다. 이는 생물학적 요인과 경험이 상호작용하면서 만들어지는 것으로, 당신이 아이에게 보이는 반응과 아이와 맺는 관계의 분위기가 크게 좌우한다.[63] 그렇지만 어떤 아기들은 고조된 각성 상태에 훨씬 취약하고 좀처럼 진정하지 못할 수도 있다. 멜라니가 바로 그런 경우였다.

간단한 변화로 집에서 단잠을 자다

식당에서 잠들던 아기의 변화

멜라니의 부모는 집 안 환경을 새로운 시선으로 둘러봤고, 아이의 활동하고 쉬는 패턴도 다시 점검했다. 타고난 예민함에다 만성적인 수면 부족과 높은 스트레스라는 패턴이 복합적으로 작용해 기본적인 각성 수준이 높아진 멜라니는 쉽게 놀랐을 뿐 아니라 자주 투쟁-도피 반응을 보였다. 이는 잠자는 동안에도 호흡수와 심박수가 높고, 보통의 아기들보다 심장이 늘 빠르게 뛴다는 뜻이었다.

게다가 스트레스가 생기면 멜라니의 심장은 더 빨리 뛰었고, 스트레스를 유발하는 요인이 사라져도 심박수는 여전히 높았으며, 이는 원시적 뇌에게 긴장을 풀지 말라는 신호로 계속 전달됐다. 이 모든 징후로 판단하건대, 멜라니의 고조된 각성 상태는 일상에서 자연스러운 리듬groove으로 자리 잡았다.

멜라니는 각성도를 낮추면 힘들어했을 뿐 아니라, 흔히 말하는 긴장이 풀린 차분한 상태를 싫어하는 듯했다. 이는 각성도가 습관적으로 높아졌거나 포유류의 뇌가 "난 경계를 풀고 싶지 않아."라든가 "경계를 풀면 어색하고 겁이 나."라고 속삭이기 때문이다.

그렇게 되면 안타깝게도 신경계는 언제 어디서든, 심지어 위험이 전혀 없는 상황에서도 위험을 감지하려고 든다. 멜라니는 만성적인 스트레스로 에너지가 계속 바닥을 쳤다. 그리고 에너지 소모가 지나쳐서 점점 기력을 회복하지 못했다.

자주 놀라고 잠 안 자는 아기 달래기

멜라니가 잠을 안 자고 온종일 깜짝 놀라는 모습은 이른바 고조된 각성력을 보여주는 것이다. 과각성인 아기의 스트레스를 덜어 주는 자기 조절 전략은 집 안을 안락한 자궁처럼 평온하고 편안한 곳으로 만드는 일에서부터 시작한다. 레이첼과 사이먼은 내 제안에 따라(두 사람 모두 내켜하지는 않았지만) 거실을 자궁livingwomb처럼 바꾸기 시작했다.

우선 두 사람은 TV를 껐다. 이 가족은 항상 TV를 켜놓고 생활했다. 그래픽 아티스트인 레이첼은 TV 소리를 배경음으로 삼아 작업하는 것을 좋아했다. 하지만 이제 레이첼은 TV에서 시끄러운 음악, 사이렌 소리, 성난 목소리처럼 갑자기 커지는 볼륨에 멜라니가 반응한다는 사실을 알았다. 진공청소기나 분쇄기 같은 일반 가전기기와 초인종 소리에도 멜라니는 깜짝 놀랐다. 냄새도 은은해야 했다. 부부에게 산행의 추억을 떠올리게 하는 솔 향기는 멜라니에게 자극적인 냄새였다.

차츰 레이첼과 사이먼은 멜라니에게 불편한 요소를 파악해 집 안에서 없앴다. 단 몇 주 만에 멜라니는 하루에 열여섯 시간씩 자기 시작했고, 아침잠과 낮잠도 오래 푹 잤다! 그렇다고 우리 모두 거실을 자궁처럼 바꿔야 한다는 뜻은 아니다. 아기마다 안락함을 느끼거나 신경을 자극하는 환경이 다르다.

이들 부부에게 중요했던 것은, 다른 부모들도 마찬가지지만 멜라니가 깜짝 놀라거나 지나치게 스트레스를 받는 순간을 알아내고, 멜라니가 과각성 상태임을 알리는 신호를 읽는 것이었다. 그래서 멜라니의 수면 문제를 억지로 해결하려고 하지 않았다. 대신 멜라니가 받는 스트레스를 낮추면서 계속 차분하게 교감하다 보니 아이가 전보다 덜 놀라고 고요한 환경에 긍정적인 반응을 보였다. 결국 멜라니의 수면 문제를 계기로 이들 부부는 아이가 과각성에 빠진 순간과 이를 진정시키기 위해 자신들이 도와야 하는 순간을 알게 되었다.[64]

어떻게 보면 친밀한 유대감을 느끼게 해주는 동조적 뇌는 아이에게 자기 조절을 해주려는 부모에게 최상의 도구가 될 수 있다. 우리는 이를 의도적으로 이용해 아이들이 하루 일과를 무사히 마치고, 차츰 자기 조절에 익숙해지도록 도울 수 있다.

차분함과 안락함을 주는 유대감

내가 처음으로 동조적 뇌의 힘을 알게 된 것은 아동정신과 의사인 스탠리 그린스펀Stanley Greenspan 밑에서 수련을 받을 때였다. 그는 내게 직접 찍은 자폐증을 앓는 네 살 난 딸을 둔 부부의 영상을 보여주었다. 영상 초반에 어린 딸은 정처 없이 돌아다녔고, 엄마 아빠와 자기 주변을 의식하지 못했다. 아이는 무심하게 장난감을 집어서 잠깐 가지고 놀다가 이내 다른 장난감을 집어 들었다. 이런 장면이 몇 분간 이어진 다음 그린스펀 박사는 부부에게 아이에게 반응하는 모습을 보여 달라고 주문했다. 그러자 아이 엄마는 영장류 동물학자들이 '겁먹은 웃음'fear grin이라 부르는, 좋아서가 아니라 불안해서 웃는 표정을 지어 보였다.

이 지점에서 그린스펀 교수는 영상을 끄고 내게 아이의 발달 수준과 앞으로의 인생 경로를 예측해 보라고 했다. 나는 영상을 보는 것이 무척 괴로웠다. 아이 엄마는 어린 딸과 간절하게 교감하려 했지만, 전혀 그러지 못했다. 소파에 앉아 있던 아이 아빠는 신체적으로나 정서적으로 이 모든 상황과 거리를 두고 있었는데, 이 상황을 몹시 버거워하는 게 분명했다. 상황이 몹시 암울해 보인 만큼 나는 그 질문에 비관적으로 답할 수밖에 없었다. 나는 지난 몇 년간 제자들에게도 이 영상을 보여준 다음 질문을 주고받았는데, 다들 하나같이 우울한 답을 내놓았다.

그린스펀 박사가 다시 영상을 틀었다. 그런데 그린스펀 박사의 도움으로 행동을 바꾼 부모가 거의 순식간에 딸과 교감하는 모습을 본 순간, 나는 화면에서 눈을 뗄 수가 없었다. 박사는 아이 부모에게 말을 하거나 몸짓을 할 때 천천히 부드럽게 하고, 아이가 반응할 때까지 인내하며 기다리라고 지시했다. 그러자 아이가 처음으로 엄마 아빠를 알아보더니 나중에는 부모와 떨어지지 않으려 했다. 아이는 무엇보다 엄마 아빠와 숨바꼭질을 할 때 가장 즐거워했고, 심지어 말도 했다. 내 눈에 눈물이 고이게 한 가장 가슴 뭉클한 장면은 맨 마지막에 등장했다. 같이 놀다가 지친 엄마와 딸이 잠시 쉬면서 서로 부둥켜안고 키스를 했다.

엄마와 딸이 교감하는 장면은 동조적 뇌의 힘을 보여주었다. 동떨어진 두 개의 뇌가 순식간에 동화되면서 서로 큰 기쁨을 느끼고, 서로를 평온하게 해주었다. 이 모든 것이 두뇌가 연결되면서 일어난 일이었다. 이는 단순한 연결이 아니었다. 애착과 사랑이 서서히 싹트는 과정이었다. 갑자기 나는 내가 수년간 연구해 온 분야를 더 깊이 이해하게 되었다. 과학은 뇌의 동조 현상을 완벽하게 설명하지는 못하지만, 그린스펀 교수나 우리 연구소 그리고 여러 학자들의 연구를 보면 동조된 뇌가 여러 가지로 각성 조절에 핵심적인 역할을 한다는 사실을 알 수 있다.

비디오 영상이라는 정교한 미시 분석을 통해 과학자들은 엄마의 동공이 확장되면 아기가 더 많이 웃고, 반대의 경우 아기의 웃음이 줄어든다는 사실을 밝혀냈다. 엄마가 애정 어린 눈빛으로 활짝 웃으면 아기는 기뻐하면서 갑자기 활기를 보인다. 아기가 방긋 웃으면 엄마에게도 아기의 긍정적인 반응이 바로 전달된다. 그래서 아기와 엄마 모두 이른바 공생적 과각성 상태symbiotic state of heightened arousal에 놓인다.[65] 서로에게 기쁨을 느끼면서 둘 다 감정이 고조되는 것이다.

물론 반대의 상황도 일어난다. 발달심리 학자인 에드 트로닉Ed Tronick 박사는 우리 시대에 매우 유명한 심리학 실험 중 하나인 엄마의 표정이 아기의 감정에 미치는 영향을 연구했다. 이 실험에서 엄마는 아기와 처음 몇 분간 놀아 주면서 아기에게서 즐거워하는 각성 상태를 끌어냈다. 그런 다음 엄마는 지시에 따라 잠시 고개를 돌렸다가 무표정한 얼굴로 아기를 몇 분간 바라봤다.

실험에 참여한 아기들은 생후 여덟 달로, 이때쯤 되면 아직 말은 못해도 의사소통 능력이 꽤 발달한다. 실험에서 아기들은 엄마의 무표정한 얼굴에 처음에는 다들 똑같이 반응했다. 귀엽게 웃거나 깜찍한 몸짓을 하는 등 나름대로 엄마를 다시 웃게 하려고 애를 썼고, 그래도 엄마가 반응을 안 보이면 차츰 불안해했다.[66]

이러한 과학적 연구를 통해 동조적 뇌가 우리 삶에 매우 큰 영향을 주는 이유를 알 수 있다. 또 우리가 다른 사람을 감정적인 면에서뿐 아니라 신경생물학적인 면에서도 간절히 원하는 이유를 알 수 있다. 아이가 괴로우면 우리도 몹시 괴로운 이유와, 서로 동조됐을 때 느끼는 기쁨이 오직 그 순간에만 느낄 수 있는 이유 역시 알 수 있다. 우리의 뇌가 그 순간 반응하면 아기 역시 마찬가지로 기분이 좋아지는 신경호르몬이 분출되는데, 인생에서 그 어떤 경험도 이와 똑같은 효과를 주지 못한다. 아이와 교감하는 순간 느끼는 기쁨은 우리를 완성한다. 그리고 동조적 뇌는 아이뿐 아니라 우리의 간절한 욕구를 채워 준다.[67]

동조적 뇌는 우리에게 언제까지나 필요하다. 부모와 아기의 애착이 안정적으로 이뤄지면 동조적 뇌는 이들을 더 깊고 지속적으로 결속해서 편안함과 용기를 줄 뿐 아니라, 마음을 안정시키고 스트레스를 덜어 준다. 동조적 뇌는 부모와 자식의 유대 관계에서 볼 수 있는 영구적인 특징이며, 여러 가지 면에서 다른 사람과 친밀한 관계를 맺게 하는 토대이다.

트로닉 박사의 무표정 실험에서 엄마들이 처음에 자신을 웃게 하려는 아기에게 반응하지 않았을 때 근본적인 사회적 유대 시스템이 무너진다. 어떤 아기들은 움츠러들면서 무심해졌고, 또 어떤 아기들은 화를 내며 공격성을 보였다. 엄마가 다시 반응을 하면 아기들은 금세 적절한 각성 상태로 돌아왔다. 만약 아기가 다시 이 상태로 돌아오지 않는다면 더 심각한 문제를 알리는 중요한 신호일 수 있다.

사회적 교감은 단순히 학습을 통해 습득하는 자기 위로를 위한 또 하나의 반사 행동에 불과한 것이 아니다. 우리는 서로에게서 에너지를 끌어오고, 서로를 통해 회복하도록 설계되었으며 함께 모여서 살아가는 사회적 종이다. 우리는 수렵하고 채집한 먹이를 같이 나눌 뿐 아니라, 서로 보고 만지고 대화하고 위로의 목소리를 건네면서 서로를 격려하고 지켜 주는 사회적 존재다.

이러한 보살핌을 받지 못한 아기는 먹거나 잘 때 문제가 생길 뿐 아니라 신체적·정신적 성장이 느리고, 운동신경과 의사소통 능력이 떨어지며, 심혈관계 질환이나 자가 면역 질환까지 앓을 수 있다. 이러한 아기들은 경보기가 예민한데, 이는 곧 아드레날린과 코르티솔이 끊임없이 분비됨을 의미한다. 신경계가 이렇게 반응했다가 다시 회복하도록 끊임없이 자극하면, 세포 차원에서 미묘한 변화가 생기면서 아이의 건강과 회복 능력은 어린 시절 혹은 시간이 흐르면서 서서히 손상된다.

동조적 뇌의 기능을 방해하는 요소들

동조적 뇌의 원활한 기능을 방해하는 요소는 다양하다. 예를 들어, 심각한 질병을 앓는 부모는 쌍방향 대화로 마음을 나누려는 간절한 욕구를 제대로 수용하지 못할 수 있다. 신체적 접촉이 없다면 적어도 일대일 교감에서 얻을 수 있는 유대감이 제대로 생기지 못한다.

부모의 큰 스트레스 역시 동조적 뇌의 조절 능력을 떨어뜨린다. 내가 여러 가족과 함께 연구 활동을 진행하고 우리 클리닉에서 많은 환자를 만나 본 결과, 자기 통제에 대한 집착은 부모들에게 매우 큰 스트레스를 주었다. 일례로 아기의 울음에 '승복'한 것이 훗날 아이의 자기 통제 능력에 해가 될지 모른다는 불안감에, 심지어 아기가 고의적으로 우는 것 같다는 우려 때문에 클리닉을 찾는 부모가 놀랍도록 많다.

동조적 뇌의 힘에서 우리가 주목하는 부분은 아이의 스트레스 대처 능력을 키워 주는 데 있지, 자기 통제력을 가르친다거나 아이의 사회성을 길러 주는 데 있지 않다. 자기 통제는 어디까지나 사회적 산물로 문화권마다 바람직하게 여기는 행동이 다르고, 아이에게 통제력을 기대하는 때와 장소도 모두 다르다. 아이들에게는 제약이 있어야 한다. 사실 제약이 없으면 그 자체가 스트레스가 되어 자기 조절에 문제를 일으킨다. 물론 자기 통제는 사회적 기능을 제대로 하려면 꼭 필요하다. 그렇지만 자기 통제는 자기 조절과 같지 않다.

생물학은 자기 조절법과 동조적 뇌를 이해하는 데 있어 핵심이다. 여러 가지 생물학적 문제로 자신의 괴로움을 전달할 능력이 부족한 10대나 어린이들에게 친밀한 상호 교감은 매우 큰 부담이다. 일례로 과각성인 아기나 아이에게는 보통 긍정적 각성을 주는 엄마의 반짝이는 눈빛이나 포옹, 부드러운 손길이 자신이 감당할 수 없는 행동일 수도 있다. 특정 감각에 무딘 아이는 잠이 부족하거나 배고플 때 혹은 여타 활동으로 기운이 빠졌을 때 당신의 교감하고자 하는 노력에 별다른 반응을 보이지 않을 수 있다.

부모들은 이런 일을 겪으면 무척 상심해한다. 자기 조절법에서의 핵심은 이런 일이 생기더라도 자책이나 괴로움에서 벗어나는 법을 익히고, 대신 아이나 당신의 욕구를 객관적으로 관찰하는 방법을 터득하는 것이다.

유대감은 마음을 안정시키고 자기 조절 능력을 키워 준다

아이와 유대를 쌓다 보면 아이뿐 아니라 우리 자신도 바뀌고 성장한다. 이것이 최근 아동발달학 연구의 핵심 주제다.[68]

아기와 부모의 상호작용을 다룬 최근 연구 결과는 지금까지의 가정을 뒤집었다. 그중 가장 중요한 결론은 조절 받는 아이가 자기 조절 능력을 기를 수 있다는 것이다. 아이를 조절하는 것은 아이를 통제하는 것과 전혀 다르다. 아이를 조절하는 것은 아이의 각성 상태를 아이 스스로 할 수 있을 때까지 관리하는 것이다. 아기를 살살 흔들어 달래거나 자장가를 불러 재우는 것, 잠에서 깨어 활동할 시간일 때 같이 즐겁게 놀아 주는 것 등이 아이를 조절해 주는 행동이다.

　전에 내가 이 주제로 강연을 했을 때 차량정비사인 청중이 강연이 끝나고 나서 이렇게 말했다. "그러니까 아이의 행동을 아이의 엔진을 점검하는 계기판으로 보자는 말이군요." 나는 이 비유가 마음에 들어서 이후 이 표현을 즐겨 쓴다. 그러면 다들 그 뜻을 이해한다. 우리는 아이의 문제되는 행동을 통해 어떤 이유로든 아이의 엔진이 과열된 상태라는 것을 알 수 있다. 툭하면 짜증내는 아기, 차분하지 못한 아이, 늘 불안에 떠는 10대 모두 엔진이 과부화됐다는 증거다. 또 다른 표시로 집중력이 부족하거나 안 좋은 공부 습관, 감정적인 과잉 반응, 분노, 공격성, 사교성 부족 등이 있다. 그렇지만 이 방법이 이 아이에게 효과적일지 알아보려면 먼저 특정한 아이의 엔진이 어떻게 작동하는지부터 점검해야 한다.

　그렇다면 아이들의 엔진은 어떤 식으로 작동하는 것일까?

제4장

자기 조절을 위한
다섯 가지 영역 모델

이제 막 다섯 살이 된 조나단Jonathan이 유치원에 들어간 지 딱 한 달 만에 아이 엄마는 유치원에서 걸려온 전화를 받았다. 조나단이 이번에도 원장실에 불리어 갔다고 했다. 아이 엄마가 원장실에 가보니 조나단은 처량하게 앉아서 불안한 눈빛으로 울먹이고 있었다.

담임교사의 설명에 따르면, 조나단은 조회 시간에 악단이 연주하는 동안 계속 투덜댔으며, 교실로 돌아가다 친구에게 발을 걸어 넘어뜨렸고, 교실에서는 전혀 수업을 듣지 않았다고 했다. 간식 시간에도 자신의 간식은 먹지 않고, 게임하듯 다른 아이들의 간식을 낚아챘다고 했다. 담임교사가 아이들에게 겉옷을 입고 나가 놀자고 할 때도 조나단은 이를 거부하고 계속 대들었으며, 책상에 부딪히는 바람에 한바탕 울부짖었다. 담임교사가 주의를 주고 말할 때도 조나단은 딴 데를 보면서 선생님이 하는 말에 집중하지 않았다. 결국 조나단은 원장실에 보내졌다. 이번이 처음은 아니었다.

그로부터 며칠 지나서 나는 유치원에서 조나단을 만났다. 내 평생 그렇게 화들짝 놀라는 아이는 처음이었다. 복도에서 누가 재채기만 해도 기절하듯이 놀랐다. 아주 작은 소음에도 예민한 모습을 보니, 우리 집 고양이가 떠올랐다. 조나단의 엄마 낸Nan은 조나단이 또래 아이들보다 소음에 민감한 것 같다고 했다. 한번은 조나단이 생일 파티에 초대 받아 낸이 조나단을 끌고 가다시피 데려갔지만 조나단은 집에 가자고 졸라 댔다고 한다. 조나단은 단지 조용한 것을 좋아하는 아이였다. 낸은 아이가 행복해지기 바라면서 유치원에 보냈지만 조나단은 유치원을 너무 힘들어했고, 매일 아침 등원하기를 두려워했다. 이는 낸도 마찬가지였다.

조나단은 청각 과민증만 있는 게 아니었다. 심장박동처럼 자신의 신체 내부의 감각도 두려워했다. 그리고 특정 감각을 조절하지 못했다. 조나단은 화가 나거나 슬퍼지면 증상이 더 심해져서 감각을 전혀 조절하지 못했다. 또 사회적 교감이나 요구는 조나단을 당황하게 만들었다. 조나단에게 필요한 첫 번째 조치는 아이가 겪는 온갖 스트레스 요인을 확인하는 일이었다.

조나단이 느끼는 스트레스 요인을 항목별로 나열하고, 이를 하나씩 다루는 것은 쉽지 않아 보였다. 다른 아이들과 마찬가지로 조나단의 자기 조절 문제 역시 시끄러운 조회 시간처럼 한 가지 스트레스 요인 때문에 다른 스트레스에 더 예민해지는 승수 효과multiplier effect와 관련이 있었다. 조나단은 사람들이 꽉 찬 공간에 들어가면 빛과 소음에 훨씬 더 예민하게 반응했다. 또 불만이 생기면 통증의 역치가 뚝 떨어져서 조금만 부딪혀도 울부짖었다. 그래서 교실로 돌아간 순간 연쇄적인 스트레스로 바로 감정이 폭발해 버렸다. 승수 효과는 누구에게나 있지만, 새로운 경험에서 감정의 기복을 느끼는 어린이들한테서 특히 심하게 나타난다.

우리 연구팀이 여러 공립학교와 함께 대대적인 자기 조절법 교육 방안을 시작했을 때 한 가지 깜짝 놀란 사실이 있었다. 스트레스와 관련된 문제로 힘들어하는 아이들이 너무 많다는 것이었다. 이는 임상적으로 문제 있는 아이들이 폭발적으로 증가했다는 게 아니라(물론 건강 관련 통계는 이런 사실도 보여준다.) 일상에서 지나치게 스트레스를 받는 아이들이 많다는 뜻이다. 어린아이들도 벌써부터 스트레스 때문에 심신이 지쳐 있어서 나중에 더 심각한 문제로 발전할 가능성이 높았다.

다가올 수학 시험, 불안하게 하는 선생님의 화난 목소리, 친구와의 사소한 말다툼 등 아이들에게는 일상이 온통 스트레스다. 아이들의 초긴장한 변연계는 자기 역할을 충실하게 수행한다. 즉 경보기를 울린다. 사실 사방팔방에서 경보기를 울린다. 그리고 스트레스 요인과 스트레스 경보 회로가 서로 영향을 미치면서 아이의 에너지는 계속 떨어진다.

학교생활과 스포츠가 점점 경쟁적으로 변하고, 소셜 미디어는 더욱 복잡한 방식으로 우정과 사회적 교감을 나누게 하며, 밖에 나가 놀거나 진정한 휴식을 취하는 등 기력을 회복할 수 있는 다양한 기회가 아이들 삶에서 사라져 버렸다. 스트레스 요인은 서로 얽혀 있으므로 단 하나의 요인을 찾아 단편적으로 제거하기보다 아이를 가둔 거미줄 같은 스트레스 요인을 찾아 풀어야 한다.

다섯 가지 스트레스 영역과 자기 조절[69]

스트레스 요인은 무수히 다양한 형태를 띠지만, 대부분 다섯 가지 기본 범주 혹은 영역으로 구분할 수 있다. 어떤 스트레스 요인이 어떤 영역에 속하는지 알면 아이가 겪는 특정한 스트레스 요인에 주목할 수 있다.

자기 조절은 이런 다양한 차원이 개입된 동적 시스템dynamic system을 다루는 일이다. 여기서 말하는 동적 시스템이란, 어느 한 시스템에서 생긴 일이 다른 부분에도 영향을 주면서 시스템을 안정시키거나 동요 시킨다는 뜻이다.[70] 다섯 가지 영역 모두 서로 영향을 주고받으면서 복잡하게 작용하지만, 서로 통합된 매끄러운 시스템을 만들어 낸다.

- 생물학적 영역The Biological Domain : 이는 에너지를 태우고 다시 보충하는 신경계와 생리학적 과정을 가리킨다. 에너지의 투입과 유출을 조절하는 과정은 사람마다 또는 상황에 따라 다르다. 감정 역시 생물학적 영역으로 감정이 생화학적 반응을 일으키면 우리는 에너지를 채우거나 소모하는데, 긍정적이든 부정적이든 감정이 강렬할 때 이런 반응이 크게 일어난다.

  생물학적 영역의 스트레스 요인으로는 불충분한 영양이나 수면 부족과 운동 부족, 운동 기능이나 감각 운동기sensorimotor의 문제

(뛰기 힘들어하거나 난간을 붙잡지 않으면 계단을 내려가지 못하는 것), 청각·시각·촉각·후각 등의 자극, 오염 물질과 알레르기 유발 물질, 지나치게 덥거나 추운 상태를 들 수 있다.

생물학적 영역의 스트레스를 보여주는 신호로는 에너지가 부족하거나 무기력한 상태, 과잉 행동, 활동적인 행동과 덜 활동적인 행동을 쉽게 오가지 못하는 것, 만성적인 복통이나 두통, 부모나 교사의 성량과 억양을 비롯해 소음이나 소리에 예민한 것, 딱딱한 표면에 앉지 못하거나 몇 분 이상 가만히 앉아 있지 못하는 것, 신체 활동이 어색하고 연필을 쥐는 것처럼 간단한 운동 기능에 문제가 있는 것, 대부분의 사람이 평범한 자극이나 스트레스로 여기는 것 등을 들 수 있다.[71]

차분하거나 흥분한 게 아니라 에너지가 넘치는 상태가 어떤 기분인지 잘 모르는 아이들이 많다. 우리의 역할은 아이들이 차분히 집중하면서 몰입할 때나 에너지가 떨어지거나 긴장했을 때, 몸이 어떤 느낌인지 그리고 어떻게 해야 기분이 나아지는지 알게 해주는 것이다.

• **감정적 영역**The Emotional Domain : 감정은 일상에서 차지하는 비중이 크다. 특히 아이들은 아무것도 모르는 상태에서 긍정적이든 부정적이든 강한 감정을 이해하면서 다뤄야 한다. 또 감정을 주체하지 못할 때 대처하는 요령도 배워야 하며 자신의 감정을 효과적으로 표현하는 언어도 익혀야 한다. 매우 촘촘한 신경 연결망 때문에 감정은 통증처럼 신체적 감각의 강도에도 영향을 줄 수 있다. 이런

이유로 아이들은 생물학적 스트레스 요인에 더 예민하거나 둔감하다.

이 영역에 속하는 스트레스 요인으로는 격한 감정, 처음 접하거나 혼란스러운 감정, 복잡하게 얽힌 감정 등이 있다. 강렬하고 부정적인 감정은 자기 조절이 힘들어서 아이나 부모 모두 상당한 에너지를 소모하게 한다. 긍정적인 감정은 에너지를 불어넣지만, 이것 역시 감당하기 힘들 때가 있다. 부모의 역할은 아이가 자신의 감정(혹은 다른 사람의 감정)이 고조될 때 이를 표현하고, 감정에 덜 휘둘리며 침착하고 차분해지는 법을 알려주는 것이다.

• **인지적 영역**The Cognitive Domain : 이는 사고와 학습을 가리키며 기억이나 집중, 정보 처리, 추론, 문제 해결, 자각 같은 정신 활동도 포함한다. 사고력이 좋아지려면 집중력이 필요하다. 이 영역에서 최고의 자기 조절은 아이가 방해 요인을 무시하고, 필요할 경우 사고의 순서를 바꿔 집중력을 유지하는 것이다. 또 한번에 여러 가지 정보를 염두에 두고, 목표 달성을 위해 계획을 짜서 실행에 옮기는 것이다.

인지적 스트레스 요인으로는 내부나 외부 자극에 대한 자각 부족, 아이가 이해하기 어려워하는 시각, 청각, 촉각 같은 감각적 정보, 아이가 규칙성pattern을 파악하지 못해서 이해하지 못하는 감각적 체험, 아이가 감당하기 벅찬 지나치게 많은 정보나 절차, 지나치게 빠르거나 느린 정보, 너무 추상적인 정보, 아이가 익숙하지 않은 기본 개념을 전제했거나 아이가 감당할 수 없는 집중력을 요하는 정보 등이 있다.

인지적 영역에서 받는 과도한 스트레스는 집중력 문제, 학습 장애, 자기 자각 능력의 부족, 서툰 과제 전환, 불만스런 상황에 대한 미숙한 대처, 동기부여의 부족 등으로 나타난다. 보통 인지적 영역에 문제가 있는 아이는 생물학적 영역과 감정적 영역에서도 스트레스를 받으므로 아이의 스트레스를 덜어 주고 아이가 인지적 과제를 해결할 수 있게 에너지를 높여 주어야 한다.

- **사회적 영역**The Social Domain : 이는 사회적 상황에 맞게 생각하고 행동하는 능력을 뜻하며 사회 지능social intelligence과 대인관계 기술, 사회적으로 용인되는 행동을 배우고 실천하는 능력을 가리킨다. 이 영역에서 자기 조절을 잘하는 아이는 얼굴 표정이나 억양 같은 비언어적 신호를 비롯해 사회적 신호를 제대로 알아채고 이해하며, 적절하게 반응한다. 또 서로 돌아가며 대화할 수 있고, 소통이 단절되면 이를 바로잡을 수 있으며, 감정이 다른 사람의 행동에 어떤 식으로 영향을 주는지 이해한다.

사회적 영역의 스트레스 요인으로는 혼란스럽거나 부담스러운 사회적 상황, 개인적 갈등, 남에게 공격을 받거나 남이 공격 받는 장면을 목격하는 것, 어떤 말과 행동이 남들에게 미치는 파장을 이해하지 못하는 것 등이 있다. 자녀의 사교 활동과 교우 관계에 대한 부모의 기대나 견해, 우려도 아이에게는 또 다른 스트레스가 될 수 있다. 그런데 이 사실에 깜짝 놀라는 부모도 많다.

사회적 영역의 스트레스 신호는 친구를 잘 사귀지 못하거나 우정이 오래가지 못하는 것, 집단 활동이나 대화에 끼지 못하는 것, 친구나 어른의 사회적 신호를 이해하지 못하는 것, 사회적 관계에서 배제되거나 빠지는 것, 남을 공격하거나 협박하고 남들에게 괴롭힘을 당하거나 남들을 괴롭히는 것 등이 있다.

- **친사회적 영역**The Prosocial Domain : 공감 능력, 이타심, 내적 기준과 가치관, 집단적 교감과 집단행동, 사회적 책임, 나의 욕구보다 남들의 욕구나 고차원적 행동을 앞세우는 것 등이 이 영역에 해당한다. 이 영역에서 자기 조절 능력이 뛰어난 아이는 내가 중심인 순간에서 우리가 중심인 순간으로 쉽게 전환한다.

이런 아이는 남들과 잘 어울리고, 남들의 신호를 읽어 낸다. 사람들의 욕구가 무엇인지 빠르게 파악하고, 남들의 욕구에 맞추기 위해 필요하면 자신의 욕구를 미룰 줄도 안다. 집단의 역학을 파악하는 것, 수업이나 동아리 활동 같은 집단적 환경에서 양보하고 협동하며 배우고 베푸는 능력 역시 친사회적인 영역에서 잘해 내고 있다는 신호다. 친사회적 영역은 영적·심미적·인도적·지적 성장 같은 면도 포괄한다.

이 영역의 스트레스 요인으로는 주변 사람들의 격한 감정에 대처해야 하는 상황, 자신보다 남들의 욕구를 앞세워야 하는 상황, 또래와 일으키는 가치관 충돌, 도덕적 모호함, 죄책감 등이 있다. 친사회적 영역에서 아이들이 다뤄야 하는 스트레스는 기하급수적으로 많다. 아이의 신경망을 공격하는 문제가 되는 스트레스 요인뿐 아니라 아이의 주변 사람들에게 영향을 주는 스트레스 요인에도 대처해야 하기 때문이다. 심지어 아이가 속한 집단 전체가 대응해야 하는 스트레스도 다뤄야 한다.

친사회적 영역의 스트레스 신호는 공감 능력의 부족을 비롯해 보통 사회적 영역이 연상되는 것과 겹친다. 그렇지만 집단을 우위에 놓는 사회적 상황에서 아이가 불안을 느끼거나 소외되고 고립되는 것, 집단의 지배적 특징에 억눌리는 것, 아이가 자신의 도덕적 기준이나 행동 잣대와 충돌하는 견해에 휩쓸리는 것 등이 친사회적 영역의 두드러진 스트레스 신호다.

스트레스가 문제 행동의 원인

다섯 가지 영역은 각각의 잠재적 스트레스 요인을 보여준다. 여기서 강조할 점은 잠재적이라는 부분이다. 우리가 받는 영향이나 반응하는 태도에 따라 어떤 요인이 스트레스가 되기도 하므로 다른 요소가 주어질 경우 우리는 그 패턴을 바꿀 수 있다. 각 영역에 걸쳐 에너지 고갈과 높은 긴장감을 보여주는 흔한 행동적 신호로는 심술부리기, 부주의한 행동, 내성적 성향, 조증, 산만함, 공격성, 신경질적 태도 등이 있다. 때로는 아이의 행동이 스트레스를 유발하는 어느 한 영역을 뚜렷이 보여준다. 일단 이러한 퍼즐 조각을 찾아내면 나머지 그림도 눈에 들어오기 시작한다. 이 퍼즐 조각은 보통 눈에 잘 띄는 곳에 숨어 있다.

다미엔의 끔찍한 저녁 식사

추수감사절 저녁 식사 때 다미엔의 부모는 인내심의 한계를 느꼈다. 할머니를 비롯해 가족 모두 식사를 하기 위해 자리에 앉았는데, 열다섯 살난 다미엔이 갑자기 벌떡 일어나더니 자기 방으로 달아났다. 다미엔은 이런 행동을 자주 했다. 학교에서 돌아오면 곧장 자기 방으로 갔고, 저녁식사도 같이 안 하려고 했다. 다미엔의 부모가 포기하고 식사를 가져다주면 다미엔은 컴퓨터에 딱 달라붙어 저녁을 먹었다. 다미엔의 부모는 식사 예절에 대한 설명을 오래전에 포기했고, 온 가족이 모여 식사하고싶은 바람도 접은 지 오래다.

다미엔과 부모는 우리 클리닉을 찾아왔다. 정신건강 임상 전문의인 유니스 리Eunice Lee는 상담을 시작하면서, 추수감사절 저녁 식사 전에 무슨일을 했는지 물었다. 다미엔네 가족은 식당에 갔다고 했다. 리가 식당에서 무슨 음식을 먹었는지 묻자 다미엔은 스테이크를 먹고 싶었지만 햄버거를 먹었다고 답했다. 리는 다미엔에게 왜 스테이크를 주문하지 않았는지 물었다.

"이것 때문에요." 다미엔은 고기 써는 시늉을 했다.

"네 말은 스테이크를 써는 게 싫어서 주문하지 않았다는 거니?"

"네."

"스테이크를 써는 게 왜 그렇게 싫었을까?"

"접시에서 나는 소리 때문에요."

그때 리의 뇌리에 뭔가가 스치고 지나갔다.

"그래서 추수감사절 저녁 식사 때도 도망친 거니?"

"네, 맞아요."

"그래서 너는 늘 식사 시간에 빠지는 거니?"

"늘 그러진 않아요. 엄마가 샌드위치나 핑거푸드를 만들어 주면 같이 먹어요."

다미엔은 소리기피증misophonia을 앓고 있었다. 이는 일상적인 소리도 매우 고통스러워하는 증상이다. 보통 식기류에서 나는 소리를 괴로워하지만 껌 씹는 소리, 한숨 쉬는 소리, 물 마시는 소리 등 조용한 소리에도 반응한다. 이런 증상은 신경생물학적으로 완전히 해명되지는 못했다. 하지만 청각과민증과 신체적·감정적 각성 상태, 사회적 스트레스, 과거의 경험 등이 복합적으로 작용해 일상적인 소리가 지독한 스트레스가 될 수 있다는 것은 확실하다. 이때 보이는 행동은 마음의 동요와 극심한 불안부터 두드러진 투쟁-도피 반응까지 다양하게 나타난다.

그렇다면 왜 다미엔은 부모한테 식기류에서 나는 소리가 너무 괴롭다고 말하지 않았던 것일까? 이 질문에 다미엔은 이렇게 답했다. "말했어요, 그것도 여러 번." 본인은 여러 차례 말했다고 설명했지만, 사실 다미엔은 한 번도 말한 적이 없었다. 아이들은 과도한 스트레스를 받을 때 보통 자신의 몸이나 행동으로 우리에게 메시지를 전한다. 그리고 우리가 이에 반응하지 않으면 아이는 최대한 자기 선에서 해결하려 든다.

물론 어떤 것도 스트레스 요인이 될 수 있다. 아이들에게 특히 문제되는 것은 아이 자신에게는 스트레스이지만, 자신과 소통하는 어른들에게는 스트레스가 아닌 경우다. 그래서 교사나 코치가 아이들의 스트레스 반응을 마치 버릇없는 행동으로 여겨 아이가 말을 안 듣는다거나 일부러 화나게 하려고 그런 행동을 하는 것으로 받아들이는 경우가 매우 많다. 어른들은 아이가 스트레스를 받을 때 보여주는 다양한 행동을 보면서 일부러 말썽을 피운다고 단정한다. 소리기피증을 앓는 성인은 보통 신경증 환자로 분류되는데, 그들에게 거슬리는 소리가 주변 사람들에겐 전혀 문제가 되지 않기 때문이다. 반면 이런 증상을 보이는 아이들에게는 까다로운 아이라는 꼬리표를 붙인다. 나의 가장 큰 관심사 중 하나는 사실 방어적 행동인데도 반항아라고 낙인찍힌 아이들이 얼마나 많은지 알아보는 것이다. 방어적 행동으로 고집을 부리는 아이가 있는가 하면, 울먹이는 아이도 있다. 도망가는 아이도 있고, 대드는 아이도 있다. 때로는 이 모든 행동을 전부 보여주는 아이도 있다. 이 경우 그런 행동을 촉발한 스트레스 요인이 적어도 하나 이상 있기 마련이다.

다미엔에 대한 뒷이야기를 들어보면 더욱 이해가 갈 것이다. 다미엔과 면담이 있은 다음 나와 아내는 아이들을 데리고 다미엔이 갔다는 식당에 갔다. 시골에서 자란 우리 아이들은 식당의 시끌벅적한 소리를 견디지 못했다. 두 아이 모두 식당에서 벗어나고 싶어 했다. 사실 우리 식구 모두 같은 심정이었다. 나는 다미엔이 떠올랐다. 어떻게 이런 곳에 끝까지 앉아 식사를 했는지 궁금했다. 게다가 다미엔은 아침 식사를 할 때는 청각과민증이 전혀 없는 아이처럼 행동했고, 매번 식사 때마다 그런 증상을 보이는 것도 아니었다. 그렇다면 다미엔이 소리에 매우 예민할 때도 있고, 아닐 때도 있는 이 상황을 어떻게 설명할 수 있을까?

아이가 문제에 대처하는 능력은 다섯 가지 영역을 가로지르는 무수히 다양한 요인이 결정한다. 만약 다미엔이 우리와 면담하기 전날 식당에 갔다면 도망치거나 하는 일이 없었을 것이다. 상담을 받기 위해 도시에 가는 것이 일종의 모험 같고, 식당에서 보내는 시간도 즐거웠으므로 감정적으로 들떠 있었을 것이다. 다미엔의 신체적 상태도 크게 작용했을 것이다. 다미엔은 토론토에 있는 우리 클리닉에 오느라 학교 수업을 빠져야 했는데, 덕분에 시끄럽고 진 빠지는 교실에서 벗어날 수 있어서 어느 정도 안도했을 것이다.

다미엔과 같은 아이들이 겪는 문제를 해결할 수 있는 방법은 식구들이 핑거푸드로 식단을 바꾸는 것이 아니었다. 아이가 겪는 다섯 가지 영역의 다양한 스트레스 요인을 찾아내고, 그 모든 요인이 어떻게 상호작용하는지 살피는 것이 해법이었다. 자기 조절법을 활용할 때 우리는 가장 두드러진 스트레스 요인뿐 아니라 전체 시스템을 살펴야 한다.

스트레스 요인이 더해져 더 큰 스트레스가 된다

유치원생 조나단이 밴드부의 연주를 듣다가 도망친 순간, 다른 모든 영역에도 투쟁-도피 반응 경보기가 울렸다. 조나단은 친구를 밀쳤고, 교사에게 대들었으며 책상에 부딪혔을 때 더욱 심한 통증을 느꼈다. 결국 조나단은 감정을 주체하지 못해 폭발했고, 원장실로 가는 내내 복도에서 흐느껴 울었다. 다미엔에게는 식기류의 소리가 도피 반응을 일으키는 촉매제였다. 도피 반응이 일어난 순간, 갑자기 모든 영역의 스트레스 요인이 서로 맞부딪치면서 각각의 효과가 증폭됐다.

우리 클리닉이 가족들과 상담하면서 발전시킨 매우 유용한 도구 중 하나는 스트레스 사이클이라는 개념이다. 아이가 어떤 영역에서 과도한 스트레스를 받으면 에너지 수준과 긴장 정도에 따라 높아진 스트레스가 과각성 사이클을 점점 확대시킬 수 있다. 이때 외부에서 브레이크

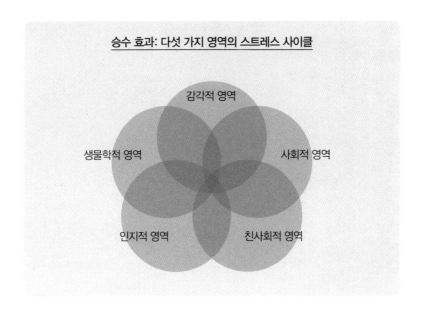

승수 효과: 다섯 가지 영역의 스트레스 사이클

감각적 영역

생물학적 영역

사회적 영역

인지적 영역

친사회적 영역

를 걸어 주지 않으면 아이는 곧바로 통제 불능의 상태에 빠질 수 있다.

어떤 영역의 스트레스 요인이든 과각성 스트레스 사이클을 촉발할 수 있지만, 아이의 에너지가 낮거나 매우 긴장한 상태라면 이런 사이클에 가장 취약해진다. 일단 스트레스 사이클이 작동하면 어떤 영역이든 스트레스에 대한 역치가 낮아져 쉽게 스트레스 반응을 보인다. 이는 곧 아이가 훨씬 더 심한 반응을 보이고, 아이의 각성 반응을 심화하는 문제들이 기하급수적으로 늘어난다는 뜻이다.

조절자 역할을 하는 부모 입장에서는 이럴 경우 차분하고 침착하게 '브레이크 걸기'가 매우 힘들 수 있다. 또 상황이 고조되면 아이의 말이나 행동으로 부모도 과각성에 빠질 수 있다. 그러면 아이가 받는 스트레스 요인뿐 아니라 부모의 스트레스 그리고 동조적 뇌로 전달된 과각성

쌍방향 스트레스 사이클

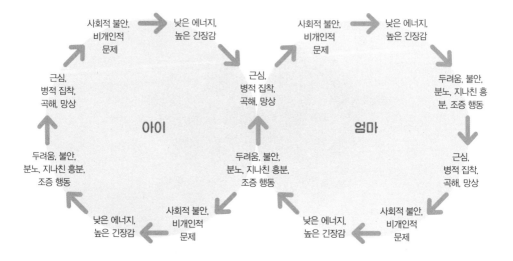

역시 서로의 상태를 증폭시킨다. 이런 이유로 부모가 스트레스 받는 아이를 도와주려다 아이와 갈등을 빚게 되는 상황이 심심찮게 벌어진다.

아이와 부모가 소용돌이치는 스트레스 사이클에 빠지면 동조적 뇌도 통제력을 잃는다. 그래서 부모가 각성도를 낮추는 조절자 역할을 하지 못하고, 오히려 각성도를 증폭시킨다. 즉 고함을 치고, 울부짖고, 협박하고, 비난하다가 기운이 완전히 빠지면서 모든 기능이 멈추는 것이다. 우리 연구소가 진행하는 임상 연구 중 상당수는 스트레스 사이클을 끊는 전략을 개발하는 일과 관련 있다. 보통은 과각성 사이클을 멈출수 있는 다양한 지점이 있지만, 그 첫 단계는 언제나 같다. 아이와 우리모두 에너지와 긴장감을 균형 상태로 되돌리는 것이다. 그렇다면 어떻게 해야 가능할까?

편안한 환경이 불안한 아이들을 달랜다

언젠가 나는 호주로 출장을 갔다가 스트레스 사이클을 차단하는 매우 강력한 방법을 배웠다. 나는 서호주 아동위원회에서 일하는 미셸 스콧 Michelle Scott과 함께 서호주 필바라Pilbara 지역에 머물면서 다양한 아동 조직과 함께 활동하는 아동위원회를 둘러봤다. 호주 최초의 원주민이 4만 년에서 5만 년 전 사이에 정착했다고 추정하는 이곳은 특별한 자연경관으로 여전히 강한 존재감을 과시한다.

호주에 도착한 첫날 성대한 저녁 식사를 마친 다음 문제 있는 10대들을 돕는 원주민 치료사 스탠Stan과 만나기로 했다. 다음 날 우리는 주민이 1,000명도 안 되는 작은 마을 로번Roeburne의 한 학교에서 만났다. 이 지역은 생계가 어려운 원주민 아이들이 살고 있었다.

덩치가 큰 60세 남자인 스탠은 말수가 적고 연민이 넘치는 사람이었다. 그는 잠시 자신이 돕고 있는 아이들의 이야기를 했다. 대개 자해하거나 남을 해친 경험이 있고, 알코올이나 가스 흡입 등 중독 증세에 시달리고 있다고 했다. 그는 내게 클리닉을 한번 둘러보자고 제안했다. 우리는 하딩 강Harding River을 따라 20분간 걸었다. 그곳은 새들과 야생동물이 넘쳐나는 천연 지대였다.

클리닉은 건물이 아니었다. 고대 바오밥나무가 장악한 작은 빈터였다. 바오밥나무는 6미터 높이로 그리 크지 않았지만 나무 둘레가 어마어마했다. 적어도 성인 열 명이 손을 맞잡아야 감쌀 수 있을 정도였다. 그곳은 생경한 느낌이 들었다. 마치 우리가 인류 최초로 발을 디딘 것 같았다. 그렇지만 조용하지는 않았다. 오히려 물총새과 왜가리를 비롯한 많은 새들이 요란하게 울어 댔다. 그럼에도 이곳은 내가 여태껏 본 가장 평화로운 장소였다.

스탠과 나는 꽃이 활짝 핀 바오밥나무 아래 나란히 앉았다. 우리는 아무 말 없이 시간 가는 줄도 모르고 고요함을 만끽했다. 잠시 후 나는 우리 클리닉에서 시도해 본 적 없는 새로운 전략이 떠올랐다. 머리가 맑아지고 집중이 되면서 그 아이디어에 몰두하고 싶어졌다. 기나긴 하루 끝에 이런 생각이 드는 경우는 드물었다. 스탠에게 이 얘기를 하니 그는 기능이 멈췄거나 불안해하는 10대들과 바로 이런 시간을 갖는다고 했다.

그는 아이들이 뭔가 말하고 싶어질 때까지 인내하며 기다린다고 했다. 물론 입을 열기까지 하루 종일 걸리는 아이도 있지만, 결국 모두가 입을 연다고 한다. 바오밥나무는 아마도 1,500년 넘게 묵묵히 이곳을 지키면서 수천 명의 청년들이 현명하고 차분한 어른들과 함께 평정심을 찾는 모습을 지켜봤을 것이다.

진정한 클리닉이었고 그 안에서 진정한 교훈을 얻었다. 아이들이 괴로워할 때 우리는 거의 반사적으로 그들에게 합리적인 설명을 하려고 한다. 문제는 아이들이 과각성에 빠지면 합리적 추론에 필요한 뇌 시스템이 뒤로 물러난다는 점이다. 이때 맨 먼저 해야 할 일은 이러한 뇌 시스템을 제자리로 끌고 오는 것이다. 바오밥나무 아래 어른과 나란히 앉아 보는 경험은 모든 아이에게 필요하다. 이는 동조적 뇌에 있어서 무엇보다 중요한 기능이다. 아이들에게 정서적 안정감을 불어넣어서 에너지를 다시 채워 주는 일이다.

조나단은 학교에서 차분한 감정을 느껴야 했다. 다미엔도 평온하고 안심할 수 있는 장소가 필요했다. 스트레스 사이클은 바로 이런 방식으로 차단된다. 그리고 그런 상황에서만 아이뿐 아니라 당신도 자기 조절법을 시작할 수 있다.

제2부

자기 조절을 위한
다섯 가지 영역

제5장

먹고 놀고 자다

생물학적 영역

생물학적 영역에 들어가는 이유는 아이의 행동을 완전히 다른 시각에서 보기 위함이다. 더불어 당신의 행동도 달리 살펴볼 수 있다. 이는 부모가 아이를 이끄는 상의하달 식top-down 행동 관리behavior management 관점에서 벗어나 같이 해나가는side-by-side 자기 조절법의 관점을 택하는 것이다. 핵심은 까다로운 행동을 기계적으로 통제하거나 줄이는 것이 아니라 아이가 저각성 상태인지, 과각성 상태인지 잠시 생각해 보고, 그 상태를 유발한 스트레스 요인을 찾아내서 줄이는 것이다. 즉 부모와 자녀가 각성 상태를 공유하듯 서로 쌍방향으로 소통하는 것이다. 마리 Marie와 로지Rosie 모녀는 이 과정을 보여주는 완벽한 사례였다.

마리와 로지 모녀 이야기

마리는 눈물을 참으며 열 살 난 딸의 이야기를 꺼냈다. 로지와 차분하게 대화하기가 너무 힘들다고 하소연했다. 로지에게 어떤 말을 해도 결국에는 서로 고함을 질렀다. 그러면 로지는 화를 내며 자리를 박차고 나가서 몇 시간이고 토라진다고 했다. 매우 사소한 일로 다투기도 하고, 때로는 중요한 일로 싸우기도 하지만 서로 화를 내며 충돌할수록 상황이 더욱 악화됐다. 한번은 마리가 로지에게 걱정돼서 잔소리를 하는 것이라고 편지를 썼지만, 그 편지는 갈가리 찢긴 채 식탁 위에 놓여 있었다.

그들 모녀가 싸우는 원인은 부모 자식 간에 쌓이는 불만 때문으로, 대개는 사소한 일들이다. 마리가 말했다. "로지는 제가 불러도 저녁을 먹으러 오지 않아요. 가까스로 와서도 입에 대지 않고요. 제가 꺼내 놓은 옷도 안 입어요. 하지만 가장 심하게 싸우는 순간은 늘 잠잘 때인데, 보통은 정말 아무것도 아닌 일로 다투죠." 며칠 전에는 로지가 엄마한테 자기 방을 청소하면서 물건들을 치웠다며 소리를 질렀다. 그렇지만 엄마는 그날 딸의 방에 전혀 들어가지 않았다.

나는 마리에게 그럴 때 어떤 식으로 대응했는지 물었다. "딸한테 이번 일은 그냥 못 넘어간다고 했어요. 엄마한테 계속 소리 지르면 아이패드를 일주일간 못 쓰게 하겠다고 엄포를 놓았어요. 그런데 그 기간이 한 달로 늘어나 버렸어요! 그래도 딸이 버릇을 안 고쳐서 아이패드를 매장에 갖다 주겠다고 했어요!" 마리에게 정말로 아이패드를 갖다 주었냐고 묻자 그녀는 다소 민망한 표정으로 말했다. "그게, 딸의 태도가 훨씬 나아져서 없던 일이 됐어요."

엄마가 자신이 말한 대로 행동하지 않은 게 문제였을까? 그래서 딸은 엄마가 말로만 협박한다는 사실을 알고 제멋대로 행동했던 것일까? 공허

한 협박은 딸의 행동을 바꾸지 못했다. 아무리 구슬리고 애원해도, 어떤 벌이나 포상을 줘도 효과가 없었다. 두 모녀의 갈등은 깊어만 갔다.

버릇없는 행동인가, 스트레스 반응인가

버릇없는 행동은 결단, 선택, 자각이라는 개념과 근본적으로 관련 있다.[72] 이런 행동은 아이가 자신의 의지로 하는 것이다. 다른 행동도 가능했고, 심지어 달리 행동했어야 한다는 사실을 아이도 안다. 그렇지만 스트레스 반응은 생리학적 측면이 강하다. 스트레스 반응을 보일 때 아이들은 고의로 행동하는 것이 아니며, 자신이 하는 행동을 이성적으로 자각하지도 못한다. 아이가 대들거나(몸으로 안 되면 말로) 달아나는 것은(신체적으로 안 되면 감정적으로) 위협을 감지한 신경계가 투쟁-도피 반응의 단계로 넘어갔기 때문이다.

우리가 지금 마주한 아이의 모습이 버릇없는 행동인지 판단할 수 있는 몇 가지 간단한 방법이 있다. 아이에게 왜 그렇게 행동했는지 물어보자. 어떤 이유를 대든 아이가 답하면, 아이는 자신의 행동을 의식하고 했을 가능성이 크다. 또는 아이에게 그게 잘못된 행동인지 모르고 했냐며 엄하게 물어볼 수도 있다. 스트레스 반응 역시 금세 파악할 수 있다. 아이 얼굴에서 혼란, 두려움, 분노, 심한 고통이 엿보이거나 아이가 시선을 회피하고 당신 얼굴을 똑바로 쳐다보지 못하면, 보통은 과각성과 스트레스 반응이라는 뜻이다.

버릇없는 행동과 스트레스 반응을 구분하는 것은 매우 중요하다. 스트레스 반응에 당근과 채찍 전략을 쓸 경우 문제가 더 심각해지거나 아이의 스트레스만 더 키울 뿐이다. 게다가 자기 조절에 필수인 자기 자각 능력을 키워 줄 소중한 기회도 놓치기 때문이다.

스트레스 반응에 대처하는 법

나는 마리의 설명을 들으면서 딸 로지의 행동이 스트레스 반응이라고 확신했다. 정당한 부탁을 해도 흘려듣고 사실상 비이성적으로 행동하는 점, 격하게 다투고 난 다음 자신이 한 말이나 행동을 기억하지 못하는 점 등으로 미루어 볼 때 딸은 투쟁-도피 반응을 보이는 게 확실했다. 따라서 그럴 때 마리는 로지를 고분고분하게 만들기보다 아이의 각성도를 낮춰 주고 감정이 폭발한 원인을 찾아야 했다.

나는 마리에게 다음에 딸이 문제 행동을 하면 절대 엄포를 놓지 말고, 특히 딸을 설득하려 들지 말라고 조언했다. 또 어떤 설명도 하지 말라고 했다. 대신 자기 조절법의 기본 방침대로 잠시 심호흡을 하면서 목과 어깨의 긴장을 풀라고 했다. 그런 다음 방의 불을 끄고 아이 옆에 앉거나 누워서 부드럽게 머리를 쓰다듬어 주거나 손이나 팔, 등을 어루만져 주라고 했다. 뭔가 할 말이 있더라도 사랑한다는 말만 하라고 했다. 다음 날 아이가 진정되면 전날 밤 하려고 했던 얘기를 해도 좋다고 했다.

며칠 후 마리는 이 방법을 써볼 기회가 왔다. 로지가 자기 반 여자애들이 다 입는 빨간색 맨투맨 티셔츠를 사달라고 했다. 마리가 옷가게에 가보니 딸에게 맞는 사이즈가 없었다. 결국 마리는 예쁜 회색 티셔츠를 샀다. 학교에서 돌아온 로지에게 옷을 건네자 아이는 아무 대꾸도 하지 않았다. 몇 시간 후 잠잘 때가 되자 로지는 마리에게 소리를 지르기 시작했다. "왜 회색 티를 사냐고! 정말 소름 끼쳐. 저 옷은 절대 안 입어. 엄마는 내가 해달라는 대로 해준 적이 없어. 정말 싫어!"

마리도 똑같이 화를 낼 뻔했다. 그렇지만 천천히 복식호흡을 했다. 그리고 로지에게 회색 티를 사온 이유를 설명하지도, 로지를 설득하려고 하지도 않았다. 마리는 이 모든 행동을 다음 날로 미루고 조용히 넘어갔다. 끓어오르는 분노를 참으며 딸의 방을 나온 마리는 마음을 달랜 다음 다시 딸의 방에 들어가서 로지에게 이불을 덮어 주었다. 다소 마음이 진정되자 마리는 로지 옆에 누워 딸아이가 좋아하는 등을 쓰다듬기 시작했다. 몇 분 만에 로지도 마음의 안정을 되찾았다. 잠들기 전 로지는 마리를 껴안고 이렇게 중얼거렸다. "사랑해, 엄마." 다음 날 아침, 마리가 로지에게 수업이 끝나면 다른 옷가게에 가보자고 말하려는 순간 딸이 회색 티셔츠를 입고 아래층으로 내려왔다.

차분한 대처로 되찾은 평온

만약 잠들기 전 싸우는 마리와 로지의 뇌를 스캔했다면, 우리는 전전두피질과 변연계 사이에 놓인 뇌의 아주 작은 부분에서 놀라운 사실을 발견했을 것이다. 이 부분은 전대상피질anterior cingulate cortex, ACC로, 문측

rostral ACC는 전전두피질과 연결되고 배측ventral ACC는 변연계와 연결된다. 과각성인 아이의 뇌를 스캔해 보면, 변연계와 이어진 배측 ACC에 성탄절 트리처럼 불이 들어오는 반면, 전전두피질과 연결된 문측 ACC는 잠잠한 것을 확인할 수 있다. 이는 곧 변연계가 뇌를 장악하면서 합리적이고 이성적인 전전두피질이 아이의 행동에 발언권을 갖지 못한다는 뜻이다.

로지의 뇌를 스캔해 보면 이런 상태였을 것이다. 그리고 마리의 ACC 역시 이와 똑같았을 것이다. 이는 변연계 공명limbic resonance이라는 현상 때문에 생긴다.[73] 우리의 변연계는 긍정적이든 부정적이든 다른 사람의 각성된 변연계와 마주치면 그와 똑같이 반응하도록 설계되어 있다. 그래서 웃음은 전염성을 띠고, 누가 소리치고 화를 내면 우리도 바로 똑같이 대응하는 것이다.

변연계는 위험을 감지하면 사랑하는 딸 때문이든, 다른 누군가가 유발한 것이든 따지지 않는다. 위협이라고 느끼면 그저 대응할 뿐이다. 마리의 경우 이러한 변연계의 반응 때문에 부정적인 감정이 봇물처럼 터져 나왔다. 마리는 화가 났을 뿐 아니라 딸이 자신을 무시하고 고마워할 줄 모르며 자신을 사랑하지 않는다고 느꼈다.

과거 마리는 감정이 격해지면 로지가 하는 말에 자신도 모르게 반응한다고 느꼈다. 그렇지만 이제는 그런 순간을 이해하게 되었다. 처음으로 그런 상황을 차분하게 대처한 마리는 변연계 공명 효과를 상쇄하고, 자신의 전전두피질이 다시 제자리로 끌고 오면서 딸을 도울 수 있었다. 마리는 동조적 뇌를 기선 제압해 스트레스 사이클을 끊어 냈다. 그리고 로지도 변연계가 진정되면서 편하게 잠들었을 뿐 아니라 엄마에게 깊은 애정을 느끼고 이를 표현했다.

변연계가 잠잠해지면 교감 능력도 다시 켜진다. 딸은 엄마가 달래 주는 행동이 꼭 필요했을 뿐 아니라 이를 바로 받아들였다. 그 순간 변연계가 원시적인 부정적 감정에서 풀려나면서 딸은 아기 때 자신을 돌봐준 엄마에 대한 따뜻한 기억을 떠올렸다. 그리고 온몸의 긴장이 풀리면서 로지는 평온하게 잠이 들었다.

마리는 이제 몇 년 후면 사춘기에 접어드는 딸에게 뭔가 변화가 필요하다고 느꼈다. 그리고 그동안 자신이 해온 행동이 오히려 역효과를 불러왔음을 알았다. 그렇지만 딸을 달래고 재우는 법을 알았다고 해서 해답을 찾은 것은 아니었다. 이는 시작에 불과했다.

모든 안정의 핵심은 생물학적 영역에 있고, 또 변연계 내부를 다스리는 것은 부모에게 벅차거나 능력 밖의 일처럼 보이기 때문이다. 자기 조절법은 마리와 로지 모녀가 부딪치면서 해결책을 찾은 것처럼 당신도 해법을 찾을 수 있도록 단계별 방법을 고안했다. 우리는 아이의 스트레스 원인을 현장에서 바로 알아내기가 힘들다. 보통은 가설 검증 절차를 거쳐야 한다. 이는 부모들이 자기 조절을 위한 탐색 작업을 처음으로 할 때 겪는 일종의 시행착오다.

첫 번째 단계 : 신호를 읽고 행동에 대한 인식을 바꿔라

회색 티셔츠 사건 이후 마리는 로지가 자기한테 대들 때 맞대응하지 않고 참기가 극도로 힘들었다고 고백했다. 마리는 힘든 상황에서 딸의 행동을 통제할 수단이 필요하다고 생각했지만, 엄마에게 진짜 필요한 것은 아이의 행동에서 신호를 읽고 그 행동에 대한 인식을 바꾸는 것이었다.

딸의 행동은 고통을 알리는 우뇌의 순수하고 여과되지 않은 표현법이었다. 마리가 로지를 재빨리 달랠 수 있었던 것은 우뇌식 소통법으로 대처했기 때문이었다. 불을 끄고 목소리를 낮추며 딸의 머리를 쓰다듬고 등을 어루만지면서 엄마는 의사소통을 받아들이는 딸의 뇌에 메시지를 보냈다. 이 부분은 감정적 각성과 관련된 신경망에 직접 연결되어 있다.

그렇지만 마리는 로지로 향하는 소통 통로뿐 아니라 딸의 메시지를 받아들이는 자신의 소통 통로도 회복시켰다. 바로 이런 이유로 자기 조절법은 같이 하는 과정 혹은 쌍방향 과정이다. 이제 마리의 우뇌는 로지의 우뇌가 보내는 메시지를 충분히 접수했다. "엄마 무서워. 힘들어. 어떻게 빠져나가야 하는지 모르겠어." 이에 마리는 딸에게 이런 메시지를 보냈다. "엄마가 있잖아. 엄마가 보살펴 줄게. 사랑한다, 우리 딸."

마리가 자기 조절법으로 체험한 것은 단순한 인지적 변화가 아니었다. 즉 상황을 살피고 내가 지금 대처해야 하는 것이 버릇없는 행동이 아닌 스트레스 반응이라고 판단한 다음, 부모로서 적절히 반응한 것에서 그치지 않았다. 중요한 것은 변연계끼리의 갈등이 극에 달하면서 꽉 막혔던 우뇌의 메시지를 활용했다는 점이었다. 애초에 우리는 아기가 괴로워하면 아기의 행동에서 뭔가를 추론하기보다 아이가 괴로워한다고 느낀다. 변연계가 과각성일 때 멈춰 버리는 여러 기능 중 하나가 바로 이러한 경험적 자각experiential awareness이다. 아마 이 기능은 과각성에 빠지면 무엇보다도 먼저 멈출 것이다.

그렇지만 뚜렷한 인지적 변화도 물론 있었다. 마리는 열 살 난 딸의 행동을 보면서 딸아이가 아기 때 겪었던 각성 문제가 떠올랐다. 마리의 설명에 따르면, 로지는 생후 3주 때 저녁 여섯 시만 되면 적어도 두세 시간은 심하게 칭얼댔다고 한다. 열 살인 로지가 잠잘 때 보이는 문제 행동은 아기 때 보여준 모습과 놀랍도록 유사했다.

로지가 각성 조절에 문제가 있다는 징후는 아기 때부터 있었지만, 열 살이 되면서는 그저 까다롭고 버릇없는 아이로 취급 받았다. 아기가 일부러 칭얼댄다고 보는 사람은 없듯이 로지가 아기 때 보인 행동 역시 당연히 고의가 아니었다. 그렇지만 아이가 클수록 우리는 그러한 행동을 용납하지 않는다. 아기가 짜증을 부리는 데에는 피곤함 말고도 무수히 많은 이유가 있다. 그래서 우리는 아기를 보살필 때 기저귀가 뽀송뽀송하고 몸이 편안하고 배가 고프지 않고 놀랄 일이 없게 해야 한다.

우리 클리닉은 로지가 아기 때 보인 문제들을 접하면, 먼저 감각에 문제가 없는지부터 살핀다. 내가 다양한 아이들을 만나면서 관찰한 결과, 쉽게 지나치는 감각 문제로 고생하는 아이와 청소년이 눈에 띄게 늘고 있었다. 이런 아이들은 빛, 소리, 냄새, 촉각 등 각종 자극에 예민할 뿐만 아니라 이런 자극 때문에 상당히 많은 에너지를 빼앗긴다.

로지는 아기였을 때 소음과 냄새, 거친 감촉에 매우 예민하게 굴었다. 이제 열 살이 되었지만 여전히 식당에 데려가려 하면 완강히 거부했고, 식당에 가더라도 시끄럽고 냄새 난다며 불평했다. 그리고 지금도 옷에 까다롭게 굴었는데, 특히 옷의 질감에 예민했다. 이제 마리는 자기 조절이라는 맥락에서 신체적 불편함과 민감성을 드러내는 신호를 읽을 수 있고, 로지가 스트레스를 받으면 폭발하는 행동도 달리 보게 되었다. 마리가 딸의 행동에서 인식의 변화를 일으킨 결정적인 계기는 그 문제가 별안간 터진 게 아니라는 사실을 깨달으면서부터였다.

내가 만나 본 아이들 중에는 피부에 닿는 옷의 촉감, 양말 안쪽의 이음새, 천장의 선풍기가 돌아가는 소리, 시계 초침 소리에 예민하게 반응하는 경우가 있었다. 또 정반대로 감각적 신호를 알아채지 못하는 둔감증인 경우도 있었다. 이런 아이들은 자기 주변에서 일어나는 일뿐만 아니라 내면에서 보내는 신호도 눈치 채지 못한다. 보통 어린아이들은 에너지가 낮아서 낮잠이 필요하고, 스웨터를 걸쳐야 하며 밥을 먹어야 한다는 내면의 신호를 잘 알아채지 못한다. 그렇지만 더 큰 아이들이나 10대 중에도 춥거나 피곤하고, 심지어 배고플 때 보내는 신호를 잘 모르는 경우도 있다.

마리의 사례는 결코 이례적이지 않다. 아기가 태어나면 아기의 행동에서 생물학적 신호를 읽어 내지만, 아이가 좀 더 커서 과각성 증상을 보이면 그 신호를 무조건 오해하고 까다로운 아이라는 꼬리표를 붙여 버린다. 많은 부모들이 자녀가 아기나 어린아이였을 때 보여준 행동이 각성 조절에 문제가 있다는 초기 신호였음을 몇 년 후 뒤늦게 깨닫는다.

자기 조절법은 좀 더 큰 아이를 둔 많은 부모에게 이런 기회를 마련해 준다. 그렇지만 자녀가 어려도 아이의 신호를 읽는 법을 일찍부터 배우고, 아이의 행동에 대한 인식 전환을 빨리할수록 그리고 조기의 조절 방침대로 아이를 대한다면, 아이는 일찍부터 자기 조절 과정을 체험하면서 스스로 조절하는 법을 터득할 것이다. 많은 경우 이 과정에서 부모의 예상보다 훨씬 빨리 이뤄진다.

두 번째 단계 : 스트레스 신호를 찾아라

20세기 초 미국의 생리학자 월터 브래드포드 캐넌Walter Bradford Cannon 이 내린 고전적인 학술 정의에 따르면, 스트레스 요인은 항상성homeosta- sis을 깨는 모든 요인을 가리킨다. 여기서 항상성이란 유기체가 외부 자극에 대응하고, 성장이나 재생산, 면역 기능, 조직 재생 등 내적 요구에 맞춰 내부의 균형을 이루는 과정을 뜻한다.[74] 생물학적 영역에서 너무 덥거나 추운 것은 스트레스다. 시끄러운 소음, 밝은 빛, 북적이는 인파, 자극적인 냄새, 처음 보는 장면이나 처음 듣는 소리, 놀라운 광경이나 놀래키는 소리, 특정한 동작이나 특정 동작을 할 수 없는 것도 스트레스 요인이다. 이러한 스트레스 요인은 아이들마다 다르다.

'감각 살피기'는 당신의 아기가 과도한 스트레스를 받을 때 그 신호를 알아채고, 아기를 진정시키는 방법과 아닌 방법을 시행착오를 거쳐 배우는 것이다.[75] 우리 부부는 아들이 태어났을 때 두뇌 성장에 도움이 되는 것은 뭐든지 하려고 했다. 유아용품점에 가서 한 시간 동안 각종 모빌을 살핀 다음 하나를 골랐다. 제품설명서에 따르면 아기의 두뇌를 최대한 자극하기 위해 신경과학자들이 고안한 제품이었다. 다양한 기하학무늬가 그려진 모빌은 배터리로 작동하는 모터가 있어서 아기 침대 주변을 천천히 회전했다.

그런데 우리 아들은 모빌을 설치하자마자 싫어하는 반응을 했다. 고개를 옆으로 돌리더니 침대 범퍼에 머리를 파묻기까지 했다. 하지만 우리는 이제 막 시작되는 두뇌를 자극할 생각에 아들의 몸을 돌아 눕혔다. 그러자 이번에는 아들이 눈을 질끈 감아 버렸다. 우리는 다시 가게를 찾아갔고, 이전 제품보다 훨씬 더 정교하게 만든 모빌을 사왔다. 이번 모빌은 움직일 때 소리가 나고 불도 들어왔으며 아이의 두뇌 수준에 맞게 속도 조절도 가능했다.

그렇지만 이번에도 아들은 싫다며 칭얼댈 뿐이었다. 아들은 이런 자극에 당황한 것이 분명했다. 다행히 우리 부부는 이쯤에서 포기했다. 모빌을 수납장에 처박아 두고 예부터 전해 내려오는 방법(선사시대부터 있었을 것이다.)을 썼다. 바로 우스꽝스러운 표정으로 아이의 관심을 끄는 것이었다. 신기하게도 이 방법은 통했다.

그로부터 3년 후 수납장 깊숙이 처박아 둔 두 개의 모빌에 먼지가 쌓일 즈음 딸이 태어났다. 그때 나는 과학자 본성이 살아나면서 딸도 아들처럼 모빌에 똑같이 반응하는지 알아보고 싶었다. 하지만 딸아이는 활짝 웃으며 모빌의 다양한 색상과 소리를 무척 좋아했고, 모빌을 잠깐 보고 나면 행복해했다. 어떤 아이에게는 스트레스인 것이 다른 아이에게는 마음을 달래 주는 효과가 있는 듯했다.

아이가 문제를 보이거나 짜증나는 행동을 할 때는 그 행동을 촉발한 스트레스 요인이 무엇인지 물어야 한다. 우리는 아들이 모빌에 보여준 반응 덕분에 스트레스 요인을 쉽게 잡아냈다. 로지의 경우는 단지 다른 친구들이 회색 티셔츠를 입었다고 놀릴까 봐 기분이 상한 것처럼 보일지도 모른다. 하지만 그것이 유일한 원인이었다면, 다음 날 아침 회색 티셔츠를 입고 기분 좋게 아래층으로 내려오지는 않았을 것이다.

마리는 조기 조절법을 통해 딸이 매일 밤 뚜렷한 이유 없이 짜증을 낸다는 사실을 처음으로 알았다. 이는 로지가 온종일 과각성 상태였다는 것을 뜻하는데, 아이의 특정한 스트레스 요인을 찾아 이를 주시해야 한다. 그렇지만 더 큰 문제는 왜 로지가 과각성에 빠졌는가 하는 점이 었다. 로지가 학교에서 겪은 감정적·사회적 스트레스 때문일 수도 있지만, 자기 조절법에서는 언제나 생물학적 영역을 비롯한 다섯 가지 영역을 모두 고려한다.

우리는 스트레스 요인을 찾기 위해 신경과학자가 될 필요는 없지만, 그래도 스트레스를 잡아내는 탐정처럼 행동해야 한다. 엄격한 부모라면 아이가 스트레스 반응을 보일 때, 아이가 제멋대로 군다거나 일부러 반항하다고 단정 짓고 단단히 혼을 내야겠다고 생각할 것이다. 또 그런 버릇없는 행동을 용납할 수 없다며 아이가 고칠 때까지 끊임없이 야단을 치려 할 것이다. 하지만 그런 행동이 스트레스 반응일지도 모른다는 의심이 든다면, 당신은 차분히 그 상황을 돌아보는 시간을 가져야 한다. 그러면 아이의 스트레스 요인이 궁금해질 것이다. 이것을 찾으려면 먼저 당신 자체가 아이에게 스트레스가 되지 않도록 조심하고, 아이의 행동 패턴을 관찰해야 한다.

비디오게임을 하거나 달콤한 음식을 탐닉하는 등 보통 특정 행동을 하고 나면 아이가 동요하는가? 친구들과 놀거나 체육 수업을 하고 집으로 돌아오면 아이의 표정이 행복한가, 불안한가? 반대로 아이가 체육 수업을 안 하려고 온갖 핑계를 대지는 않는가? 특정한 친구와 놀고 나면 신나하는가, 시무룩해지는가? 혹은 활기가 넘치는가, 축 처지는가? 또 아이가 대화를 하면 흥분이 가라앉는가, 더욱 초조해하는가?

로지가 잠잘 즈음 감정 폭발이 가장 심했는데 이는 그날 하루 동안 스트레스가 쌓였다는 표시였다. 혹은 뇌의 각성도를 낮춰서 졸리게 하는 신경호르몬이 다소 부족하다는 표시였을지도 모른다. 이제 마리는 로지가 밤에 폭발하면 그날 뭔가 특별한 일은 없었는지, 반대로 감정 폭발이 없는 날은 다른 날과 뭐가 달랐는지 고민하기 시작했다. 마리는 자신의 행동에도 어떤 특정한 패턴이 없는지 돌아봤다. 최근 들어 인내심이 약해진 건 아닌지, 아이를 쉽게 나무라지는 않는지, 로지의 행동에 더 예민하게 반응하지는 않았는지 등을 살폈다.

생물학적 영역은 뇌와 인체에 에너지를 공급하는 핵심 영역이다. 따라서 우리는 에너지 공급과 기력 회복에 가장 기본적인 요소부터 점검해야 한다. 이런 기본적인 요소가 부족하면, 아이는 생물학적 스트레스를 받는다. 아이가 자기 조절 능력을 기르려면, 먼저 하루 중 때에 따라 각성도를 올리거나 낮출 때 필요한 에너지부터 확보해야 한다. 다섯 가지 영역 모두 활력과 활기가 필요하기 때문이다. 생물학적 영역에서 점검해야 할 기본 사항은 다음과 같다.

- 수면
- 영양과 식습관
- 활동과 운동
- 몸에 대한 자각
- 건강 상태나 특별히 고려해야 할 점

이러한 생물학적 요소들은 아이의 조기 조절에 도움을 주는 에너지 공급과 기력 회복, 잠재적 스트레스 해소에 반드시 필요하다. 동시에 그 자체로도 매우 취약한 영역이어서 아이가 어느 하나가 부족한 상태일 수도 있다.

시상하부는 깜짝 놀랄 일뿐만 아니라 피곤한 상태에도 반응하므로 이런 상황에 처한 아이는 서로 꼬리를 물고 이어지는 생물학적·감정적·인지적·사회적 스트레스 사이클에 바로 갇힐 수 있다.[76] 로지는 아기 때부터 수면 시간에 따라 보이는 행동이 확연히 달랐다. 잠이 부족하면 온종일 사소한 일에도 짜증을 냈다. 충분히 자면 짜증이 덜하고 금세 안정을 찾는 것 같았다. 열 살 때도 마찬가지였다. 그 이유가 어떻든 감정을 폭발한 날은 두세 시간 정도 잠이 부족한 날이었다. 이렇게 수면이 부족하면 다음 날 더 쉽게 피로해졌고, 스트레스에도 취약해졌다. 며칠 동안 수면 부족이 이어지면 로지는 저수면과 과각성이라는 소모적 사이클에 쉽게 빠져들었고, 한번 이 사이클에 빠지면 쉽게 빠져나오지 못했다.

로지에게는 회복성 수면restorative sleep이라는 문제도 있었다.[77] 식당에서 자는 아기인 멜라니의 경우처럼 잠잘 때 긴장을 푸는 것은 수면 시간 못지않게 중요하다. 잠자기 직전에 빛, 특히 청색광에 노출되면 이완 상태를 유도하는 신경호르몬의 분비를 교란할 수 있다. 마리는 요즘 많은 부모처럼 로지가 불을 끄고 자기 직전까지 아이패드를 사용하게 내버려 뒀다.

세 번째 단계 : 스트레스를 낮춰라

'스트레스 낮추기'는 다소 당연해 보일 것이다. 아이가 소음에 민감하면 볼륨을 낮춰 주어야 한다. 집이나 내 마음대로 할 수 있는 장소에서는 이것이 가능하다. 하지만 학교 같은 곳은 소리나 여타 스트레스를 조절하기가 쉽지 않다. 감각적 스트레스라는 면에서 볼 때, 학교 소음은 큰 문제다. 교실, 구내 식당, 체육관, 복도의 데시벨과 반향음反響音 수준은 지나치게 높다. 소음에 민감한 아이는 신경망이 지쳐서 집중력과 행동, 기분에 영향을 받는다. 따라서 대개의 경우 소음을 피하는 것은 현실적인 해결책이 아니다.

학교에서 아이가 감각 과민증에 대처할 수 있는 방법으로는 귀마개와 소음 차단 헤드폰을 사용하게 하거나 시끄러운 벨과 부저를 차임벨이나 멜로디 소리로 바꾸는 것 등이다. 딱딱한 표면에 민감하거나 수차례 움직여야 앉은 자세가 편해지는 아이는 자리나 의자를 바꿔 주면 뚜렷한 효과를 보기도 한다. 또 학교와 집에서 시각적으로 덜 시끄럽거나 덜 분주한 환경을 만들어 주면 시각적 자극이 줄어들 수 있다. 식당이나 여타 행선지를 고를 때도 아이의 감각 과민증을 어느 정도 고려하는 편이 좋다.[78]

그렇지만 아이의 스트레스 지수를 현저히 낮출 수 있는 또 다른 방법이 있다. 특정 스트레스 요인에 대한 과민증은 바뀔 수 있고 또 전반적인 스트레스 수준에도 크게 영향을 받는다. 따라서 핵심 스트레스의 수준을 낮춰 주면, 아이는 전반적인 에너지 소모가 낮아지면서 개별적 스트레스 요인에 대처할 수 있는 에너지가 커진다. 예를 들어 로지는 푹 쉬고 나면 불편하거나 속상한 일에 잘 대처했지만, 에너지가 부족하면 매우 당황해했다. 우리는 지난주에 잘 참은 일에 아이가 짜증을 내면 변덕스럽고 버릇없다고 보는 경향이 있다. 그렇지만 아이는 지난주와 가장 크게 스트레스를 받는 수준이 달라진 것이다.

네 번째 단계 : 아이가 스스로 자각하게 도와라

자기 조절법의 목표는 아이 스스로 에너지가 낮고 긴장감이 높은 상태를 자각하고, 이에 대처하는 법을 배우게 하는 것이다. 이것이 가능하려면 자신이 언제 저각성이나 과각성에 빠지는지 그 순간을 알아채야 한다. 따라서 차분함이 뭔지 알아야 자각할 수 있다. 들뜬 상태밖에 모르는 아이는 이를 정상으로 받아들인다는 점이 가장 큰 문제다. 안타깝게도 습관적으로 흥분하는 아이들은 차분해지는 법을 알려주는 내면 응시 훈련을 모조리 거부한다.

우리는 아이들이 그런 훈련을 즐기게 해야 한다. 차분함을 느끼고 이 상태를 즐기는 것은 동전의 양면과 같다. 앞서 마리는 방을 나가 몇 차례 심호흡을 한 순간, 두뇌에 어떤 스위치가 켜진 기분이었다고 했다. 마리는 내측 전전두피질medial prefrontal cortex에서 신경과학 용어로 비선형 전환nonlinear transition이라는 현상을 경험한 것이다. 이는 전전두피질의 위쪽 혹은 배내측dmPFC(배내측 전전두피질)에서 아래쪽 혹은 복내측 vmPFC(복내측 전전두피질)으로 뇌가 활성화되는 것이다. 전자는 우리가 곰곰이 생각하거나 혼잣말을 할 때 관여하고, 후자는 내면이나 주변에서 벌어지는 일을 자각할 때 개입한다.

연구에 따르면 이렇게 간단한 심호흡 연습만으로도 두뇌의 신경망이 곰곰이 생각하던 상태에서 내부 환경과 외부 환경을 더욱 폭넓게 자각하는 상태로 바뀔 수 있다고 한다.

우리가 지금 이 순간에 완전히 머무는 연습을 많이 할수록 배내측 전전두피질에서 복내측 전전두피질로 쉽게 전이된다.[79] 이는 마치 두 시스템 사이의 신경화학적 통로가 더욱 뚜렷해지면서 의식적으로 스위치를 켜기가 쉬워지는 것과 같다. 우리가 아이에게 "진정해."라고 말할 때 요구하는 상태다. 그렇지만 아이들이 실제로 마음을 진정하려면 연습이 필요하며, 기본 각성도가 높은 아이는 부모가 타일러도 좀처럼 긍정적인 효과를 보지 못한다.

우리 클리닉은 아이들이 내면에 집중하는 법을 즐겁게 배울 수 있도록 다음의 다섯 단계를 개발했다.[80]

1. 아이에게 지금 하는 행동이 어떤 식으로 자기 조절에 도움을 주는지 설명한다.
2. 아이를 편안하게 해준다.
3. 아이가 지금 하는 행동에 집중하게 한다.
4. 집중했을 때 심신에 어떤 변화가 생기는지, 그 연관성을 아이가 자각하게 한다.
5. 작은 것부터 시작해 매일 연습하게 한다.

이제 아이에게 호흡 연습을 시킨다고 해보자. 먼저 아이에게 코에서 폐로 이어지는 통로가 있고, 폐 바로 밑에는 신선한 공기를 끌어들이고 탁한 공기를 내뱉는 커다란 근육이 있으며 호흡할 때마다 폐를 감싸서 보호하는 갈비뼈가 팽창하고 수축한다고 설명한다. 또 우리가 숨을 들이쉬면 에너지가 샘솟으며 정신이 맑아지고, 숨을 내쉬면 마음이 진정된다고 설명한다.

다음으로 아이가 편하게 느끼게 해준다. 호흡 연습을 하는 동안 아이가 호흡하는 것을 느낄 수 있게 등을 받쳐 줘도 좋다. 바닥에 등을 대고 눕거나 의자에 똑바로 앉아 긴장을 풀면 아이들이 호흡을 가장 잘할 것이다.

그다음 아이가 호흡에 집중하게 한다. 아이에게 숨을 들이쉴 때 콧속에서 시원한 숨결이 느껴지고, 내쉴 때 입안이나 손에서 따뜻한 기운이 느껴지는지 물어본다. 또 폐나 배가 풍선처럼 부풀어 오르는 게 느껴지는지도 물어본다. 그다음 호흡에 집중했을 때 내면에 주는 영향을 아이가 알게 한다. 가령 아이가 요즘 어떤 일로 고민한다고 해보자. 그러면 아이가 집중해서 숨을 열 번 정도 들이쉬고 내쉬게 한 다음, 고민이 멈췄는지 물어본다. 아니면 고민하는 생각이 계속 떠오르는지 물어본다. 다시 호흡에 집중하게 해서 고민이 잠시 멈추는지 혹은 고민이 줄어들거나 사라지지는 않았는지 관찰하게 한다. 마지막으로 타이머를 활용하면 좋다. 처음에는 짧게 몇 분 정도로 시작해서 차츰 시간을 늘리는 게 바람직하다.

집에서 하는 자기 자각 훈련

자기 자각은 아이들의 조기 조절 능력에서 핵심이다.[81] 아이가 자신의 기분을 자각하지 못하면 어떻게 해도 자기 조절 능력은 향상되지 않는다. 이는 부모들도 마찬가지다. 하지만 우리는 부모 역할이라는 부담감으로 때로는 자기 파괴적인 행동을 한다.

우리 부부는 아이들이 어렸을 때 자동차로 30분 거리의 소도시에 있는 피자집에 주기적으로 갔다. 그렇지만 외출이 기분 좋게 마무리된 적이 한 번도 없었다. 어떨 때는 아이들이 차에 타자마자 말도 안 되는 일로 다투었다. 외출해서 집에 돌아올 때까지 별다른 문제가 없다가 느닷없이 두 아이가 흥분해서 악몽 같은 밤이 된 적도 있었다.

까다로운 아이와 과각성인 아이를 구분하는 것이 중요하듯, 행복감과 과각성을 구분하는 것 역시 중요하다. 고요한 전원생활에 익숙한 아이들은 다른 아이들과 마찬가지로 피자집에 들어서는 순간부터 광분했다. 우리 부부는 아이들에게 피자를 먹이느라 진을 뺐고, 아수라장 같은 놀이방에서 애들을 끌고 나오느라 진땀을 흘렸다. 집으로 돌아오는 길은 언제나 끔찍했다. 결국 아내는 이제부터 가족 외출을 절대 안 하겠다고 결심했다. 아내가 이런 결심을 한 것을 계기로, 나는 자기 조절의 네 번째 단계에서 쉽게 지나치는 사실을 하나 깨달았다.

아내는 가족 외출이 정말 끔찍하다고 했다. 내가 왜 갑자기 그런 불만을 쏟아내는지 이유를 묻자, 아내는 피자집과 관련된 모든 것이 싫다고 했다. 시끄럽고 시끌벅적한 장소, 불편한 테이블과 의자, 거슬리는 조명과 지독한 냄새 그리고 무엇보다 이 모든 환경이 아이들에게 하는 짓이 싫다고 했다. 아내는 피자집에 들어서는 순간부터 그곳을 벗어나고 싶었지만, 마음을 굳게 먹고 최대한 인내심을 발휘했다고 말했다. 내가 그 이유를 물으니, 아내는 어리둥절한 표정을 짓다가 입을 열었다. "당신도 알겠지만, 애들이 정말 좋아하잖아요." 아이들이 그토록 즐거워한 가족 외출이 왜 우리 가족에게 풍파를 일으켰던 것일까?

가족 활동은 모든 가족 구성원에게 유익해야 한다. 당신이 사는 곳 근처에도 평온하고 기운을 북돋워 주는 가족 외출이 얼마든지 가능하다. 양동이와 삽을 들고 해변으로 간다거나 공원에 갈 수도 있고, 꽃과 잎사귀를 모으며 숲을 거닐 수도 있다. 사실 평화로운 가족 활동은 집에서도 충분히 가능하다. 아내는 피자집에 가지 않는 대신 일요일 피자의 밤을 만들었다. 매주 우리 네 식구는 재료를 사서 피자를 직접 만들었다. 진짜 재미는 우리 네 사람이 하나의 피자가 아닌, 각자 원하는 피자를 만들었다는 점이다. 어느 순간부터 우리는 매주 피자 만들기 경쟁을 했고, 서로의 창작물을 맛본 다음 투표로 이 주의 승자를 가렸다. 이는 재미있고, 맛있고, 가족 모두가 평온해지는 활동이었다. 그야말로 마음이 충만해지는 가족 활동이었다!

부모도 아이들과 마찬가지로 자신의 에너지를 소모하고 긴장시키는 활동이 무엇인지 제대로 알아야 한다. 또 아이들과 마찬가지로 부모들도 평온하고 이완된 순간보다 에너지가 떨어지고 긴장했을 때 아이들의 언행에 더 쉽게 폭발한다는 사실 또한 기억해야 한다.

다섯 번째 단계: 아이가 차분해지는 활동을 찾아라

당신이 자기 조절법에서 배우는 매우 중요한 사실 하나는 조용함과 차분함의 차이다. 이는 아이도 배우게 될 내용이다. 많은 부모가 비행기나 자동차로 여행을 갈 때 아이를 차분하게 만드는 방법이 뭐냐며 우리 클리닉에 문의한다. 사실 이런 부모들이 실제로 찾는 것은 아이를 조용히 시킬 방법이다.

비디오게임은 분명 아이를 조용하게 해주는 효과가 있다. 아이가 얌전히 앉아서 아무 말 없이 게임을 하기 때문이다. 그렇지만 비디오게임이 아이를 차분하게 해준다고 오해하는 사람은 없다. 이는 비디오게임을 껐을 때 아이가 보이는 반응만 봐도 알 수 있다. 약물도 이와 마찬가지여서 과각성이나 충동성을 억누를 뿐 차분하게 해주는 효과는 거의 없다.(아이와 교감하는 어른들이 아이의 행동에 덜 시달리는 것만 다를 뿐이다.)

차분함은 영화나 비디오게임에 심취한 상태와 전혀 다르다. 차분한 아이는 이완되어 있고, 자기 내면과 주변에서 벌어지는 일을 자각하며 차분한 상태를 즐긴다. 이러한 세 가지 신체적·인지적·감정적 구성 요소가 차분함의 결정적 특징이다. 차분한 상태를 경험하는 것은 당신이나 아이가 자기 조절을 위한 탐정 활동을 할 때 가장 어려우면서도 즐거운 부분일 것이다. 아이를 차분하게 해주는 단 하나의 만병통치약은 없다. 아이에게 '진정해'라고 명령한다고 해서 아이가 차분해지지 않는다는 점을 우리는 기억해야 한다.

아이가 조용해질 정도로 엄하게 말해도 상황은 마찬가지다. 만약 이렇게 해서 조용해진 아이의 뇌를 영상 촬영 장치를 통해 들여다보면, 당신은 매우 놀라운 현상을 보게 될 것이다. 아이가 조용히 침묵하고 있어도 변연계와 전두엽, 두정엽, 시상, 여타 사고와 관련된 신경망은 매우 분주하기 때문이다. 아이가 차분한 상태에 놓이면 이런 시스템은 잠잠해진다. 게다가 차분함과 조용함이라는 두 가지 상태는 뇌파에서도 두드러진 차이를 보인다. 아이가 조용하더라도 각성 상태를 보여주는 베타파는 솟구칠 수 있다. 반면 차분한 아이는 깊은 이완 상태를 보여주는 세타파와 감마파가 느리게 진동한다.

당신을 이완해 주는 방법이 아이에게는 통하지 않을 수 있다. 이와 관련해 로지가 엄마와 함께 한 자기 조절 여정은 다시 한 번 유익한 교훈을 준다. 마리는 오래전부터 요가를 열심히 수련해 왔다. 마리가 초

저녁에 유독 예민해지는 로지에게 요가를 시켰다. 그렇지만 로지는 요가를 싫어했다. 로지는 스트레스 완화에 좋다는 어떠한 동작도 하기 싫어했고, 그런 동작을 하면 괴로워서 몸을 꿈틀거렸다.

로지는 스스로 이 사건을 해결했다. 로지는 자신이 비즈 공예와 맞다는 사실을 발견했다. 로지는 몇 시간이고 비즈 공예에 몰두했고, 비즈 공예를 하고 나면 차분해지면서 바로 잠이 들었다. 하지만 이는 자기 조절법의 다섯 단계 중 마지막 다섯 번째에 해당한다는 사실을 기억해야 한다. 이 부분에서의 핵심은 로지가 차분함이 뭔지 단어의 뜻만이 아니라 그 기분을 알고 나서 비즈 공예를 자기 조절의 전략으로 택했다는 점이다.[82]

우리가 발견한 매우 흥미로운 사실 중 하나는 이 다섯 단계가 모든 연령대의 아이들에게 통한다는 점이다. 자기 조절 문제를 한동안 겪어 온 10대들은 자기에게 딱 맞는 내면 응시법을 찾기 위해 어린아이들보다 더 다양한 시도를 해봐야 할 것이다. 이들에게는 자기 조절이 어떤 효과가 있고, 자기 조절법이 무엇인지에 대해 더 자세한 설명이 필요하다. 그렇지만 아이들의 나이와 상관없이 그리고 이들에게 필요한 훈련이 무엇이든, 다섯 가지의 단계를 동일하게 거쳐야 한다.

제6장

갑자기 폭발하고
소리 지르는 반응

감정적 영역

많은 부모가 감정 기복이 심한 자녀에 대해 이야기할 때 똑같은 단어를 사용한다. 당혹스럽다, 들떠 있다, 난감하다, 속상하다, 불가사의하다, 뭔가 이상하다 그리고 무엇보다 두렵다는 표현을 쓴다.

우리는 아이의 어떤 감정 상태를 보고 두려워하는 것일까? 부모들은 대개 비슷한 상황을 열거한다. "열 살인 우리 애는 두 살짜리처럼 행동해요." "우리 애는 자신도 설명하지 못하는 이유로 산만해져요." "우리 애는 우리 부부가 감당할 수 없을 정도로 화를 내거나 불만이 많아요." 그리고 도무지 진정이 안 될 만큼 흥분하는 아이, 매사에 의욕이 없어 보이는 아이, 늘 불만인 아이, 핀볼pinball 게임처럼 감정이 오락가락하는 아이, 당연히 느껴야 할 감정을 못 느끼는 아이에게도 부모들은 이런 표현을 한다. 아이에게 지친 어느 부모는 이렇게 말했다. "우리 아이의 감정 폭발은 도무지 납득이 안 돼요."

부모들이 느끼는 혼란스러운 감정은 충분히 이해된다. 부모들은 아이가 감정적으로 힘들어하면 보통 이를 알아채지만(아이들이 이를 드러내므로), 때로는 전혀 눈치 채지 못할 때도 있다. 또 눈치를 채더라도 대처하는 요령을 아는 것은 또 다른 문제다.

이럴 때 많은 부모가 아이와 대화를 한다. 아이에게 터놓고 말해 보라고 구슬리고, 네가 화를 내면 상황이 더 심각해질 뿐이라고 설명하며 아이의 자존감과 자신감을 높여 주려고 애를 쓴다. 아이가 기분이 상하면 부모들은 먼저 합리적으로 그 상황과 대면하려고 한다. 그렇지만 안타깝게도 격한 감정에 사로잡힌 아이에게는 이성적 대응이 크게 도움되지 않는다. 아이에게 감정을 다스리라고 말하는 것 역시 아이의 스트레스만 키울 뿐이다. 게다가 말로 표현하는 것 또한 부모들이 무섭다고 느낄 정도로 매우 주관적인 감정에 사로잡힌 아이에게 쉬운 일이 아니다.

물론 아이가 자신의 고민거리와 다양한 감정을 말로 표현하는 것은 중요하다.[83] 그렇지만 과각성인 아이에게는 정말 힘들고 거의 불가능한 일이다. 과각성일 때의 아이 감정은 모든 것이 뒤범벅된 상태라서 단순히 화가 난 것이 아니라 화나지만 두렵고 부끄러우면서도 흥분된 상태다. 우리는 아이가 뒤엉킨 온갖 감정을 풀게 해야 한다.(이를 감정 분화 emotional differentiation라고 한다.) 또한 아이들이 감정을 더 폭넓고 깊이 느끼도록 해줘야 하며, 자신의 감정을 자각하고 이를 분명히 표현하도록 도와야 한다. 이러한 감정 이해력emotional literacy 혹은 감성 지수emotional intelligence 같은 결정적인 요소를 일깨울 수 있는 훌륭한 방법이 있다.

하지만 아이들의 정서 발달을 순전히 좌뇌 식으로 접근하면 안 된다는 점에 유의해야 한다. 즉 정서 발달을 가르치거나 설명할 수 있는 대상으로 혹은 아이들에게 동기부여가 되는 책과 영화를 읽거나 보게 해서 끌어낼 수 있는 것으로 여겨서는 안 된다. 정서적 성장emotional growth은 감정으로 느끼는 것이다. 게다가 아이들이 느끼는 것은 단지 주관적인 감정이 아닌 훨씬 더 복잡한 감정이다. 이는 몸과 마음을 아우르는 본능적인 경험이다.

긴장, 초조, 통증, 여타 신체적 감각 등 감정이 분출시킨 신경화학적 반응과 그에 따른 기억 및 연상되는 생각은 아이의 정서적 체험과 행동을 결정한다. 또 하나 중요한 사실은 긴장, 초조, 통증, 여타 신체적 감각이 감정을 유발하고, 기억과 연상되는 생각 역시 감정을 불러일으킨다는 점이다. 신체적 경험과 감정적 경험은 떼려야 뗄 수 없는 관계이다. 우리는 바로 이 지점에서 출발해 아이의 감정 이해력 혹은 감성 지수를 높여야 한다. 자기 조절법은 이러한 생물학적 영역과 감정적 영역의 연계biological/emotional nexus에 기초한 방법이다.

인간의 마음을 구성하는 감정 요소들

많은 철학자가 감정에 대해 2,500년 동안 논의해 왔지만 여전히 기본적인 합의를 끌어내지 못했다.[84] 과학자, 심리학자, 정신과 의사들도 이 고민에 동참했지만 감정에 대한 단일한 설명을 내놓지 못했다. 따라서 울고 삐치고 투정 부리고 발끈하는 아이를 상대해야 하는 부모들에게 큰 도움을 주지 못하고 있다. 그렇지만 감정을 어떻게 정의하든 감정은 몸에 강력한 영향을 주며 그 반대도 마찬가지다. 대체로 긍정적인 감정은 에너지를 끌어올리는 데 비해 부정적인 감정은 에너지를 소모한다. 신체와 감정 사이에 순환이 발생하는 것이다. 휴식을 충분히 취한 아이들은 긍정적인 감정을 잘 느낀다. 반면 기운이 없는 아이들은 부정적인 감정에 쉽게 휩싸인다. 그래서 밝고 호기심 있고 낙관적인 아이는 학교 공부나 교우 관계에 문제가 생겨도 능숙하게 대처할 것이다. 두려움, 분노, 슬픔에 빠진 아이는 온종일 친구들과 어울리거나 수업을 듣고 단순한 신체 활동을 하는 것조차 힘들어할 것이다.[85]

부정적인 감정은 정반대의 효과를 낳는다. 즉 새로운 감정 영역을 탐사하는 데 필요한 에너지를 빼앗아 간다. 부정적인 감정은 자라나는 속성도 있다. 만성적인 두려움이나 슬픔으로 시작된 감정이 소외감, 어색함, 쓸쓸함, 냉소, 의기소침, 쓸모없는 기분 등으로 곧장 뻗어 나간다. 긍정적 편향positive bias은 다음과 같은 정서적 성장과 능력을 갖추는 데 큰 도움을 준다.

- 긍정적인 감정뿐 아니라 부정적인 감정(흥분, 두려움, 분노 등)을 포함해 강렬한 감정을 조절하는 것(각성도를 높이거나 낮추는 것)
- 실패, 낙담, 도전적 상황, 당혹감, 많은 난관에서 벗어나 자신감 있고 긍정적으로 나아가는 것
- 혼자 또는 다른 사람들과 함께 시도하고 배우는 것
- 개인의 노력과 성과를 자랑스러워하고, 남들의 노력과 성과를 인

정하는 것

• 부모와 경험 및 정서적 이해 등을 공유하면서 더 큰 유대를 느끼
  는 것

부정적 편향negative bias이 있는 아이는 감정적 기복이 심하고, 좌절이
나 실패에서 쉽게 빠져나오지 못하며 대인관계도 원만하지 못하다. 긍
정적 편향이 있는 아이는 인격 형성에 유익한 도전과 모험에 끌리는 반
면, 부정적 편향이 있는 아이는 자기 도피적 행동이나 오락 활동에 빠
진다. 긍정적 편향은 아이에게 온갖 다양한 감정을 접하게 해주지만,
부정적 편향은 아이가 자신의 감정을 억누르게 하는데 단지 부정적인
감정만 억누르는 게 아니다. 긍정적 편향이 아이에게 두려운 감정까지
포함해 새로운 정서 체험의 길을 열어 준다면, 부정적 편향은 아이의
새로운 정서 체험을 차단한다. 특히 두려운 감정을 가로막으며, 여기에
는 우정, 사랑, 친밀한 교감 등 두려움이 동반되는 정서적 모험도 포함
된다.

자기 조절법은 아이가 부정적 감정에서 벗어나 긍정적 감정을 갖도
록 바꿀 수 있다. 물론 아이가 부정적 편향에 기울게 하는 강력한 생물
학적 요소가 있을 것이다. 그렇지만 자기 조절법은 부정적 편향을 낳는
스트레스 요인을 알아내 이를 완화해 준다. 또 기운을 소모하는 전략을
기운을 불어넣는 전략으로 대체하며, 무엇보다 우리 아이들이 그러한
변화의 주체가 되도록 해준다는 것이 중요하다.

아기의 감정에 어떻게 대응하느냐가 조절력을 결정한다

아기가 언제부터 진짜 감정을 드러내는지에 대해서는 과학적 견해가 분분하지만, 아기의 감정 조절이 생후부터 시작되는 것은 분명하다. 많은 부모가 생후 3주 된 아기가 언제 행복해하는지 알 수 있다고 확신한다. 하지만 과학적으로 볼 때 우리가 확신할 수 있는 것은 생후 몇 달 동안 아기는 두 가지 기본 감정을 오간다는 사실이다. 그 감정은 바로 괴로움과 만족감이다.

생후 석 달에서 여섯 달 사이의 아기는 보통 진짜 감정이라고 여기는 것을 느끼기 시작한다. 이 시기의 아기들은 온갖 다양한 방법으로 자신의 감정을 보여준다. 웃음으로 행복감이나 여러 긍정적인 감정을 뚜렷하게 보여주기도 하고, 다양한 울음으로 여러 부정적인 감정을 표현하기도 한다. 처음에 아기들은 두려움, 행복감, 분노, 흥미, 호기심, 놀라움, 슬픔 등을 느낀다. 그렇지만 아기들은 그 어떤 감정도 제대로 통제하지 못한다. 심리학자들은 아기들이 처음 느끼는 이런 감정을 일종의 반사 반응이라고 설명한다. 이는 인간의 생존에 필요한 기능인 만큼 먼 옛날 선조로부터 물려받은 유전자가 관장한다.[86]

두려움이라는 반사 반응은 양육자들을 분주하게 만들었을 것이다. 그리고 즐거움이라는 감정은 아기와 보호자 간의 유대를 강화했을 것이다. 분노는 부모에게 아기의 요구대로 해주는 게 좋으며, 그것도 당장 하는 게 좋겠다고 알려줬을 것이다. 호기심은 부모가 하는 말이나 행동에 아기가 집중하게 했을 것이고, 부모의 얼굴을 비롯해 주변 환경을 탐색하도록 자극했을 것이다. 놀라움은 부모들이 까꿍놀이를 하게 한 큰 동력이었을 것이다. 이는 아기 두뇌의 다양한 영역을 통합한다는 점에서 굉장히 유익한 놀이다.

이러한 진화론적 시각은 유용하다. 그렇지만 이는 우리를 잘못된 길로 이끌기도 한다. 기본 감정을 반사 반응으로 해석했을 때의 문제점 중 하나는 우리가 조절과 통제를 혼동하는 실수를 다시 범할 수 있다는 점이다.[87] 만약 이런 감정이 반사 반응에 불과하다면, 결국 우리는 그 어떤 변화도 끌어낼 수 없다는 결론이 나온다.

눈에 먼지가 들어가면 눈을 깜박이는 반사 반응을 우리가 바꿀 수 없는 것처럼 말이다. 눈을 깜박이지 않는 방법은 단 하나 의지를 발휘하는 것뿐이며, 만약 감정이 반사적인 반응이라면 이때도 마찬가지의 논리가 적용된다. 즉 아이가 감정 통제에 문제가 있다면 아이가 충분히 노력하지 않아서다. 하지만 감정적인 문제를 겪는 아이는 노력을 하지 않는 것이 아니다. 오히려 특정한 감정을 억제하려고 지나치게 노력해서 문제가 생기는 경우가 더 많다.

여기서 중요한 점은 이러한 반사 반응이 감정 조절을 발달시키는 정서적 체험과 관련 있다는 것이다.[88] 부모들은 짜증 내는 아기를 달랠 때 아기의 감정을 통제한다든가 아기와 그 감정을 놓고 대화하지 않는다. 아기가 깜짝 놀랐거나 배고파서 또는 과도한 스트레스 때문에 생긴 두려움이나 분노를 통제하지도 않으며, 이에 대해 이야기하지도 않는다. 그보다는 아기를 달래거나 아기에게 얼굴을 보여주고 또 몸의 긴장을 풀어 줘서 두려움을 덜고 전혀 두렵지 않게 해준다. 또 어떤 때는 반짝이는 눈빛, 생동감 넘치는 표정과 목소리 연기, 웃음소리 등으로 아기를 즐겁게 해주거나 호기심을 불어넣는다. 이는 우뇌에서 우뇌로 전달되는 소통법으로, 이후 아기의 감정 조절 능력에 결정적인 역할을 한다.

아기는 부모의 노력을 의식적으로 알지 못해도 직관적인 우뇌 때문에 부모의 얼굴과 자세, 행동에서 드러나는 감정에 매우 민감하게 반응하며, 동조적 뇌라는 쌍방향 채널을 통해 부모와 소통한다. 따라서 부모가 아기의 감정에 반응하는 것은 아기의 신체와 감정의 연계를 돕는 것이다. 어떤 부모는 아이가 심하게 짜증을 내면 달래는 게 어렵다고 호소한다. 이런 부모는 바짝 긴장하면서 소통 채널을 황급히 닫아 버린다. 몸은 아기 옆에 있어도 감정은 없는 상태가 되는 것이다. 어린 아기는(심지어 유아도) 부모가 두려워하는 반응을 보이면, 이를 자신이 화낸 행동과 연결한다. 그래서 화가 나면 그 감정을 억누르려고 하기 때문에 긴장해 버린다. 이에 비해 매우 기뻐하는 아이에게 부모가 온화한 표정으로 박수 치고 웃어 주면서 같이 기뻐하면, 아이는 이를 즐거움 혹은 활기찬 감정과 연결한다.[89]

이 모든 소통 과정에서 감정은 신체적 감각과 긴밀해진다. 이는 긍정적인 감정이 매우 약하거나 부정적인 감정이 지나치게 강한 아이들이 생기는 이유 중 하나다. 예를 들어, 어떤 부모는 아이가 기뻐 날뛰는 모습을 보면 불안해한다. 이때 부모가 긴장된 표정으로 아이를 제지하면 아이의 우뇌는 즐거운 감정을 긴장감과 연결한다. 이런 식으로 신체와 감정이 강하게 연결되면 아이는 어느 순간부터 자신의 활기찬 감정을 억제하려 든다. 또 두렵거나 외로울 때 늘 혼자였던 아이는 성장하면서 그런 감정이 아드레날린을 분출할 만큼 증폭된다. 그 과정에서 복통이나 흉통, 두통을 느끼기도 한다.

이러한 연결 과정은 반대 방향으로도 일어난다. 신체적 감각이 특정한 감정과 연결되는 것이다. 예를 들어, 어떤 아이가 배고파서 울었는데 관심을 받지 못하면 근육이 긴장하고, 이는 불편한 감각과 연결되면서 분노라는 뚜렷한 감정으로 드러난다. 아이가 그런 분노로 첫 번째 신호를 보냈는데도 보호자가 아이를 꾸짖거나 차갑게 외면하면, 아이의 신체적 감각과 이제 막 경험한 분노라는 감정은 절망감과 더욱 밀착해 버린다. 그러면 아이는 자라면서 복통 같은 신체적 감각에서 분노나 절망감을 느낄 수 있고, 부모들은 근본적인 원인이 되는 신체와 감정의 뿌리 깊은 연결고리는 전혀 모른 채 한 달 전만 해도 멀쩡했던 아이가 갑자기 왜 그러는지 모르겠다며 어리둥절해한다.

아기의 감정을 대하는 우리의 반응에 따라 이 과정은 완화될 수도 있고 증폭될 수도 있다. 또 이러한 조절 과정에서 쏟아야 하는 에너지는 아기들마다 편차가 크다. 현재 확실한 사실 하나는 어떤 아기는 달래거나 기운을 불어넣는 일이 다른 아기들에 비해 훨씬 쉽다는 것이다. 여기에는 유전적이고 환경적 요인, 바이러스, 영아 배앓이 등 온갖 요소가 개입한다. 그렇지만 아이가 어떤 체질이든 가장 중요한 사실에는 변함이 없다. 아이의 긍정적인 감정을 '상향 조절'하면 아이의 에너지 탱크가 채워지고, 아이의 부정적인 감정을 '하향 조절'하면 아이의 신경계가 받는 부담이 눈에 띄게 줄어든다는 점이다.

감정 조절을 위한 세 가지 요소

감정 조절은 보통 자신의 감정을 주시하고 판단하고 조절하는 것이라고 정의한다.[90] 달리 말해 감정 조절이 가능하다는 것은 아이들이 지나치게 불안하거나 화나는 순간을 알아채고, 그런 감정이 지금의 상황과 맞는지 살피며, 현재 상황과 어긋난다고 판단되면 스스로 마음을 달랠 수 있다는 것을 뜻한다. 나는 강연장에서 이 정의를 읽고 나서 당신의 아이들은 이 과제를 얼마나 잘해 내냐고 물어보면, 청중은 언제나 웃음으로 화답한다. 누구나 자녀들이 그렇게 해주길 바라지만, 아이들에게 주입하기 무척 힘든 것들이다.

언젠가 나는 외현화externalizing 장애와 내재화internalizing 장애를 겪기 때문에 행동과 기분 조절에서 문제를 보이는 아이들이 많은 학교에서 근무하는 정신건강 전문가의 이야기를 들은 적이 있다. 그 교사는 감정을 표현하는 단어가 적힌 간략한 도표를 이용해 아이들이 자신의 감정 상태를 확인할 수 있게 했다. 또 시도 때도 없이 아이한테 지금 자신이 도표상으로 어떤 감정 상태에 해당하는지 가리키게 했다. 아이들이 자신의 감정에 귀 기울임으로써 불안하거나 화나는 순간을 자연스럽게 자각한 다음 자신을 진정시키는 전략, 이를테면 심호흡을 하면서 열까지 세는 것 등을 활용하게 하자는 아이디어에서 나왔다.

그 교사가 사용한 접근법은 일반적인 사회 정서 학습social-emotional learning, SEL 프로그램 및 기법과 유사한 것으로, 감성 지수와 감정 이해력에 초점을 맞춘 것이다.[91] 그렇지만 이 또한 똑같은 한계를 안고 있다. 감정 조절에 문제가 있는 아이는 자신이 불안한 건지, 화가 나는 건지 잘 모르는 경우(혹은 그런 감정을 부정하는 경우)가 빈번하기 때문이다. 아이를 불러 세워 질문하는 방식도 도움이 되지 않는다. 이렇게 불쑥불쑥 질문하면 아이가 스트레스를 받을 수도 있고, 교사와 학생 사이에 불편한 권력 관계가 생길 수 있기 때문이다.

아이가 화가 나서 과각성 상태에서 뿜어내는 아드레날린 때문에 언어, 분석, 반성적 사고와 같은 좌뇌의 기능이 멈출 수 있다. 즉 아이는 감정을 주체하지 못할수록, 자신의 감정을 주시하고 판단하며 조절하는 기능이 떨어진다. 이럴 때 아이에게는 무엇보다 마음을 진정하는 일이 먼저이며, 부모(혹은 교사)도 이를 가장 우선시해야 한다. 아이가 마음을 차분히 가라앉히도록 도와야 한다. 억지로 자신의 감정을 주시하고 판단하며 조절하게 해서는 안 된다.

우리는 아이들을 꽤 오랫동안 조절해 줘야 한다. 아이들이 어릴수록 더 신경 써야 한다. 아이들의 감정 반응은 갑작스럽고, 모 아니면 도all-or-nothing 식으로 극단적일 수 있다. 아이들은 10대가 되고 20대가 되어서도 자신의 감정을 억누르지 못하면 다시 우리에게 도움을 요청한다.

잔뜩 긴장하거나 화가 난 아이에게는 그 어떤 말이나 행동도 도움이 되지 않는 것 같다. 이는 아이들의 브레이크 메커니즘에 결함이 있어서도 아니고, 아이들이 충분히 노력하지 않아서도 아니다. 아이들이 지나치게 각성된 상태라서 자신과 부모가 하는 말과 행동을 인식하지 못하기 때문이다.

이런 아이는 아무리 타일러도 진정하기 힘들 것이다. 이럴 때는 아이를 가르치려 하지 말고 달래는 일부터 해야 한다. 우리는 아이에게 자신의 감정을 주시하고 판단하고 조절하는 법을 알려주기 전에 먼저 감정 조절의 세 가지 R인 인식하고Recognize, 줄이고Reduce, 회복하는Restore 것부터 주목해야 한다. 다시 말해 스트레스가 커지는 신호를 알아채고, 스트레스를 줄이며 기력을 회복시키는 것이다.

감정은 머리에서만 나오지 않는다

에너지를 채우면서 성장하는 과정은 생리적 기능과 마찬가지로 감정적 기능에도 똑같이 적용된다. 사실 생물학적 영역과 감정적 영역의 회복 및 성장은 서로 얽혀 있어, 그 둘을 구분하기가 쉽지 않다. 수면과 영양 공급, 신체 활동이 부족한 아이는 건강하고 안정적인 감정 기능을 수행하는 데 필요한 연료가 부족하다. 반대로 만성적이거나 극단적인 감정적 고통에 시달리는 아이는 두뇌와 인체가 건강한 기능을 수행하는 데 필요한 에너지를 소진해 버리므로 어느 순간부터 감정 소모가 신체의 건강에 타격을 준다.

로지의 침실 단장과 감정 폭발

상담을 시작한 초반에 마리는 최근 겪은 일을 털어놓았다. 로지가 며칠째 오후만 되면 방 안의 가구를 옮겼는데, 저녁 무렵이면 바뀐 가구 배치를 보고 눈물을 흘린다는 것이었다. 마리는 이것이 완연한 강박 장애 obsessive-compulsive disorder, OCD 증상이 아닌가 싶어 걱정스러웠다. 마리가 어떤 말이나 행동을 해도 로지에게는 도움이 되지 않았다. 어쩌면 마리가 어떤 말이나 행동을 하면 상황이 더 심각해질 뿐이었다.

로지가 괴로워하는 이유는 단지 가구 배치가 마음에 들지 않거나 변덕스러운 마음 때문만은 아닌 듯했다. 하지만 강박 장애처럼 어떤 극단적인 행동을 보이지는 않았다. 그렇다면 다른 스트레스 요인이 있지 않았을까? 로지는 친언니에게 경쟁의식을 느끼고 있었다. 로지는 언니보다 작은 방을 썼는데, 이에 대해 자주 불평했다. 게다가 로지는 언니보다 한 시간 일찍 잠자리에 들어야 했는데, 자기만 빼놓고 식구들끼리만 즐거운 시간을 보낸다며 몹시 분개했다. 로지는 집안에서 막내인 게 억울했지만, 이는 새로운 사실이 아니었다. 로지는 왜 갑자기 감정이 폭발했을까? 왜 하필 그 순간에 그랬을까?

자기 조절법은 언제나 생물학적 요인부터 짚는다. 나는 로지가 잘 자고 잘 먹는지, 신체 활동과 전반적인 건강 상태가 양호한지 물었다. 그러자 마리는 또 다른 고려 요소들이 있다는 사실을 바로 알아챘다. 가장 주목할 점은 로지가 심한 독감을 앓다가 이제 막 회복하기 시작했다는 것이다. 로지는 이 사건이 시작되기 전 나흘 동안 매일 밤 토를 할 만큼 신체적으로 매우 허약한 상태였다. 게다가 학교도 빠져서 숙제가 밀려 있었고, 단짝 친구들과도 놀지 못해 소외감을 느끼던 터였다.

여기서 우리는 반드시 기억해야 하는 핵심 사항이 있다. 신체와 감정의 연결고리를, 즉 생물학적 영역과 감정적 영역 사이의 필수적이고 핵심적인 연관성을 늘 염두에 두어야 한다는 점이다. 물론 로지가 받는 감정적 스트레스도 주목해야 할 요인이었지만, 이는 유일한 요인은 아니었다. 감정적 스트레스와 바닥난 에너지가 어떤 식으로든 결합하면 로지의 감정은 폭발했고, 그러면 로지는 기본적으로 신체적 스트레스와 감정적 스트레스가 얽히면서 서로를 강화하는 스트레스 사이클에 빠졌다. 이런 상태에서 긴장하면 불안감이 더 커지고(또는 불안감이 커지면서 더 긴장하고), 이는 다시 긴장감을 높이고 또다시 불안감을 키우는 등 악순환이 반복된다. 그렇게 되면 곧바로 모든 시스템이 통제 불능에 빠진다.

아이는 파국적 감정에 휩싸일 때 각성도가 치솟는다. 자기 조절법은 이럴 때 다시 감정을 조절할 수 있는 방법을 제시한다. 일단 아이의 각성도를 낮춘 다음, 아이가 아기였을 때 보살폈던 것처럼 신체적 긴장을 풀어 주는 것이다. 신체적 각성이 낮아질수록 감정적 각성도 가라앉기 시작 하는데, 이는 신체와 감정의 연결고리가 끊어졌기 때문이다. 먼저 전반 적인 각성도가 떨어져야 아이는 당신이 간절히 전하려는 말을 받아들일 수 있다.

언니보다 늦게 태어나서 작은 방을 써야 하거나, 언니보다 일찍 자야 하 는 현실은 바꿀 수 없다. 그렇다고 로지에게 이러한 상황을 설득하는 것 은 아이를 진정시키고 재우는 데 전혀 도움이 되지 않는다. 그 순간 마리 가 해야 할 일은 감정적 문제를 완전히 무시하고 신체적 문제에 주목하 는 것이다.

마리는 로지의 감정이 폭발하면 아무 말도 하지 않고 부드럽게 안아 주 고 가벼운 마사지를 해주었다. 마사지는 15분이면 충분했다. 이 사건에 서 내가 가장 주목한 점은 그날 이후 저녁 시간에 생긴 변화였다. 로지 가 직접 마리에게 마사지를 해달라며 부탁한 것이다. 그 후 이삼 일 지 나고 나니 마리가 우려했던 것만큼 큰 문제가 아니었다. 또 로지가 피곤 하고 아플 때 느꼈던 만큼 심각한 문제도 아니었다.

처음에 마리는 로지가 집중하는 법을 배우게 했다. 감정적으로 어떤 느 낌인지가 아니라, 신체적으로 어떤 느낌인지 더 뚜렷이 자각하게 했다. 이 덕분에 로지는 지나치게 긴장한 순간을 알아채고, 긴장감을 낮추는 방법을 알게 됐다. 또 몸에 대한 감각을 잃어버리는 순간과 이를 다시 찾 는 방법도 알게 됐다. 마리는 마사지를 시작할 때 로지에게 팔이 안 익은 스파게티 면처럼 뻣뻣한지 물었고, 몇 분 정도 마사지를 한 다음 팔의 긴 장이 풀어졌는지 물었다. 마사지는 두 사람만의 재미난 놀이가 되었고, 로지는 긴장하면 "팔이 안 익힌 스파게티 같아."라고 마리에게 말했다.

두 사람이 함께 자기 조절 단계를 밟아가면서 로지는 스스로 신체와 감정의 연결고리를 파악했다. 또 간단한 자기 조절 요령을 터득해 자신의 감정을 느끼기 시작했다.

인식하고 줄이고 회복하는 세 가지 R은 로지의 사례에서 알 수 있듯 먼저 아이를 달래야 자연스럽게 전개된다. 당신과 아이 사이에 평온한 교감이 이뤄질 때 함께 스트레스 요인을 알아내고, 스트레스를 줄이는 조치를 취하며, 아이를 진정시키는 방법과 이를 아이 스스로 훈련하는 방법을 찾을 수 있다.

물론 이것이 유일한 요소는 아니었지만, 로지가 꾸준히 정서적으로 성장하게 된 계기였던 것은 분명하다. 또 이러한 정서적 성장은 로지의 신체적 자각 능력이 크게 나아졌기에 가능했다. 결국 로지의 감정 조절은 일종의 주시하기에서 시작됐지만, 스트레스와 긴장감을 주시한 것이지 감정을 주시한 건 아니었다.[92]

정서적 성장을 돕는 경우와 억제하는 경우

생물학적 영역의 자기 조절을 한마디로 요약하면, 아이가 에너지를 소모한 후 차분함과 안정을 되찾고 에너지를 회복하는 생리학적 상태로 전환하는 것이다. 감정적 영역의 자기 조절 역시 이와 마찬가지로, 아이가 에너지 소모가 큰 강렬한 감정을 느낀 다음 차분함과 안정을 되찾고 에너지를 회복하는 것이다. 생물학적 영역에서는 안정을 되찾는 것이 무엇보다 중요한데, 안정된 상태여야 성장과 치유를 위한 최적의 조건이 마련되기 때문이다.

동조적 뇌는 정서적 성장에 매우 중요하다. 물론 이것이 정서적 성장을 끌어내는 유일한 엔진은 아니다. 아이들은 역할놀이, 친구와의 교감, 책읽기와 말하기 등을 통해 자연스럽게 감정을 접하고 탐구한다. 이 과정에서 부모는 결정적인 역할을 한다. 의식적 반응뿐 아니라 무의식적 반응을 통해 아이의 정서적 성장의 폭을 넓히기 때문이다. 그렇지만 안타깝게도 부모들이 아이의 정서적 성장을 지체하는 경우가 있다. 인생, 죽음, 성 그리고 외면하고 싶은 자신의 행동 등 뭔가 불편한 감정을 아이가 꺼냈을 때 부모가 이를 기피하면 아이 역시 그런 주제를 피하는 법을 배우게 된다. 반면 우리가 아이와 교감하면서 그 질문을 받아들이고 자신의 경험을 나누면, 아이들의 감정 목록은 반성과 자기 자각이 포함되면서 더욱 풍부해진다.

특정 감정에 갇힌 아이는 무섭거나 화나는 일에 반사적인 반응을 보일 것이다. 어린아이나 10대 청소년에게는 감정에 휩쓸리는 자신이 매우 두려울 수 있고, 그런 두려움이나 분노 때문에 아이는 평온함이나 정서적 안정과 더욱 멀어진다. 아이가 두려움이나 분노에 사로잡힐수록 우리는 아이와 교감하기가 힘들어지고, 아이가 잘 대처하도록 조언하는 것도 어려워진다.

아이의 정서적 성장을 돕는 결정적 조치는 동조적 뇌의 쌍방향 소통이 순조롭게 이뤄지도록 하는 것이다. 아이가 부모와 접속하지 않으려는 힘든 상황이 오더라도 이를 계속해야 한다. 오히려 그런 때일수록 이런 노력이 필요하다. 동조적 뇌가 정서적 성장을 도울 때 아이의 기본적인 감정은 분화되고 깊어지며 풍부해질 뿐 아니라 용기, 결단력,

희망, 열정 같은 긍정적인 2차 감정도 발달한다. 감정적 자산이라는 기본 토대가 탄탄할수록 스트레스 상황에서 더 적은 노력으로도 차분함을 유지하게 된다.

아이는 자라면서 온갖 종류의 감정을 탐색하기 시작한다. 유쾌한 감정뿐 아니라 두려움 같은 감정도 탐색한다. 이때 중요한 것은 아이들의 모든 감정 탐구를 받아들이고, 우리에게 불편하다고 이를 피하면 안 된다는 점이다. 우리가 어둡고 심란한 감정을 다룬 영화에 매료되듯이 아이들도 편안한 분위기에서 자신에게 두려운 감정을 탐구할 수 있어야한다. 우리가 아이와 차분히 교감할 때에만 이러한 분위기가 생긴다. 아이들은 두려운 감정을 만났을 때 대처하는 요령을 배우면서 예전처럼 신체적, 정신적으로 당황하는 일이 사라진다.

예를 들어 질병과 죽음은 아이들이 흔히 두려워하는 대상이다. 아이들은 조부모가 늙어가고 때로 병든 모습을 지켜본다. 고모나 이모, 삼촌, 어린 조카, 여타 다른 식구나 친구들이 병으로 아파하거나 죽기도 한다. 아이들은 죽음에 대해 걱정하며 불안감에 사로잡히기도 한다. 아이들의 감정적 스트레스는 특정 영역에서 드러나기도 하지만(복통이나 불안감으로) 보통 직설적인 질문이나 초조한 모습을 통해 그런 불안감을 부모에게 직접 내비친다. 이렇게 불안해하는 아이들 중 상당수가 자기 조절 행동으로 그런 감정을 잘 넘기는데, 자기 조절 행동은 아이들의 주의력을 다른 곳으로 돌릴 뿐 아니라 자기 조절을 해주는 효과가 있다. 특히 미술은 그런 효과가 크다고 한다. 아이가 죽음 등을 주제로 그림을 그리면 엄마와 아빠는 그림이 무척 아름답다고 칭찬하거나 그 그림에 대해 설명해 보라고 해야 한다. 그래서 아이들이 자신이 보거나 듣는 것 때문에 겁먹는 일이 없도록 해야 한다.

아이들은 꾸준히 성장하면서 자신의 감정을 차분하게 객관적으로 사고하는 능력을 키운다. 그 과정에서 분노, 두려움, 슬픔을 자아내는 다양한 상황을 이해해 간다. 아이들이 역할놀이 같은 심리극에서 이런 감정을 탐색할 때 신체적·감정적 감각은 더욱 단단히 결합한다. 차분한 아이들의 역할놀이는 섬세하다. 감정 표현이 세심하고, 그런 감정을 다루는 장면이 많이 등장한다. 반대로 쉽게 각성되는 아이는 감정이 불분명하고, 역할놀이에서도 불안하거나 공격적인 모습을 보인다.

자신의 감정을 더 깊이 반추할수록 아이들은 왜 내가 지금 화내고 두려워하며 슬퍼하는지 깨닫는다. 또 감정의 회색 지대에 놓인 미묘한 감정 그리고 친구들끼리 주고받는 감정도 이해한다. 어린 시절 단짝 친구가 쉬는 시간에 다른 아이와 놀았다며 집에 오자마자 울고불고 하던 아이도 중학교에 들어가면 자신이 무시당하는 느낌이 들 때 입 밖으로 내든 속으로 생각하든 왜 이렇게 상처 받은 기분이 드는지 그 이유를 곱씹어 본다.

감정을 확인하고 감정 조절법을 찾으면서 자신과 남들의 감정을 고민하고, 자신의 감정이 어디서 비롯됐고, 왜 그런 감정이 드는지 이해하는 등의 요소는 아이의 정서 발달에 결정적인 작용을 한다. 이런 것은 아이가 부모인 당신뿐 아니라 신뢰하는 사람들과 안정적인 관계를 맺으면서 감정을 탐구하고 동조적 뇌로 감정을 공유할 때 생긴다. 이런 정서적 발달 과정을 거치지 않은 아이는 감정이 모 아니면 도 식의 극단적인 상태로 치닫는다.[93]

아이에게는 솔직한 감정 표현이 필요하다

인간은 심란한 감정을 억누르는 경향이 있다. 아이들은 물론 우리 역시 마찬가지다. 그렇지만 아이의 감정적 웰빙을 높여 주는 비결은 아이가 고통스러운 감정을 회피하거나 억누르지 않고, 이를 드러내게 하는 것이다. 감정을 드러내는 일은 아이와 어른 모두에게 무척 힘든 일이다.

앞서 살펴봤듯이 아이들은 두렵고 소모적이며 부정적인 감정이 강하게 느껴지면 이를 억누르려고 한다. 감정적 압박이 커지면 어느 순간 어른에게 대들거나 신체 기능을 멈춘다. 이럴 때 아이들에게 "감정을 말로 표현해 봐."라고 해봤자 아무런 도움이 안 된다. 아이는 자신의 두려운 감정에서 달아나고 있는 중이기 때문이다. 아이들은 말로 표현하지 못하거나 표현하더라도 감정적 고통의 원초적 느낌만 전달하는 언어 습득 이전의 상태pre-linguistic state로 퇴행하는 경우가 많다. 펄펄 뛰면서 "엄마 아빠 진짜 싫어!"라며 악을 쓰던 아이가 감정의 소용돌이가 지나간 다음에는 그런 말을 안 하거나 전혀 그렇게 생각하지 않는 경우가 얼마나 많은가.

아이들이 감정적으로 성숙해지려면 지금 자신의 기분을 편안한 분위기 속에서 표현할 수 있도록 도와야 한다. 아이들은 감정을 표현하는 어휘를 풍부하게 익히고 반추하는 능력을 키워야 하며, 자신의 감정을 일으키는 다양한 요소를 구분할 수 있어야 한다. 또한 감정이 어떻게 생겨나는지 알아야 하고, 커가면서 자신의 감정적 취약점도 깨달아야 한다. 또 새로운 감정을 경험하고, 그 감정이 주는 시련에 대처하는 법도 배워야 한다. 이는 일종의 성장통이다.

감정을 알려주는 계기판 읽는 법

나의 강연이 끝난 다음 사람에게는 에너지 부족을 알려주는 연료 계기판이 없다는 사실을 처음으로 일깨워 준 차량 정비사를 기억하는가? 격한 감정은 여러 가지 면에서 인간에게 해당하는 계기판이다. 아이들이 배워야 하는 것 중 하나는(사실 우리 모두 배워야 한다.) 강한 부정적 감정이 든다면, 지금 에너지가 떨어졌고 많이 긴장한 상태임을 알아채야 한다는 것이다. 에너지가 낮을 때는 두렵고 짜증났던 일도 에너지가 넘치고 긴장이 풀리면 별로 성가시지 않고 심지어 전혀 문제가 되지 않는다는 사실에 주목해야 한다.

우리는 아이들이 격한 감정을 억누르도록 하는 것이 아니라 격한 감정이 일어날 경우 내가 지금 스트레스가 심해서 회복이 필요하다고 알려주는 계기판이라는 사실을 깨닫게 해야 한다. 일단 부모와 아이 모두 두려운 감정을 달리 인식하면, 그런 감정이 예전만큼 강하게 느껴지지 않는다. 앞서 로지가 마구 화를 낸 것은 아이가 여러 가지 이유로 잔뜩 긴장해 있고 지쳐 있다는 신호였다. 로지는 자신의 감정 폭발을 긴장을 풀고 에너지를 충전해야 한다는 신호로 인식하기 시작하면서 차츰 나아진 모습을 보였다.

아이가 그런 방법을 배울 때는 언제나 당신이 함께해야 한다. 아이의 정서적 멘토이자 파트너인 당신은 깊숙이 뿌리 내린 스트레스 사이클에 제동을 걸 수 있기 때문이다. 자신이 감정 조절에 문제가 생겼다는 사실을 감정이 격해져서 투쟁-도피 반응이나 기능 정지 상태에 빠지기 전에 알아채야 한다. 그렇게 할 수 있을 때 다섯 가지 자기 조절 단계에

착수할 수 있기 때문이다.

감정 조절은 부모와 아이가 함께 노력할 때 시작되며, 생애 마지막 순간까지 건강한 인간으로 살아가기 위해 매우 중요하다. 우리는 아이를 달랠 때 편안한 분위기를 만든다. 감정 조절은 부모와 아이 간에 시작되더라도 또래 집단에서의 우정, 나아가 인생의 동반자와 나누는 사랑에 이르기까지 모든 인간관계의 특징이 된다.

동조적 뇌가 순탄하게 기능하면(이를 적합성goodness of fit이라고 부른다.) 우리는 안전감과 안정감을 공유한다. 이런 이유로 동조적 뇌는 요동치는 감정을 진정시키는 효과가 뛰어나고, 서로 다른 감정을 공유하면 그 효과가 더 크고 깊어진다. 요동치는 감정과 서로 다른 감정은 동전의 양면과 같다. 감정의 요동이 우리의 일상이듯 감정의 불일치 역시 일상이다. 그리고 요동치는 감정에서 회복하는 것이 웰빙에 반드시 필요하듯, 서로 다른 감정을 가진 두 사람이 감정의 공통분모를 찾는 것 역시 동조적 뇌를 강화하는 데 결정적이다.

아이의 분노에 어떻게 대응하느냐가 중요하다

우리가 늘 듣는 말이 있다. 아이에게 매우 위험한 것 중 하나는 화를 다스리지 못하는 행동이라는 것이다. 이렇게 본다면 어린아이들은 하나같이 문제를 안고 있는 것 같다. 어떤 아이는 생물학적 요인이나 가족 문제 또는 사회적인 이유로 유독 심한 모습을 보인다. 그 원인이 무엇이든 분노를 다스리지 못하는 아이는 인생이 힘들어진다는 게 일반적인 견해고, 많은 연구도 이를 뒷받침한다.

한 연구 결과에 따르면 이런 아이들은 확률적으로 볼 때 학교를 일찍 그만두고, 반사회적인 행동을 하며 약물에 손을 대고, 자해를 할 뿐만 아니라 심리적 문제와 장기적으로는 신체적 문제까지 겪을 가능성이 높다고 한다. 그렇지만 아이들의 분노 조절 문제에 효과적으로 대처하려면 원인과 결과를 반드시 구분해야 한다. 아이가 분노 하나 때문에 험난한 삶을 살게 되는 것인지, 아니면 아이의 분노를 대하는 우리의 자세가 아이의 악순환적 삶에 결정적인 역할을 하는 것인지 따져 봐야 한다.[94]

모든 부정적인 감정 중에서 부모와 아이가 가장 다루기 어려워하는 것은 아마 분노일 것이다. 아이들은 특히 에너지 소모가 큰 분노를 두려워해서 앞서 언급했듯이 보통 분노를 무시하거나 억누르려고 한다. 그렇지만 분노가 쌓이다 보면 어느 순간 아이의 감정은 폭발한다. 부모들은 아이의 분노를 예측할 수 없어서 매우 두렵다는 말을 자주 한다. 한 어머니는 면담에서 자기 아들의 분노 폭발을 이렇게 묘사했다. "0에서 60으로 바로 뛰어요. 정말 평온했던 애가 바로 다음 순간에는 악을 쓰면서 난리를 쳐요."

사실 순간적으로 0에서 60으로, 즉 가만히 있다가 갑자기 화를 내는 사람은 없다. 아이의 태도가 돌변했어도 차분했던 애가 느닷없이 화를 내는 것은 아니다. 그렇기 때문에 압력솥처럼 조용한 상태(순간적으로 화를 낼 수 있는 상태)와 자기 조절로 마음이 차분한 상태를 반드시 구분해야 한다. 폭발 직전의 상태일 때 아이는 긴장감이 계속 커지는 중이다. 겉보기에는 아닐지라도 말이다. 그리고 가장 중요한 점인 정작 자신은 이 사실을 모를지라도 말이다. 아이가 지나치게 긴장하면 차분할 때 전혀 개의치 않던 일에도 감정이 폭발할 수 있다. 아이들은 감정 폭발의 신호를 스스로 알아차려야 한다. 다시 말해 감정이 끓어오를 때 느껴지는 신체 상태를 스스로 자각해야 한다.

자기 조절법에 따르면 아이에게 가장 위험한 것은 분노를 느끼는 것이 아니다. 분노는 인간에게 핵심적인 조건이기 때문이다.[95] 아이에게 가장 위험한 것은 자신의 감정 때문에 창피를 당하고, 자기 통제가 안 된다며 혼이 나고, 벌을 받고 나서 다양한 부정적인 감정에 더 취약해지는 것이다. 즉 무기력함, 쓸모없는 존재라는 생각, 우울한 감정부터 심지어 자기혐오에 빠지는 모습 등이다. 이 모든 것은 아이의 분노 통제에 조금도 도움이 되지 않는다.

분노는 억제해야 하는 개인의 약점이 아니다. 물론 우리는 아이에게 명확히 이해할 수 있는 억제의 범위를 알려줘야 한다. 연구 결과에 따르면, 이러한 범위가 없는 것도 지나치게 엄격한 범위가 있는 것만큼이나 아이에게 큰 스트레스라고 한다. 그렇지만 훈육의 목적은 아이들에게 절제력을 길러 주는 것이고, 자기 절제는 아이들의 부정적 감정이 아닌 긍정적 감정에서 나온다. 자기 절제는 내가 어떤 사람이 되고 싶다는 바람과 그런 사람이 될 수 있다는 믿음에서 나오는 것이지, 내가 한 행동 때문에 창피를 당하거나 벌을 받을지 모른다는 두려움에서 생기지 않는다.

속으로 억누르지 않고 겉으로 드러내기

분노에 굴복하면 인생이 불행해지고 사회에서 소외당할 수 있음에도 왜 어떤 아이들은 화를 내는 것일까? 또 차분하고 안정적 상태가 아닌 심란한 상태를 선택하는 아이들은 왜 생기는 것일까? 비관론자는 모든 기회에서 어려움을 보고, 낙관론자는 모든 어려움에서 기회를 본다는 영국 정치인 처칠의 말처럼 후자가 훨씬 유익한 데도 전자를 고집하는 이유는 무엇일까? 방 안의 커튼을 내린 채 온종일 침대에 누워 있는 10대는 왜 생기는 것일까? 불안한 아이는 왜 그 불안을 떨치지 못하고, 우울한 아이는 왜 기운을 내지 못하는 것일까?

우리가 이번 장에서 살펴봤듯이 이는 아이가 부정적으로 살거나 반항하고 싶어서 혹은 불행해지고 싶어서 선택한 것이 아니다. 믿기 힘들겠지만, 당신이 진정하라고 타이를 때 사실 아이도 그러길 바란다. 문제는 아이가 당황하게 된 과정HOW이다. 아이가 부정적인 감정으로 인해 치러야 하는 대가를 모르는 게 문제가 아니다. 만약 이것이 문제라면 아이에게 그 암울한 결과를 거듭 설명하기만 해도 아이는 화를 참고 기운을 내며 마음을 진정하고 초조감에서 벗어나 정신을 차릴 것이다.

내가 지금까지 만나 본 부모는 모두 직관적인 수준이긴 해도 격렬한 감정을 피하고 억누르는 게 아니라 그 감정과 마주하면서 대처할 때 아이가 회복된다는 사실을 깨달았다. 부모들은 아이의 감정 문제와 정면 대응하기 위해 온갖 노력을 기울였다. 방을 환기하고, 아이가 괴로운 문제를 털어놓게 하거나 아이를 괴롭히는 문제를 알아내려고 애썼다. 또한 부모들은 대부분 논리가 감정적인 문제에 무기력하듯 설득이 아이에게 효과가 없다는 사실을 깨달았다.

자기 조절법은 아이에게 이런 일이 생기는 이유를 알려줄 뿐만 아니라 더 중요하게는 이럴 경우 우리가 어떻게 대처해야 하는지 알려준다. 자기 조절법을 통해 우리는 시야가 넓어진다. 즉 아이가 겪는 신체적 변화나 감정적 동요의 한 가지 측면만이 아닌 전체적인 그림을 보게 된다. 한쪽이 고장 나면 다른 쪽도 고장 나므로 아이는 신체적 각성을 조절하는 법을 배우지 않는 한 감정적 각성을 조절하는 법을 배울 수 없다.

강렬한 감정은 당신 아이의 웰빙에 장애물이기는커녕 오히려 비결이다. 여기에는 사랑과 공감, 흥미와 호기심 같은 감정만이 아니라 누구나 자라면서 느끼는 두려움이나 속상한 감정도 포함된다. 심지어 아이들과 주변 사람들을 불행하게 하는 분노도 성장의 큰 발판이 된다. 이 모든 것이 신체적인 상태와 떼어낼 수 없을 만큼 밀접하다. 이제 이상하고 두려운 행동이 세상 밖으로 모습을 드러내더라도 당신은 이것이 다락방의 괴물처럼 세찬 바람에 덜컹거리는 덧문에 불과하다는 사실을 알게 될 것이다.

제7장

차분하고 맑은 정신으로 배우다

인지적 영역

말랐지만 다부진 일곱 살 남자아이 타일러Tyler가 진료실로 돌진해 왔다. 그렇지만 완전히 들어온 것은 아니었다. 방 안에 들어왔다 다시 밖으로 나갔고, 방에서 이런저런 행동을 했으며 방 구석구석을 돌아다녔다. 동작이 서툴렀고 의자와 책상, 심지어 벽에도 끊임없이 부딪쳤다. 눈에 보이는 사물은 뭐든 건드리고 만져 봐야 직성이 풀렸다. 그렇지만 물건을 잠시 쥐었다가 이내 놓아 버렸고, 그냥 바닥에 물건을 내던지는 행동을 자주 했다.

타일러를 앉히고 이야기를 해보려 했지만 아이가 휴대용 게임기를 꺼내 드는 바람에 아무것도 할 수 없었다. 타일러를 게임을 그만두게 하고 대화에 끌어들일 방법이 도무지 떠오르지 않았다. 타일러의 엄마 신시아Cynthia는 아이가 어디에 가든 게임기를 꼭 챙긴다고 설명했다. 타일러는 걷거나 다른 사람과 말할 때도 게임기를 손에서 놓지 않았다. 타일러를 침착하게 만들고, 타일러의 주의를 끌 수 있는 방법은 비디오게임밖에 없는 것 같았다.

주의력결핍장애를 진단하는 검사표를 보면, 산만함과 새로움을 추구하는 경향을 두드러진 특징으로 꼽는다. 하지만 아이 엄마는 물론 누구라도 타일러의 매우 산만한 모습을 뭐라고 딱 꼬집어 표현하지 못했다. 타일러는 딴 데 정신이 팔렸다고 할 만큼 뭔가에 오랫동안 몰두하는 법이 없었기 때문이었다. 타일러가 새로움을 추구하는 경향이 있다고 보기 힘든 이유도, 아이는 자신이 보거나 만지는 대상을 자각하지 못하는 듯했기 때문이다. 타일러는 뭔가 강한 충동에 이끌려 이런저런 자극을 쫓는 말벌처럼 보였다.

타일러는 가만히 앉아 있지 못하는 것만이 아니었다. 여기저기 돌아다닐 때 긴장한 얼굴이었는데, 호기심 어린 표정이라기보다는 불안한 표정에 가까웠다. 몇 시간이고 계속해서 비디오게임을 했지만, 진짜로 집중하는 능동적 정신 상태active mental state인지, 아니면 하고 있던 일을 방해받는 주의력 포획attentional capture인지 분간하기 어려웠다. 후자와 같은 집중력은 장기간 지속되더라도 수동적 정신 상태passive mental state로 본다. 빠르게 바뀌는 이미지, 시끄러운 소리, 선명한 색상을 쏟아내는 게임기에 타일러를 비롯해 집중력에 문제 있는 많은 아이가 눈을 떼지 못한다. 이는 두뇌에 짧지만 강한 충격을 주면서 에너지를 소모시키는데, 마치 정크푸드가 뇌에 하는 역할과 같다.

타일러의 과잉 행동은 집 안에서도 골칫거리였다. 타일러를 식탁에 앉혀 아침을 먹게 하거나 장보러 갈 채비를 시킬 때조차 대단한 인내심과 노력이 필요했다. 그런데 타일러가 유치원에 다니면서 상황은 더 심각해졌다. 다섯 살짜리들이 다니는 유치원에서 타일러는 가만히 앉아 집중하지 못했고, 바깥놀이를 할 때도 질서를 안 지켰으며, 친구들과 게임이나 집단놀이를 하는 것도 불가능했다. 타일러는 일대일 학습이 힘들었고 집단 활동에도 방해가 되었다. 이 모든 상황은 타일러가 중요한 배움의 기회를 놓치고 있음을 의미했다.

타일러는 유치원에 들어간 해에 주의력결핍 과잉행동장애Attention Deficit Hyperactivity Disorder, ADHD로 진단을 받았고, 이듬해에는 집중력을 길러 주는 정신 자극제를 처방 받았다. 신시아가 보기에 약물치료 덕분에 타일러의 학교생활이 조금은 나아졌다. 공부뿐 아니라 교우 관계에서도 치료 효과가 있는 것 같았다. 하지만 타일러는 약물복용을 무척 힘들어했고, 물약과 씹는 알약의 맛을 참지 못했다. 몸에 붙이는 패치도 써봤지만 피부에 자극이 됐는지 붙여 주자마자 바로 떼어 냈다.

신시아는 타일러에게 약을 먹이느라 매일 전쟁을 치러야 했고, 밤이 되면 약효가 사라져서 모자는 괴로운 시간을 보내야 했다. 싱글맘인 신시아는 법률사무소에서 일하면서 받는 중압감이 컸지만, 매일 저녁 타일러와 씨름하는 시간이 더 힘들었다. 무엇보다 힘든 순간은 바로 잠잘 때였다. 타일러를 진정시키려면 몇 시간이나 걸렸다. 타일러를 자정에 재우면 그나마 다행이었다. 신시아는 매일 아침 피곤한 상태로 깼지만 타일러는 잠이 부족한데도 힘들어하는 기색이 없었다.

새 학기가 시작되고 1학년이 된 타일러는 석 달 만에 더 힘든 상황을 맞이했다. 학교에서 어려워진 읽기와 쓰기, 독해를 배웠지만, 아이는 주의력 결핍과 충동성 때문에 수업을 따라가지 못했다. 이제 타일러는 자신의 행동 때문에 다른 아이들과 같이 공부할 수 없거나 신시아가 두려워하는 배움 자체가 불가능한 상황에 처한 듯싶었다. 신시아의 우려는 타당했다. 주의력에 문제가 있는 아이들이 늘어나면서 부모나 교사들 역시 이런 우려를 한다. 집중이 안 되면 배우지 못하고, 배우지 못하면 성공할 수 없기 때문이다.

타일러를 치료하면서 우리는 이런 임상적 목표를 잡았다. 타일러가 침착해지고, 자신의 몸에 대한 감각을 익히며 평온한 순간을 체험하고 즐기게 하되, 혼자서도 차분해지는 법을 알게 하는 것이었다. 하지만 타일러와 같은 아이들을 치료할 때 연구의 초점은 인지적 영역의 문제로 고생하는 아이들뿐 아니라 다른 모든 아이들에게도 도움이 될 만한 사실을 살피는 것이다.[96]

인지 영역의 뿌리 파헤치기

인지는 매우 폭넓은 영역을 포괄하는 대단히 어려운 심리학 용어다. 이는 집중, 자각, 기억, 문제 해결 등 학습과 관련된 모든 정신 과정을 가리킨다. 사실 각각의 과정도 매우 폭넓은 영역을 다룬다. 하지만 자기 조절법에서는 그 범위를 훨씬 좁혀 필수적인 영역만을 살핀다. 즉 다양한 인지 과정의 공통된 뿌리로 범위를 한정하고, 이러한 뿌리를 압박했을 때 위에 열거한 학습 분야 중 어느 하나에 문제가 생길 수 있다는 사실에 주목한다. 우리가 관찰한 아이들과 청소년들이 가장 흔하게 보이는 인지 영역의 문제는 다음과 같다.

- 주의 산만
- 방해물을 무시하지 못하는 것
- 만족감을 늦추지 못하는 것
- 생각을 적절히 결합하지 못하는 것
- 생각을 제대로 배열하지 못하는 것
- 좌절감을 견디지 못하는 것
- 실수에서 배우지 못하는 것
- 관심사를 전환하지 못하는 것
- 인과 관계를 파악하지 못하는 것
- 추상적 사고가 안 되는 것

이러한 문제 중 하나와 마주했을 때 사람들은 보통 특정한 문제에 주목하려고 한다. 예를 들어 아이가 집중력에 문제가 있으면, 흔히 집중력을 키우는 훈련이 필요하다고 생각한다. 그렇지만 자기 조절법은 항상 이렇게 묻는다. 왜 아이가 이런 문제를 보이는가? 그 바탕에 깔린 요인은 무엇인가? 인지적 뿌리를 강화하려면 어떻게 해야 하는가?[97] 이런 질문은 위에 열거한 문제를 겪는 아이들뿐 아니라 모든 아이에게 중요하다. 당장 학습에 별 문제가 없더라도 학과 공부가 어려워져서 더 높은 집중력이 필요하면 새로운 문제가 생길 수 있기 때문이다. 그리고 공부를 잘해야 한다는 심한 부담감뿐 아니라 학교생활이 주는 사회적 요구와 정서적 요구 역시 아이에게는 또 하나의 스트레스가 된다.

뿌리계root system는 수분과 영양분을 흡수하고, 식물이 쓰러지지 않게 지탱하는 역할을 한다. 마찬가지로 우리가 말하는 인지 영역의 뿌리 역시 다양한 감각을 통해 각종 외부 정보뿐 아니라 내부 정보를 흡수해 처리하고, 세상을 살아가는 데 필요한 안전감을 제공한다는 의미에서 아이가 닻을 내리거나 정박하도록 돕는다. 이러한 외부와 내부 신호를 통해 우리는 시각, 후각, 미각, 촉각, 청각 등 다섯 가지 감각기관뿐 아니라 몸의 내부 상태, 몸통이나 머리·팔다리·손발의 위치, 체온과 혈압의 변화, 나아가 시간에 대한 직관적 감각 등을 아이에게 알려주는 내부 감각기internal sensors까지 다루게 된다.

감각적 뿌리계가 압박 받는 아이에게 더 높은 능력 혹은 메타인지적 metacognitive(자신의 사고나 문제 해결 과정을 조절하고 점검하는 사고 기능 — 옮긴이) 능력을 요구할 경우, 아이와 부모, 담당교사 모두 크게 상심할 수 있다. 타일러가 바로 그랬다. 타일러를 돕는 데 열심이었던 학교는 매주 실행 기능executive function, EF 훈련을 시켰다. 실행 기능이란 추론, 문제 해결, 유연한 사고, 계획과 실천, 효율적인 다중 작업 등과 관련된 다양한 능력을 가리킨다. 아이가 새로운 게임 규칙을 익히려고 집중할 때, 작업 전환을 적절히 해낼 때, 레고 블록을 쌓을 때, 또 레고 블록을 쌓느라 저녁 먹으러 오라는 당신의 외침을 무시할 때 바로 이러한 실행 기능이 가동된다.

실행 기능 코칭은 노트 필기, 학과 공부, 글쓰기 구상과 시험 대비, 시간 관리 등을 훈련시킨다.[98] 이런 중요한 기술은 학습 능력이 부족한 모든 아이에게 아주 효과가 클 뿐만 아니라 공부 스트레스, 글쓰기 및 시험에 대한 부담을 덜어 주는 것으로 밝혀졌다. 하지만 타일러에게 이런 훈련은 효과가 없었다. 신시아가 매일 밤 타일러와 열심히 훈련해도 결과는 마찬가지였다. 아무리 노력해도 타일러에게 아무 변화가 없자 모자는 실행 기능을 연습하는 것이 지겨워졌다.

타일러가 겪는 인지 영역의 문제는 이보다 더 근본적인 문제를 안고 있기 때문이었다. 자기 조절법의 모든 영역이 마찬가지겠지만 기초가 튼튼하지 않으면 우리는 더 높은 단계로 나아갈 수 없다. 우리는 타일러의 지나친 산만함과 충동성을 고민하기 전에, 타일러가 다양한 감각 정보를 받아들이고 처리하는 능력에 문제는 없는지부터 살펴야 한다.

아이들이 집중하지 못하는 데에는 생물학적·감정적·인지적·심리적·사회적 요인 등 다양한 이유가 있다.[99] 실행 기능 훈련에 집중해서 효과를 본 아이들도 있지만, 내가 만나 본 교육 전문가들은 많은 학생들이 효과를 얻지 못한다고 말했다. 왜 그럴까? 그 중요한 이유는 이러한 프로그램이나 훈련 방식이 많은 아이들이나 10대가 아직 도달하지 못한 인지적 단계를 기본 전제로 하기 때문이다. 우리는 가지치기를 하기 전에 먼저 뿌리부터 키우는 작업을 해야 한다.

왜 아이들은 제대로 인지하지 못할까

집중력에 문제가 있는 많은 아이들에게는 주위에서 하는 말이 제대로 전달되지 않는다. '어쩌고, 저쩌고, 어쩌고'도 아닌 '어쩌고저쩌고어쩌고…'에 가깝게 들린다. 즉 질질 끄는 소리처럼 들린다. 그래서 "장난감

정리하고 밖에 나가 놀아라."라는 간단한 명령도 아이들에게는 "장난
감정리하고밖에나가놀아라."처럼 알아듣기 힘든 소리로 들린다. 이런
아이들은 끝음절인 잉ing이나 스s로 끝나는 단어처럼 보통 소리가 줄어
드는 부분을 잘 구분하지 못한다. 또 캣cat, 뱃bat, 맷mat 같은 발음도 구
분하지 못한다.

집중력이 부족한 아이들이 겪는 이런 어려움은 생소한 외국어에서
미묘한 발음 차이를 구분하지 못하는 것과 비슷하다. 그 말에 주의를
기울이지 않아서 구분하지 못하는 게 아니다. 물론 사람들 말이 들리지
않을수록 거기에 집중하지 않으려 하겠지만 말이다. 이때 청력에는 전
혀 문제가 없고, 다만 우리 뇌의 청각 센터가 그 음성에 익숙하지 않을
뿐이다. 설령 모국어라도 음성을 처리하는 뇌의 청각 센터에 문제가 생
기면, 지금 내 귀에 들리는 말을 알아듣지 못한다.

타일러는 내부 감각기에 큰 문제가 있었는데, 이것 역시 드문 경우가
아니었다. 타일러는 사이먼 가라사대Simon Says(사이먼 가라사대라고 말한
다음 지시하는 동작을 모두가 따라 하는 게임) 같은 간단한 게임도 무척 어
려워해서 금세 지치고 포기했다. 그래서 남들 눈에는 동기부여에 문제
가 있는 아이처럼, 즉 노력조차 하지 않는 아이처럼 보였다.[100] 그렇지
만 타일러를 유심히 살펴보면, 게임의 규칙대로 동작을 따라 하기를 무
척 힘들어한다는 점을 알 수 있다.

신시아는 아들의 이런 면을 알고 있었다. 타일러의 일상을 관찰해 보
면 쉽게 드러났다. 그렇지만 신시아는 상담 치료를 받을 때까지도 여기
에 일종의 패턴이 있다는 사실을 알지 못했다. 타일러는 어릴 때부터 계
속 그래 왔고 또 한쪽 다리로 서거나 균형판에서 몇 초간 중심 잡는 것

을 여전히 어려워했다. 타일러는 앉거나 일어서는 동작이 어색했고, 몸이 보내는 다른 간단한 신호도 놓치는 것 같았다. 타일러는 몸을 벌벌 떨 정도로 추워도 엄마가 스웨터를 입으라고 해야 입었다. 또 분명 배고픈 데도 엄마가 옆에서 먹게 해야 밥을 먹었다. 한눈에 봐도 피곤하지만 정작 자신은 피곤한 것을 모르는 눈치였다.

자기 조절법을 처음 접하는 아이는 자신의 피부 감각에 익숙해지는 연습부터 한다. 타일러는 게임을 통해 근육과 관절에서 보내는 메시지를 깨닫는 훈련부터 했다. 타일러는 자신의 말과 행동을 하나로 통합하지 못했다. 신시아는 자각 능력을 일깨워 주는 게임을 통해 타일러가 말과 행동을 통합할 수 있도록 연습시켰다. 이때 레드 라이트 그린 라이트 게임Red Light/Green Light(일종의 무궁화 꽃이 피었습니다 게임—옮긴이)처럼 시대를 막론하고 아이들이 즐기는 게임을 하면 효과적이다. 이런 게임은 재미있을 뿐 아니라 성취감을 심어 주기 때문이다. 동시에 인지 과정을 구체적으로 경험할 수 있으므로 아이들은 자신의 생각과 움직임, 음성 표현을 순서대로 정리하고, 주변 환경을 자신감 있게 탐색하게 된다. 이런 게임을 통해 주의 산만이라는 결과보다 집중력의 뿌리에 주목하게 된다.

이런 훈련은 어린아이들에게만 필요한 것이 아니다. 몸집이 커져서 더 이상 어린애가 아닌 10대라도 두뇌와 인체의 연결을 강화하는 훈련을 하면 유익한 결과를 얻는다. 우리도 마찬가지다. 10대 중에는 이런 뿌리들 중 어느 하나가 제대로 성장하지 못해서 그 기능이 알게 모르게 부실한 경우가 있다. 그러면 그 기능의 공백을 기억력처럼 매우 뛰어난 다른 기능이 메운다. 하지만 어느 순간 기억력에 과부하가 걸리는 시점이 오고 만다. 이런 이유로 초등학교 때는 공부를 척척 잘하던 아이가 고등학교에 들어가면서부터 갑자기 집중력에 문제가 생기는 경우를 심심찮게 보게 된다.

일상에서 인지력이 낮아질 때 생기는 일

신생아는 인체의 외부뿐 아니라 내부에서 오는 어수선한 정보를, 다시 말해 처음 접하는 감각들을 하나씩 차근차근 이해해야 한다. 각종 감각을 받아들이고 처리하려고 할 때, 생물학적 제약이 있거나 몹시 피곤한 상태면 꽃처럼 피어나고 벌처럼 윙윙거리는 혼란을 이해하는 일이 훨씬 힘들어진다.[101]

인지 영역의 뿌리에 문제가 있는 아이들, 특히 생물학적 이유로 집중력을 발휘하기가 힘든 아이들이 어떤 어려움을 겪는지 이해하려면 다음과 같은 상황을 떠올려 보면 된다.

- 가파른 계단을 난관을 붙잡지 않고 내려가는 것
- '평소 안 쓰는 손'으로 편지를 쓰거나 테니스를 치는 것
- 수신 상태가 안 좋아서 상대방 목소리가 잘 안 들리는 상태로 통화하는 것

감각 처리에 문제가 있는 아이들은 이런 어려움을 겪는다. 어떤 아이들에게는 이런 어려움이 일상이어서 그 여파가 보통 집중력이 떨어지

는 문제로 나타난다. 감각적 자극을 인식하지 못하거나 이해하지 못하는 아이들은 불안에 휩싸이는데, 자신의 감각을 믿지 못하고 다음에 벌어질 상황을 예측하지 못하기 때문이다.

아기가 패턴을 인식하는 과정

패턴을 알면 세상에 대한 예측이 쉬워지고 깜짝깜짝 놀라는 일이 줄어든다.[102] 패턴 인식을 잘하는 아기일수록 덜 놀라고 세상과 교감을 잘한다. 아기들은 자기 주변의 패턴을 끊임없이 눈여겨보고 귀 기울인다. 일례로 아기는 단지 말소리만 듣는 것이 아니라 끊어 읽기와 억양의 쓰임새도 파악한다. 아이는 단어의 발음을 구분하고 이 말을 내뱉는 아빠의 큰 목소리와 꾸짖는 손, 얼굴 표정 사이에 연관성이 있다는 사실을 깨달아 간다.

패턴 인식과 함께 아기는 자신의 감정을 알아채는 능력과 상황에 맞게 자기 의도대로 행동하는 능력이 생긴다. 자신이 원하는 바를 남들에게 말할 수 있을 뿐 아니라 혼자서 밥을 먹고, 장난감을 집어 들고, 여기저기 걸어 다니고, 걷다가 멈추는 등 몸을 자유자재로 움직이게 된다. 이런 인지적 뿌리 덕분에 아기는 인과 관계를 파악하고, 자기 자신과 부모의 모습에서 행동과 기분의 연관성을 알아 간다.

패턴 인식 능력이 커지면 아기는 스트레스가 눈에 띄게 줄면서 닻을 내리게 된다. 그러면 두뇌가 학습형 뇌learning brain로 전환되면서 주변 세상에 마음의 문을 열고 흥미를 갖는다. 그러다가도 자신의 경험을 이해하지 못하거나 사람들이 왜 그렇게 행동하는지 이유를 모를 때, 받아들여야 하는 정보가 지나치게 많아지면 생존형 뇌survival brain로 재빨리 전환된다. 인지적 뿌리는 꽃처럼 피어나고 벌처럼 윙윙거리는 혼란을 이해시킬 뿐 아니라 더 복잡한 패턴을 탐색하는 데 필요한 안전 기지 secure base를 만들어 준다. 위에 열거한 인지적 문제를 겪는 아이가 남다른 행동을 보이는 이유는 대부분 자신을 둘러싼 세상이나 자기 내면세계에 관심을 갖고, 이를 탐색할 때 필요한 안전 기지가 없기 때문이다. 이런 아이들이 조금이나마 안전감을 느낄 수 있는 유일한 방법은 자신의 감각을 폭격해 오는 정보를 대거 차단하는 것뿐일 것이다.

그렇지만 이러한 뿌리는, 이를테면 미리 정해진 유전적 설계 때문에 전적으로 혼자서 발달시키지 못한다. 초기에 동조적 뇌가 하는 역할은 아이들이 이러한 과정을 무사히 마치도록 돕는 것이다. 아이가 생각의 순서를 바로잡지 못하면, 당신은 본능적으로 아이에게 더 단순한 요구를 하거나 아이가 문제 해결을 할 수 있게 돕는다. 이 학습 방식을 일컬어 발판 마련하기scaffolding라고 하는데, 어떤 종류의 학습도 발판을 마련하는 것은 필요하다. 하지만 발판 마련하기는 아주 이른 시기부터 아기에게 패턴 인식을 알려주려는 순간부터 시작된다.

당신은 아기의 감각 과부하를 최대한 막으려고 애쓰며, 감각의 폭주 crash가 발생하면 아기를 달래서 진정시킨다. 아기의 신호를 읽고 자극의 강도를 조절하거나 더 선명한 자극을 주기도 한다. 예를 들면, 목소리를 바꿔 가면서 아기가 가장 편하게 느끼는 높낮이와 성량을 찾는다. 이런 이유로 어떤 문화권이든 아기와 대화할 때 아기가 언어 패턴을 인지하도록 무의식적으로 조절하는 행동인 베이비 토크baby talk를 하는 것이다. 우리는 부buh와 푸puh의 발음 차이나 서로 다른 입 모양을 강조해서 아기가 귀로 들을 뿐 아니라 눈으로 보게 해준다. 이런 식으로 시각과 청각 정보를 결합하면 특정한 감각 처리는 뛰어나지만 다른 영역은 약한 아기에게 큰 도움이 된다.

인지적 문제의 중심 뿌리를 이해하기

각성 조절은 단지 또 하나의 인지적 뿌리 정도가 아니다. 이는 작은 곁뿌리에 영양분을 공급하는 중심 뿌리다. 손이나 입을 자기 마음대로 움직이지 못하고, 몸을 일으키거나 걷기 위해 중력을 이기려고 애쓸 때 당신의 아기가 얼마나 많은 에너지를 소모하는지 생각해 보라. 아기들은 수없이 많은 당신의 표정과 목소리를 비롯해 당신이 하는 동작을 이해하려고 할 때도 에너지를 소비한다.

아이들은 저마다 남들에 비해 유독 약한 뿌리가 있다. 수업을 듣거나 책 읽기를 어려워하는 아이도 있고, 새로운 수학 개념이나 놀이의 규칙을 힘들어하는 아이도 있다. 우리는 누구나 자신에게 벅찬 활동을 기피하는 경향이 있다. 그리고 몸이 피곤하거나 스트레스가 심할수록 그 약점은 더욱 부각된다. 이는 어린아이와 청소년도 마찬가지다.

사실 수많은 인지적 문제는 단순히 회피 행동에 불과할지도 모른다. 그렇지만 이때 더 심각한 문제가 있다. 스트레스가 심한 아이일수록 어느 하나의 뿌리에서 생긴 문제가 더 두드러진다는 점이다. 그 결과 아이의 전반적인 스트레스 지수는 상승한다. 그러면서 아이는 기초적인 인지 단계에서 스트레스 사이클에 갇혀 버린다. 초등학교 1학년이 배우는 아주 간단한 문장도 읽지 못하는 등 기초적인 패턴 인식에 문제가 생기면 스트레스를 받아 에너지를 소모하고, 이는 다시 원래부터 부족했던 패턴 인식 능력을 더욱 떨어뜨리는 등 악순환을 일으킨다.

스트레스가 높으면 감각적 자각이 약해지거나 무뎌진다. 보통 감각 처리에 문제가 없는 아이도 스트레스가 심하면 말소리가 잘 들리지 않는다. 특정 감각에 과민증이 있거나 특정한 정보 처리에 문제가 있는 아이의 경우, 스트레스가 높으면 에너지 소모가 심해진다. 가만히 있거나 충동을 억제하기 위해 또는 보이거나 들리는 것을 파악하기 위해 지나치게 많은 에너지를 써버리면 단계별로 문제를 처리할 에너지가 부족해진다. 언젠가 나는 한 여자아이와 함께 학교에서 나눠 준 수학 프린트를 풀다가 진료실의 컴퓨터 냉각 팬 소리 때문에 아이가 산만해지는 모습을 본 적이 있었다. 아이는 바로 코앞에 있는 수학 프린트에도 집중하지 못했다. 내가 컴퓨터 전원을 끄자 아이는 바로 수학 문제를 풀었다.

집중력의 신체적 뿌리에 주목하기

우리 클리닉은 집중력에 문제가 있는 많은 아이들에게 산만함을 낮추거나 단계별로 계획된 훈련이 아니라 신체적 자각을 높이는 연습부터 시킨다. 신체적 자각이야말로 집중력이 발휘되는 지점이기 때문이다. 각종 간단한 훈련과 게임을 통해 어린아이들은 신체적 자각 능력을 기를 수 있다. 예를 들면, 동물 흉내 내기(자신이 코끼리라고 생각하고 거대한 코 흔들기, 자신이 들쥐라고 생각하고 안전하게 도망가기), 다양한 소리 내기 (으르렁거리는 사자 소리, 찍찍거리는 쥐 소리 내기), 다양한 방법으로 말하기(최대한 빨리 말하기, 최대한 느리게 말하기) 등이 있다. 또 손동작 연습하기(나무토막에 사포 문지르기), 촉각적 자각(눈가리개를 하고 다양한 물체 알아맞히기)과 후각적 자각(냄새만으로 에센셜 오일의 종류 알아맞히기) 기르기, 다양한 맛 구분하기(이는 《해리포터》에 나오는 마법사 버티 보트Bertie Bott의 온갖 맛이 나는 강낭콩 젤리를 먹어 보는 게임 같은 것으로 대부분의 아이들이 좋아한다.) 등도 있다.

게임을 할 때의 핵심은 단지 아이들이 다양한 동작이나 문제되는 조절 기능을 익히는 것만이 아니라, 이를 통해 자신의 감각을 자각하게 하는 것이다. 아이들이 이런 내부 감각에 집중하게 하는 네 가지 기본 방법은 다음과 같다.

- 느리게 행동하기(일상에서 아이와 말하고 대화하고 교감할 때, 특히 아이에게 지시할 때 속도를 느리게 한다.)
- 시각이나 청각 등 특정 자극의 강도를 높여서 아이가 그 감각을 충분히 인지하게 한다. 그리고 아이의 경보기를 울리는 자극의 강도를 낮춘다.
- 생각이나 지시 사항을 부분으로 나눠서 한다. 아이가 한 번에 한 가지 절차나 한 가지 정보에 집중할 수 있게 한다.
- 신체 활동이나 감각 자극 게임을 통해 긴장이 풀리고 마음이 차분해지는 순간을 아이가 깨닫게 한다. 아이에게 그 순간 로봇이 된

기분이었는지, 아니면 봉제 인형이 된 기분이었는지 물어본다.

집중력에 문제 있는 아이, 특히 타일러처럼 집중력이 부족한 아이들을 훈련시키는 동작을 할 때는 아주 천천히 해서 아이가 움직임에 관여하는 신체의 각 부위를 느끼고, 자신이 하는 동작의 리듬을 알 수 있게 해야 한다. 또한 이 모든 훈련을 재미있게 구성해서 아이들의 경보기가 울리지 않게 해야 한다.

한번은 동료 연구자가 자신이 다니는 요가 클리닉에 대해 얘기한 적이 있다. 그 요가 수업은 느린 동작slowing things down이 신체 자각을 일깨워 준다는 사실을 완벽하게 보여준다고 했다.[103] 요가 수업은 한없이 느리게 진행됐다. 새로 어려운 동작을 배우는 것보다 바른 자세를 익히는 것을 강조했다. 특히 다리의 무게를 충분히 느낄 수 있거나 자세를 바꾸는 동작을 주로 해서 중력에 저항할 때 느껴지는 근육의 긴장감에 집중하게 했다. 요가 수업이 신체적인 것으로만 비춰지면서 인지 기능에도 중요한 역할을 한다는 사실을 많은 사람이 놓치고 있었다. 동료 연구자는 요가 수업이 끝날 즈음에는 마음이 차분해지고 몸이 가벼워진다고 했다.

우주비행사들은 지구에 귀환할 때 매우 고통스러워한다. 중력의 끌어당기는 힘을 다시 느끼는 것은 등에 무거운 가방을 메거나 자전거를 타고 가파른 언덕을 오르는 것과 비슷하기 때문이다. 우리는 중력에 저항하는 것에 익숙해져서 직립 자세를 유지하기 위해 얼마나 많은 근육이 긴장하는지를 잊고 산다.[104] 우리는 어디를 가든 무거운 가방을 짊어지고 다니는 것에 익숙해져서 등에 가방이 있다는 사실조차 모른다. 그냥 앉아 있을 때도 몸통과 등 위쪽, 어깨, 목에 있는 근육은 직립 자세를 유지하려고 긴장한다. 그렇지만 몸을 일으켜 세우는 것을 처음으로 배우는 아기가 이 동작을 하려면 얼마나 많은 노력이 필요할 것인가? 마치 10대들이 아침에 짜증을 내며 침대에서 억지로 일어나는 것과 비슷하다!

수천 년간 이어온 명상 훈련과 지난 20년간 진행해 온 명상에 대한 연구는 내면 응시가 심박수를 안정시키고, 다른 중요한 장기에도 긍정적인 효과를 낳아 평온함을 느끼게 해준다는 사실을 입증했다. 이는 어떤 원리 때문일까? 그 답의 일부는 인체에 불어넣는 회복 효과에 있다. 이때 인체는 아세틸콜린acetylcholine이라는 신경전달물질을 분비한다. 이는 심박수를 낮춰서 렘수면 상태REM sleep(몸은 자고 있으나 뇌는 깨어 있는 얕은 수면 상태—옮긴이)를 유도할 뿐 아니라 꾸준한 집중력 유지에도 결정적인 역할을 한다.[105]

그렇다고 운동신경과 관련된 집중력에 문제가 있는 모든 아이가 스스로 요가를 즐길 것이라고 보기는 어렵다. 파워 요가를 해야 기운이 번쩍 나는 사람도 있지만, 요가가 전혀 달가워하지 않은 사람도 많다. 우리는 다시금 개인차의 중요성을 인지해야 한다. 핵심은 당신 아이의 신체 자각을 높여 줄 마법 같은 비법은 없다는 점이다. 오직 당신과 아이 둘이서 그 방법을 찾아내야 한다.

불안하고 집중이 안 되며 학습이 불가능한 아이들

불안감이 아이의 집중력에 상당한 영향을 준다는 점은 오래전에 확인된 사실이다. 이는 자기 조절법의 관점에서 보더라도 명백하다. 긴장감이 높으면 에너지 소모가 심해서 집중력에 필요한 에너지가 부족해지기 때문이다.

집중은 온몸을 쓰는 행위로, 정신 못지않게 근육도 개입한다.[106] 문제 풀이에 몰두하고 있는 아이를 몇 분간 관찰해 보면, 아이가 집중할 때 온몸이 완전히 긴장하는 모습을 엿볼 수 있다. 우리는 이런 상황을 아이가 문제와 씨름한다working고 표현하는데, 매우 의미심장한 비유다. 문제를 푸는 아이는 정신뿐 아니라 근육도 긴장하기 때문이다. 나는 언젠가 한 수학 선생님이 수업 시간에 "자, 이제 무거운 물건 좀 들어 볼까?"라고 말하는 것을 들은 적이 있다. 그 말에 학생들이 입을 꽉 다물고, 이마에 주름이 생기는 모습을 보면서 씨름한다는 표현이 정말 딱 맞는다고 생각했다.

더구나 심하게 집중하면 불안해질 수 있다. 이는 단지 문제를 풀지 못해 생기는 불안감이 아니다. 온몸을 쓰는 행위로 생기는 생리학적 효과까지 가리킨다. 에너지가 떨어지고 긴장하게 된 원인이 감정적 문제 때문이든, 지나치게 집중한 탓이든 그 여파는 크게 다르지 않다

우리가 자기 조절법을 훈련시키면서 내린 결론은 아이들은 자기 나이에 해당하는 분minutes만큼 집중한다는 사실이다. 물론 언제나 예외는 있다. 어떤 아이는 집중 가능한 시간이 당신의 기대치를 훨씬 밑돌수 있고, 또 어떤 아이는 집중하는 데 아무 문제가 없어 보이기도 한다.

하지만 한 가지 공통점은 집중 가능한 시간이 몇 분이든 그 한계를 넘어서면 변연계가 활성화됐을 때 보이는 감정적이거나 인지적인 문제가 나타난다는 점이다. 이럴 때 아이들은 배움에 대한 의욕이 사라진 듯하고, 비디오게임 말고는 아무 데도 관심이 없는 것처럼 보인다. 아이가 이런 행동을 할 때 어른들은 게으르다고 속단하기 쉽다.

에너지가 떨어지면 의욕도 사라진다

동기부여는 매우 불분명한 단어 중 하나다. 대개는 어떤 행동을 하도록 에너지를 불어넣고 이끄는 정신적 자극이라고 정의한다.[107] 하지만 이 정의가 말하는 것은, 결국 아이가 어떤 행동을 하게끔 유도한다는 것뿐이다. 동기부여를 정의하려고 애쓰기 전에 먼저 에너지가 전혀 없는 아이에게 에너지를 불어넣는 일이 무척 힘들다는 핵심부터 짚어야 한다.

에너지와 동기부여는 불가분의 관계다. 연료 탱크에 기름이 많을수록 아이는 의욕에 넘친다. 반대로 에너지가 떨어지면 의욕이 줄어든다. 이처럼 둘의 관계는 단순하다. 스트레스가 클수록 에너지 소모도 커져서 아이는 힘든 일을 안 하려고 한다. 늘 그렇듯 신체적 스트레스 요인에는 질병이나 수면 부족, 영양 불균형, 신체 활동 부족 등이 있다. 친구와 겪는 갈등이나 여타의 사회적·심리적 긴장 역시 의욕을 떨어뜨릴 수 있다. 게다가 인지적 스트레스 요인도 마찬가지 효과를 갖는다.

패턴을 못 찾아서 생기는 스트레스 외에 흔한 인지적 스트레스 요인으로는 아이가 기초 실력이 부족하거나 기본적인 개념을 숙지하지 못했는데도 문제를 풀어야 하는 것을 들 수 있다. 알파벳도 배우지 못한 아이가 동화책을 읽을 수 있고, 덧셈과 뺄셈도 배우지 않았는데 곱셈과 나눗셈을 할 수 있을 거라 기대하는 사람은 없을 것이다.

우리는 아이가 모든 인지적 발달 단계마다 차분하고 자신 있게 도전적으로 학습하도록 발판을 마련해 주어야 한다. 아이에게 인지적 발달 수준을 넘어서는 인지적 요구를 하면 당연히 집중력에 문제를 보인다. 또 다른 공통된 인지적 스트레스 요인으로는 아이에게 너무 방대하거나 단계가 복잡한 정보를 주는 것, 불명확하거나 아이가 흥미 없어 하는 정보를 주는 것, 어떤 내용을 너무 빨리 훑거나 반대로 너무 느리게 훑는 것 등을 들 수 있다.

의욕이 전혀 없는 아이나 청소년들은 종종 만성적 과각성 상태를 보인다. 이런 아이들은 각성도를 높이기 위해 비디오게임이나 정크푸드 등에 의지하는 경우가 많다. 뒤에서도 살펴보겠지만 이런 이유로 아이들은 에너지를 더욱 소모하고, 의욕도 한층 꺾인다. 그렇다고 자기 조절법을 실시하면 곧바로 의욕이 샘솟는다는 뜻은 아니다. 아이의 행동을 달리 인식하는 것만으로도 아이에게 강한 동기부여를 할 수 있다. 왜냐하면 말로 표현했든 안 했든 아이들은 우리의 태도를 바로 눈치채기 때문이다. 게다가 공부에 흥미가 없는 아이를 게으르거나 미숙한 아이 또는 학습 부진아underachiever로 보는 경향이 여전하기 때문이다.

타일러는 늘 연료 탱크가 비어 있고 연료가 부족한 채 달리는 전형적인 경우였다. 그래서 잠을 자지 못하거나 가만히 앉아 있지 못하고 집중하지 못하는 등 다양한 문제를 보였다. 타일러의 부교감신경은 활발한 교감신경을 따라가지 못했다. 그러나 신시아는 타일러와 함께 자기 조절법을 배우면서(타일러가 끊임없이 아드레날린을 소비하는 이유를 알아 가면서) 타일러의 증상에 대처하기보다 타일러의 집중력을 악화하는 많은 스트레스 요인을 없애려고 노력했다. 특히 타일러에게 주변 환경의 시각적 잡음visual noise을 줄여 주는 것이 중요했다. 주변이 정돈되고 벽이 깨끗할수록 타일러는 집중을 잘했다.

　물론 아이가 노력을 안 해서 집중하지 못하는 경우도 있다. 우리는 아이가 노력을 안 해서 집중하지 못하는 것인지, 아니면 에너지가 떨어져서 집중하지 못하는 것인지 분간해야 한다. 아이들과 10대들은 불안해지면 에너지가 없는데도 기를 쓰고 노력한다. 이럴 경우 정신적·신체적으로 치러야 하는 대가가 크다. 아이들은 불안해지면 에너지를 많이 소모하고, 온갖 부정적인 결과가 뒤따른다. 당장은 아닐지라도 훗날 그 여파가 나타난다.

아이마다 각자에게 맞는 집중 방법이 따로 있다

아이가 쉽게 산만해지면 '더 노력해'라면서 아이를 압박하는 경향이 있다. 사실 이때 아이에게 필요한 것은 이와 정반대의 행동일지도 모른다. 자기 통제법에서는 힘들어하는 아이에게 주문처럼 외친다. "가만히 앉아 있어." "꼼지락거리지 마." "조용히 해." "집중해." 그렇지만 대다수의 경우 우리가 해야 하는 말은 다음과 같다. "돌아다녀 봐." "더 꼼지락거려 봐." "콧노래를 불러 봐." "눈 감아 봐." 다시 말해 집중에 도움을 주는 방법을 찾아 실천하는 것이다.

물론 아이가 자신을 차분하게 만들어 주는 행동부터 익히게 해야 한다. 또한 휴식과 회복을 위한 온갖 전략이 이때 총동원된다. 잠자기, 식사하기, 운동하기, 스트레스 주는 환경 줄이기가 이에 해당한다. 이외에도 인지적 영역에서 적극적인 회복 전략을 탐색해야 한다. 집중력을 유지하면서 동시에 스트레스를 줄여 주는 방법을 찾는 것이다. 즐거움을 위한 독서, 음악 듣기, 요리하기, 새 관찰, 자연 산책 등이 그런 방법일 것이다. 아이들은 저마다 자신에게 맞는 집중 방법을 찾아내야 하는데, 때로는 그 방법이 우리가 생각하는 것과 정반대라서 놀라는 경우도 있다.[108]

숙제할 때 음악을 들어야 하는 아이는 집중해서 숙제를 하려면 음악으로 각성을 높여야 할 수도 있다. 소파에 누워서 숙제를 해야 한다는 아이도 자세를 곧추세울 때 필요한 에너지를 줄이려고 무의식적으로 행동하는 것일 수 있다. 소파에서 긴장이 풀리고 정신이 맑아지면 집중하는 데 더 많은 에너지를 쓸 수 있기 때문이다. 커튼을 내리고 어두운 조명에서 숙제를 하려는 아이도 시각적 잡음에 에너지를 빼앗기고 싶지 않아서일지도 모른다.

부모로서 당신은 자신이 옳다고 믿는 생각을 버려야 할 때도 있다는 사실을 반드시 기억해야 한다. 우리 아이와 맞는 방법이 무엇이냐를 끊임없이 고민하고 찾아가야 한다. 일상에서 당신이나 아이가 스트레스 때문에 집중이 안 될 때 잠시 명상을 하거나 코로 찬 공기가 들어오고, 따뜻한 공기가 빠져나가는 과정에 주목하기만 해도 집중력이 생길 수 있다. 이는 내면을 응시하면서 잠시 기운을 회복하는 것이다.

집중력과 학습에서 동조적 뇌의 역할이 중요하다

우리는 동조적 뇌가 아이의 패턴 인식 능력을 향상하는 데 결정적인 역할을 한다는 사실을 살펴보았다. 앞서 언급했듯이 동조적 뇌는 실행 기능에서도, 즉 방해물을 신경 쓰지 않고 생각을 순서대로 정리하는 기능에서도 핵심적인 역할을 한다. 그리고 동조적 뇌는 부모뿐 아니라 아이가 인생에서 만나는 모든 중요한 친구와 어른들과 교감할 때도 중요하다는 사실을 기억해야 한다. 집중력에 문제 있는 아이들이 부딪히는 큰 난관 중 하나는, 동조적 뇌가 아이들의 문제를 완화하기보다 오히려 문제를 유발하는 경우다. 특히 학교 같은 곳에서 이런 상황이 자주 발생한다. 예를 들면, 교사들이 불안해하거나 화를 내고, 코치들이 실망한 기색을 드러낼 때다. 또래 아이들이 같이 어울리거나 함께 수업하기가 불편하다며 짜증낼 때 혹은 전혀 관심이 없는 경우도 이에 해당한다.

아이가 불안해하거나 안절부절못할수록 아이와 교감하는 모든 사람은 아이에게 더욱 짜증을 낸다. 부모, 선생, 친구 등 아이가 스트레스에 잘 대처하도록 도와야 하는 주변 사람들이 오히려 아이에게 스트레스를 주면 아이의 에너지 소모는 점점 더 커진다. 집중하는 능력은 감정 조절 능력 못지않게 동조적 뇌의 영향을 크게 받는다. 우리가 아이를 대하는 태도는 아이가 주의를 얼마나 잘 기울이는가에 결정적인 역할을 한다.

이는 단지 아이에게 시간을 더 많이 투자해서 메타인지 능력을 가르치는 문제가 아니다.[109] 아이의 감각에 가해지는 스트레스를 줄여서 에너지와 긴장감이 적정 수준을 유지하게 하는 일이 무엇보다 중요하다.

이것이 가능하려면 아이 입장에서 아이가 어떻게 느끼는지 진심으로 이해하기 위해 노력해야 한다.

이렇게 첫 번째 결정적인 조치를 하지 않으면 우리는 아이에게 도움을 준다고 오해하면서 아이의 스트레스를 높일 수 있다. 가령 최근 연구에 따르면, ADHD를 앓는 아이들은 집중력을 유지시키는 뇌 부위가 느리게 발달하는 경우가 많다고 한다. 아직 그것의 인과 관계를 밝히려면 시간이 좀 더 필요하지만, 이런 아이들에게 발달 속도가 정상인 아이들에게 하듯이 똑같은 인지적 요구를 하면 더욱 스트레스를 받을 수 있다.

집중력에 문제가 있는 아이는 발달 속도가 정상인 아이보다 시간의 흐름time scale이 보통 더 빠르게 느껴진다는 사실 또한 밝혀졌다.[110] 전에 나는 ADHD를 앓는 친구에게 이에 대해 물어봤다. 친구는 성인이 되어서 ADHD 약물치료를 받기 시작했는데, 갑자기 모든 것이 느리게 느껴졌다고 했다. 친구는 난생처음 세상과 내가 딱딱 발이 맞는 기분이 들면서 스트레스가 훨씬 줄었다고 했다.

한 아이의 인지적 특성을 세세한 부분까지 모두 이해하기란 불가능할지도 모른다. 당신의 아이뿐 아니라 모든 아이도 그럴 것이다. 나는 아직도 내가 타일러의 욕구를 완전히 이해했다고 확신하지 못한다. 내가 이해할 수 있는 부분은 타일러가 매우 심한 스트레스를 받고 있으며, 스트레스 때문에 전자게임기를 하면서 위안을 삼는다는 정도다. 우리는 타일러를 돕고자 아이 엄마와 학교 교사들과 함께 아이의 마음을 진정시킬 수 있는 방법을 마련했다. 타일러는 놀랍게도 때로는 자신을 안심시키는 목소리와 표정만으로도 안정을 되찾았다. 학교 교사들은 이 방법이 타일러에게 효과가 있다는 사실을 알고부터 전보다 더 수월하게 이 방법을 썼다. 타일러에게 이 방법은 자신이 혼자가 아니며 필요할 때 자신을 돌봐 주는 어른들이 옆에 있다는 신호로 통했다.

그렇지만 나는 지금까지 자기 조절은 스스로 하는 것이 중요하다고 강조해 왔다. 타일러 엄마와 교사들은 타일러를 조절할 수 있는 온갖 효과적인 방법을 발견했다. 과연 어떻게 해야 타일러가 혼자서도 그렇게 할 수 있도록 지도할 수 있을까? 결국 모든 부모들의 과제로, 특히 학교 숙제와 관련해 고민하는 문제다. 어떻게 해야 내가 지켜보지 않아도 아이가 조용히 앉아 숙제를 끝마칠 수 있을까? 초등학교, 중학교, 고등 과정에 진학해서 학과 공부가 어려워져도 이를 따라가게 할 수 있는 방법은 무엇일까? 어떻게 하면 아이가 주의력을 흩뜨리는 유혹이나 방해물을 뿌리치고, 집중력을 발휘하게 할 수 있을까?

조용한 것과 차분한 것의 차이

집중력에 문제가 있는 아이에게는 자기 내면과 주변에서 벌어지는 일을 자각하는 일이 무엇보다 중요하다. 이는 배고픔, 목마름, 피곤함, 더위 등 신체적 상태를 자각해 가는 과정을 의미한다. 예를 들면, 자신이 언제 비디오게임에 빠지는지, 왜 게임을 찾는지, 언제 게임을 그만두고 싶은지도 자각해야 한다. 기분 전환을 하거나 에너지를 회복하고 나면 어떤 기분인지 자각하는 것도 중요하다.

자각에는 여러 종류가 있다. 몸에 대한 자각, 감정적 자각, 시각적-공간적 자각, 시간에 대한 자각, 행동에 대한 자각, 감각 운동에 대한 자각 등이 있다. 중요한 것은 동작을 느리게 해서 아이들이 그때 드는 기분과 생각, 인과 관계 등을 깨닫게 하는 것이다. 그렇지만 아이들이 개발해야 하는 가장 중요한 자각은 무엇보다 차분함이 어떤 것인지 느껴 보는 것이다.

앞서 살펴보았듯이 생물학적으로 전혀 다른 상태인데도 아이에게 '조용히 해'라는 의미로 "진정해."라고 말하는 경우가 많다. 부모나 교사들은 짜증이 나면 아이를 조용히 시키려고 이렇게 말할 것이다. 그렇지만 이 두 가지 상태는 전혀 같지 않다. 아이는 속이 들끓어도 억지로 조용히 할 수는 있다. 반면 차분함은 몸과 마음의 긴장이 풀리면서 즐거운 감정이 들 때 느껴지는 감정으로, 이런 자신의 기분 역시 자각이 가능한 상태다. 이렇게 신체적·감정적·인지적으로 모두 차분해져야 회복과 성장이 촉진되고, 사고와 학습도 가능해진다.

내면을 응시하는 명상 훈련의 큰 장점 중 하나는 우리가 무시하기 일쑤인 각종 감각에 집중하게 해준다는 점이다. 우리가 발을 딛고 서 있는 바닥의 느낌, 방 안의 공기, 자신의 감정 등을 들여다보게 한다. 보통 우리는 내면의 세계와 주변의 세계에 무심하다. 마치 어깨를 짓누르는 중력이라는 가방을 의식하지 못하는 것과 같다. 집중력에 문제가 있는 아이는 자기 내면과 주변에서 벌어지는 일을 잘 알아채지 못한다. 보통은 아기 때 패턴 인식 능력, 즉 무질서한 여러 가지를 하나로 묶는 능력이 충분히 발달하지 못해서다.

집중력 문제가 심각한 아이들은 다양한 수용체가 받아들이는 정보의 흐름 속에서 차분함을 전혀 느껴 보지 못했을 것이다. 대신 내면의 혼란을 정상으로 여겼을 것이고, 그런 내면 상태가 행동으로 드러났을 것이다. 이런 아이들은 실제로 느껴 보기 전까지는 차분함이 뭔지 알지 못한다. 일단 차분함을 경험하면 그다음 단계는 자신이 차분해져야 할 순간을 자각하고, 그 방법을 알아내는 것이다.

아이들과 임상 치료를 하고 학교와 공동체 프로그램을 통해 부모와 아이들에게 자기 조절법을 소개하면서, 사람들이 아이들에게 자기 조절법을 가르칠 때 추상적인 용어를 남발하는 엄청난 실수를 한다는 사실을 깨달았다. 우리는 아이들이 이해할 수 있는 아주 간단한 단어와 개념을 사용하거나(텅 빈 연료 탱크나 꽉 찬 연료 탱크, 한 번에 너무 많은 프로그램을 돌려서 멈춰 버린 컴퓨터 같은 표현), 누더기 인형 앤Raggedy Ann(빨간 털실 머리에 누더기를 입은 동화 주인공—옮긴이)이나 버즈 라이트이어 Buzz Lightyear(영화 《토이스토리》에 나오는 장난감 캐릭터—옮긴이) 로봇 같은 소품을 이용해 누더기 인형 앤처럼 말랑말랑한 기분인지, 버즈처럼 딱딱한 기분인지 물어야 한다.

우리가 발견한 또 하나 중요한 사실은, 많은 경우 아이들이 배가 아프다거나 팔다리가 따끔거리는 통증을 자각하게 하려면 그전에 일단 차분한 상태여야 한다는 점이었다. 에너지가 낮거나 긴장을 많이 한 아이에게 몸이 어떤 느낌인지 물으면 보통은 "아무 느낌이 없다."고 답할 것이다. 놀라운 것은 좀 더 큰 아이들이나 청소년들도 마찬가지라는 것이다. 그렇지만 차분함을 경험하면 아이들은 갑자기 배에 혹 같은 게 느껴진다고 말한다. 예전부터 그런 상태였는데도 말이다!

자기 조절법으로 다양한 방법을 시도할 때는 아이의 표정과 몸을 관찰하면서 아이가 어떨 때 차분해지는지 살펴야 한다. 타일러는 엄마가 등을 세게 긁거나 두피를 마사지해 주면 차분해졌다.(타일러는 부드럽게 만져 주는 것은 싫어했다.) 이때 중요한 점은 목과 어깨, 몸통과 다리의 긴장을 풀어 주는 마사지의 효과를 타일러가 직접 알아챘다는 점이다. 타일러는 주변의 도움으로 스트레스를 유발하는 요인과 이를 줄이는 방법을 알아내고 또 적극적으로 자기 조절법을 연습하면서 게임기와 차츰 멀어졌다. 타일러는 자기 몸에 대한 자각이 없었다면 자기 조절법의 마지막 단계, 즉 휴식과 회복이 필요한 순간과 그 방법을 알아내는 단계에 이르지 못했을 것이다.

안전감은 학습의 필수 조건이다

아이들이나 10대로 하여금 생존형 뇌에서 벗어나 학습형 뇌로 전환하게 할 때 가장 중요한 점은 아이가 신체적·감정적으로 안전감과 안정감을 느끼게 하고 또 그런 상태에서 학습하도록 돕는 것이다.[111]

　나는 아이들이 자연에서 많은 시간을 보내야 이런 면이 발달한다는 주장을 신봉하는 편이다.[112] 그렇지만 10대 아이들 중에는 우리 아이들이 자란 숲에 데리고 갔을 때 자연에서 안전감과 안정감을 느끼려면 도움이 많이 필요한 아이들도 있다는 사실을 깨달았다. 나와 동행한 10대들은 우리 아이들이 전혀 개의치 않았던 것에도 깜짝 놀라곤 했다. 이를테면 다람쥐가 부스럭거리는 소리, 새들이 수풀에서 움직이는 소리, 벌레가 윙윙거리는 소리 등에 놀랐다. 그 아이들은 이런 자연환경을 낯설어하고 두려워했다. 그래서 우리 아이들이 쏜살같이 넘어 다녔던 곳에서도 매우 조심스럽게 움직였다.

10대 아이들은 통나무를 넘고, 바위를 기어 내려가며 땅이 안 보이는 자기 무릎 높이의 풀숲을 걸을 때 매우 불안해했다. 발밑이 보이지 않으니 그럴 만했다. 그렇게 생존형 뇌에 갇혀 있던 아이들은 산 입구의 주차장에 도착하고 나서야 안도의 한숨을 내쉬었다. 산보로 기운을 회복하기는커녕 걷는 것 자체가 시련이었다. 아이들은 다시 도시로 돌아오자 자신에게 안전감을 주는 사적인 공간에 틀어박혔다. 인위적인 자극이 있고 신체적 움직임은 거의 없는 세계였다.

동물들이 굴에서 쉬면서 회복하는 이유도 다름 아닌 그곳이 가장 안전하다고 느끼기 때문이다. 아이들에게 이러한 안전감이 필요하다고 했을 때 타일러에게 배운 가장 큰 교훈도 바로 이 안전감이었다. 타일러에게는 그런 은신처가 없었다! 그 가장 큰 이유는 타일러가 학교라는 공간에서 안전감을 느끼지 못했다거나 집에서 몰래 숨고 싶을 때 도망갈 공간이 없어서라기보다는 타일러가 자기 몸에서 안전감을 느끼지 못했기 때문일 것이다. 내 생각에 타일러는 그때까지 단 한 번도 느껴보지 못했을 것이다.

자각을 시작한 타일러

이런 이유로 신시아와 학교 교사들은 타일러를 돕기 위해 앞서 설명한 매우 간단한 게임과 훈련부터 시작했다. 때로는 정말 기초적인 활동으로 효과를 보았다. 이를테면 자신이 앉아 있는 의자 또는 발을 딛고 서 있는 바닥을 느끼는 훈련이었다. 그 목표는 타일러가 고유수용기에서 오는 정보를 자각해 자신이 바닥을 딛고 서 있다는 사실을 알게 하고, 그래서 앉아 있거나 서 있을 때 안심해도 된다고 느끼게 하는 것이었다.

자기 조절 능력을 키워 주는 호흡 훈련도 자각 연습을 처음 하는 타일러에게 괜찮은 방법처럼 보였다. 이는 간단한 훈련이지만 학교 수업 때 차분하게 호흡을 가다듬는 시간을 마련해 효과를 본 교사들이 많았다. 그렇지만 타일러는 책상다리로 앉아 호흡에 집중하게 하면 불안해할 뿐이었다.

타일러의 신체 자각을 돕기 위해 재미있는 게임들을 시도해 본 결과, 타일러가 좋아하는 것은 춤이었다. 학교 숙제를 하다가 타일러의 집중력이 약해지면 우리는 움직이기, 감각놀이 등 놀이 시간을 가졌다. 물론 살사댄스도 췄다! 신시아와 교사들은 외부의 시각적 자극과 소음도 없앴다. 많은 사람은 알아채지 못해도 타일러에게는 경보 반응을 일으킬 수 있기 때문이었다. 그렇지만 스스로 자각하려는 노력은 어디까지나 타일러의 몫이었다. 타일러는 새소리나 사회적 신호뿐 아니라 자기 자신에 대해, 즉 자신의 몸 상태와 자신의 욕구가 무엇인지 인식하는 방법을 배워야 했다.

타일러에게 춤을 가르쳐 자신의 감각을 깨닫게 했듯이 주방에서 아이와 직접 하는 단계별 공작놀이도 집중력의 뿌리에 동일한 효과를 준다. 잡지에서 색깔별로 오린 사진을 이어 붙이는 콜라주 만들기, 집에서 직접 계량하고 뒤섞어 만든 고무 반죽으로 하는 반죽놀이 등의 활동은 단지 창의적인 것으로 그치지 않는다. 이런 활동을 통해 아이는 움직임과 위치를 통합하는 내부의 감각 정보에 눈을 뜨고, 나아가 자기 조절법을 익히게 된다.

이때 결정적인 것은 내면을 응시하는 요가 수업처럼 아이에게 훈련시키려는 동작을 느리게 보여주면서 강조하는 것이다. 언어 능력이 부족한 아이에게 단어를 강조해 발음하는 것과 같다. 동작을 극도로 느리게 해서 아이가 각 동작과 관련된 각각의 신체 부위 및 동작의 리듬을 느끼게 해야 한다.

물론 타일러는 특별한 경우였다. 타일러는 태어날 때부터 감각 운동 기능에 문제가 많아서 다른 아이들이 자연스럽게 받아들이는 신체 자각 활동도 부담스러워했다. 그렇지만 우리가 타일러에게서 배운 커다란 교훈은 자신이 발을 딛고 서 있다는 사실뿐 아니라 자신에게 벌어지는 일, 특히 자기 내면에서 벌어지는 일을 모든 아이들이 확실히 자각하게 해야 한다는 점이었다. 그리고 아이들은 새로운 환경에서 안심하게 될수록 자기 내면과 주변에서 벌어지는 일에 더욱 관심을 보인다는 사실이었다.

아이들이 자각하기 시작할 때 변화가 일어난다

열두 살이 되자 타일러는 자기 조절법에 매우 능숙해지고 집중력도 눈에 띄게 좋아져서 약을 끊었다. 타일러를 치료하면서 약을 끊게 할 생각은 전혀 없었다.[113] 그렇지만 타일러는 약효를 싫어했다. 이제 자신의 각성 상태를 주시할 수 있을 만큼 또 언제 자신을 진정시켜야 하고, 그럴 때 어떤 식으로 대처해야 하는지 알 수 있을 만큼 성장했다. 내가 타일러에게 배운 교훈 중에서 가장 중요한 내용일 듯싶다.

최근 타일러는 나와 치료하면서 내가 말하는 동안 가만히 있지 못하고 방 안을 계속 돌아다녔다. 솔직히 고백하면, 나는 약간 화가 치밀어서 "네가 날 쳐다보지도 않는데, 이렇게 설명해 봤자 무슨 소용이 있겠니?"라고 불쑥 내뱉었다. 그러자 타일러는 내가 방금 한 말을 또박또박 그대로 읊었다. 치료 초반에는 전혀 볼 수 없었던 모습이었다. 이제 타일러는 세상을 받아들이고 있었다. 비록 내가 열세 살짜리 아이에게 기대한 방식은 아니었지만.

타일러를 더 깊이 알아 갈수록 아이를 이해하려는 탐구 작업을 절대 포기하면 안 된다고 확신했다. 이는 우리 자신에 대해서도 마찬가지다! 또 다른 모든 아이들과 교감할 때도 물론이다. 우리는 아이들이 나와 같은 방식으로 세상을 볼 것이라고 너무 쉽게 단정한다. 우리가 세부적으로 받아들이는 정보뿐 아니라 어떤 판단이나 견해 역시 우리와 같을 거라고 생각한다. 우리의 시각을 아이에게 강요하지 않고, 아이들 눈으로 세상을 바라볼 때 얼마나 많은 것을 배울 수 있는지 알게 된다면 당신은 깜짝 놀랄 것이다. 무엇보다 중요한 것은 아이들에게 개인의 가치관이나 문화적 잣대를 들이대지 않고, 그들을 있는 그대로 바라보고 존중하는 것이다.

사실 타일러는 생김새나 하는 행동이 또래들과는 다르다. 약간 안장걸음으로 걷고, 바지를 좀 많이 치켜 올려 입으며 매일 똑같은 셔츠를 입고 다닌다. 또 아이들이 놀리는 우스꽝스런 모자를 쓰고 다니는데, 자신이 굉장히 멋지다고 생각한다. 타일러는 가끔 정말 이상한 질문을 하지만, 결국 그 질문을 생각해 보게 한다. 타일러는 또래 아이들이 대부분 좋아하는 것에는 별로 관심이 없다. 또 친구가 있긴 하지만 많지 않고, 그 친구들도 타일러 못지않게 엉뚱하다. 타일러에게는 새로운 사람을 만나는 것이 스트레스다. 자신이 아는 사람을 만나면 무척 즐거워하지만, 모르는 사람을 만나면 몹시 괴로워한다.

타일러를 생각할수록 나는 의문이 더 많아졌다. 타일러를 치료하면서 우리가 정확히 무엇을 얻으려는 것인지 고민됐다. 타일러를 다른 아이들처럼 만드는 것, 즉 타일러를 변화시켜서 더 정상적인 아이로 만드는 것은 분명 아니었다.[114] 우리의 바람은 타일러가 다만 차분한 상태에서 맑은 정신으로 공부한다는 게 어떤 느낌인지 경험하게 하는 것이었다. 또 자신이 긴장하거나 에너지가 떨어진 순간을 깨닫고 회복하는 방법을 알게 하는 것, 경보기가 울리는 순간을 알아채고 이를 혼자 힘으로 끄는 법을 배우게 하는 것이 목표였다. 우리는 우리의 욕구와 아이의 욕구를 혼동하는 경우가 너무 많다. 그래서 타일러 같은 아이들이 혼자서 자신을 다루도록 돕기보다 더 쉽게 다룰 수 있는 아이로 만들려고 한다.

나는 아직도 타일러를 보면 에너지가 흘러 넘쳐서 쉼 없이 돌아다니는 벌새가 떠오른다. 그렇지만 타일러가 심취하는 모습(갑자기 몰두해서 짧게는 한 주, 길게는 여러 달 집중하는 상태)을 보면 타일러가 배움을 갈망하고 배움이 가능한 아이임을 확인한다. 나는 타일러에게 지적 잡식성 intellectually omnivorous이 있다고 본다. 즉 새로운 관심사를 끊임없이 찾아서 집어삼키는 아이인 것이다. 그래도 타일러는 자신에게 필요한 회복 능력이 전보다 훨씬 좋아져서 이제는 행복하고 즐거워하며 웃는 시간도 많아졌다.

물론 타일러는 여전히 기복을 타고(요즘은 들뜬 경우가 풀이 죽은 경우보다 훨씬 많다.) 어떤 사회적 상황은 여전히 힘들어한다. 그렇지만 타일러가 예전과 가장 많이 달라진 점은, 자신이 불안해지는 순간과 그럴 때 자신을 진정시키는 방법을 알고 있다는 것이다.

무엇보다 신시아가 타일러와 함께 집에서 자기 조절법을 연습한 것이 결정적인 역할을 했다. 신시아는 타일러와 규칙적으로 스스로 자각하는 법을 연습했다. 처음에는 타일러로 하여금 피곤하고 배고프고 춥고 심지어 아픈 순간을 자각하게 하려고 무척 애를 썼다. 신시아는 자신의 눈에는 확연한 이런 신호를 타일러에게 가르치다 보면 가끔 타일러가 아기로 돌아간 것은 아닐까 하는 의문이 들었다. 사실 이것이 핵심이었다. 타일러는 자각의 중요한 속성을 제대로 배운 적이 없거나 아니면 이를 잊어버렸을 것이다. 혹은 스트레스 때문에 아기 때 배운 감각이 무뎌졌는지도 모른다. 아니면 자신을 있는 그대로 받아들이고 도와주길 바라는 것인지도 모른다.

사실 얼마 전만 해도 우리는 선생님 목소리가 들리지 않거나 칠판이 보이지 않을 뿐인 아이들에게 학습 장애가 있다는 진단을 내렸었다. 물론 이런 아이들은 산만하고 다른 아이들처럼 학습이 안 되는 것도 사실이다. 이런 아이들은 공부가 계속 뒤처지면서 말썽을 피우기도 하고, 그러다 보면 문제 행동도 하게 된다. 이런 아이들에게 안경이나 보청기가 필요하다고 정확한 진단을 내려주면 상황은 완전히 달라진다. 돌이켜보면 이런 아이들에게 우리가 한 행동 혹은 이런 아이들을 완전히 무시한 행동은 매우 야만적이었다. 그렇지만 그런 상황은 지금도 계속되고 있다. 집중력의 뿌리가 압박 받아서 쉽게 산만해지고 매우 충동적인 아이들에게 우리가 하는 행동을 보면 그런 생각이 든다.

제8장

사회성 발달을 바라보는 새로운 시각

사회적 영역

그 유치원 수업은 내가 참관한 여느 수업과 다르지 않았다. 즐겁고 시끌벅적하고 활기가 넘쳤다. 나는 그중 몇몇 아이에게 눈길이 갔다. 그 아이들은 저마다 자신의 행동을 통해 뭔가 중요한 사실을 나에게 말해주고 있었다. 나는 그것이 무엇인지 금세 깨달았다.

첫 번째 아이는 교실에 있을 때 선생님의 치맛자락을 절대 놓지 않는 남자아이였다. 어디든 선생님을 졸졸 따라다녔지만, 교사는 아이의 존재조차 모르는 것 같았다. 나중에 그 교사에게 이 사실을 말하니 깜짝 놀랐다. 아이가 자기 옆에 껌처럼 붙어 있어서 이제는 의식조차 못한다고 했다.

두 번째 아이는 자신이 교실의 2인자라도 되는 양 여기저기 간섭하고 다니는 남자아이였다. 가만히 지켜보니 그 아이는 다른 아이들에게 엉뚱한 색을 칠했다고 지적하고, 크레용 쥐는 법을 알려주었으며 색칠 공부를 마칠 때가 되었다고 일러 주었다. 그 아이는 끊임없이 잔소리를 했으며, 그것도 큰 소리로 해야 성에 차는 듯했다.

세 번째 아이는 구석에 혼자 앉아 책을 읽는 여자아이였다. 책을 읽는다기보다 책장을 넘기며 머릿속에 떠오르는 단어를 아무거나 내뱉으면서 책을 읽는 척했다. 보조교사가 아이에게 다가가 무슨 책을 읽는지 묻자 아이는 당황한 표정으로 황급히 얼굴을 책에 파묻었다.

이렇게 서로 다른 아이들의 모습은 흥미로웠다. 첫 번째 아이는 매우 유약해서 어른 옆에 바싹 붙어 있었고, 두 번째 아이는 스스로 어른 행세를 했으며, 세 번째 아이는 어른과의 접촉을 일체 피했다. 나는 오전 내내 이 아이들을 최대한 유심히 살폈다. 그중 아이들이 다 같이 모여 노래 부르는 시간에 매우 흥미로운 장면 하나가 있었다. 교사는 양방향 전자 칠판에 노래 가사를 띄웠다. 이렇게 해서 아이들에게 노래를 부르는 생리학적 능력뿐 아니라 읽기 능력도 길러 주었다. 아이들은 이 수업을 몹시 좋아해서 다음에 부르고 싶은 노래를 저마다 외쳐 댔다. 내가 관찰한 세 명의 아이들은 예외였다.

그 세 명이 가사를 읽지 못해서 그랬는지, 노랫소리가 시끄러워서 그랬는지 아니면 노래 속도가 너무 빨라서 그랬는지는 확신할 수 없었다. 원인이 무엇이든 이 세 명에게는 노래 수업이 스트레스였다. 가만히 지켜보니 남자아이 두 명은 웅얼거리면서 종종 가사에 맞춰 노래를 불렀다. 내가 불어로 캐나다 국가를 부를 때 가사를 다 못 외운다는 사실을 주변에 숨기고 싶을 때 써먹는 수법과 비슷했다. 한편 여자아이는 구석에 몸을 숨긴 채 남들 눈에 안 띄려고 했다. 수업 내내 그곳에 앉아 긴장한 표정으로 칠판 화면만 바라볼 뿐 노래를 따라 부르지 않았다.

바깥놀이 시간에 세 명의 아이들은 다른 아이들과 함께 총총걸음으로 나갔지만, 그 누구도 신나는 표정이 아니었다. 선생님 옆에 딱 달라붙어 있던 아이는 놀이터 바닥에 놓인 더러운 양말을 갖고 노는 아이들 틈바구니에 끼려고 했다. 아이들은 누가 더 용감하게 양말을 건드리는지 가리고 있었다. 아이들은 순서대로 양말에 다가갔다가 비명을 지르며 달아났다.

그 남자아이도 다른 아이들처럼 재미있는 척했지만, 내가 보기에는 나와 마찬가지로 왜 이런 놀이를 하는지 모르겠다는 표정이었다. 다른 아이들은 이 유치한 놀이를 즐겼지만, 그 아이는 어색한 표정만 지을 뿐이었다. 가장 안쓰러운 것은 다른 친구들이 이 아이에게 전혀 신경 쓰지 않는다는 점이었다. 이 아이가 틈만 나면 선생님 치맛자락을 쥐는 이유가 쉽게 이해 갔다. 아마 사회적 각성이 치솟아서 그랬을 것이다.

두 번째 남자아이는 자기보다 어린 네다섯 살짜리들이 노는 곳으로 직행했다. 아이들은 요새를 만들고 놀았다. 아니 두 번째 남자아이가 명령을 내리면 그보다 어린 아이들이 요새를 만들었다.

세 번째 여자아이는 혼자 그네 쪽으로 가더니 고개를 푹 숙이고 그네를 느릿느릿 흔들어 댔다. 한 교사가 아이에게 다가가 손목을 잡고 술래잡기 중이던 다른 아이들에게 데려갔다. 그렇지만 교사가 다른 아이에게 신경 쓰러 간 사이 여자아이는 곧바로 그네 쪽으로 다시 갔다. 내가 지켜본 결과 이 아이는 바깥놀이 시간 내내 아무하고도 말하지 않다가 놀이 시간이 끝나자 조용히 무리에 섞여 교실로 돌아갔다. 이 아이는 자신의 사회적 각성에 자신을 숨기는 반응을 보이면서 주변 어른들이 줄 수 있는 도움을 피하고 있었다.

세 아이 모두 유치원에서 사회성을 보여야 할 순간에 제대로 대처하지 못하고 있었다. 모든 부모가 자신의 아이가 사교성에 문제는 없는지 걱정한다. 다른 사람의 생각과 감정을 파악하는 것, 친구를 사귀는 것, 필요한 순간에 친구나 선생님에게 도움을 요청하는 것 등을 잘해 내는지 걱정한다. 그래서 아이가 걸음마를 떼기도 전에 공원에 데려가거나 친구들과 놀이 약속을 잡아 사교성을 가르치려고 한다. 그렇지만 이 세 아이들에게는 분명 뭔가 더 기본적인 요인이 얽혀 있었다.

어떤 아이들은 다른 아이들보다 훨씬 어렵게 사회성을 터득한다. 동조적 뇌에서 알 수 있듯이 인간의 뇌가 태어날 때부터 다른 뇌와 교감하려 한다는 사실을 고려한다면, 이는 다소 의아해 보인다. 그렇지만 어떤 아이들은 자기 부모하고만 교감이 가능할 뿐 다른 아이들과는 교감이 되지 않는다. 또 어떤 아이들은 자신이 잘 아는 친구하고만 교감이 가능하다. 그리고 이런 교감이 전혀 안 되는 아이들도 있다.

물론 내가 알고 싶은 것은 특정한 아이들이 왜 이런 일을 겪는가 하는 점이다. 더 중요하게는 우리가 해줄 수 있는 게 무엇인지 알아내는 것이다. 그 두 남자아이에게 다른 친구들이 하는 행동을 보거나 친구들이 하는 이야기를 듣는 것이 중요하다고 말해 줘도 그 아이들은 친구들과 어울리는 법을 알지 못할 것이다. 또 그 여자아이를 친구들 틈에 억지로 끼워 넣더라도 자발적으로 친구들과 어울리는 것에는 전혀 도움을 주지 못할 것이다.

유대감을 더욱 강화하는 신경지

우리는 다른 사람을 필요로 한다. 더 정확히 말하면 우리의 뇌는 다른 뇌를 필요로 한다. 단지 아기였을 때뿐만 아니라 평생 동안 필요하다. 하지만 그렇기 때문에 다른 뇌는 우리에게 상당한 스트레스가 되기도 한다. 그렇다면 어떻게 동일한 현상이 전혀 다르게 작용하는 것일까? 그 답은 미국의 위대한 생리학자 스티브 포지스Steve Porges가 소개한 신경지neuroception라는 개념에서 찾을 수 있다. 이는 내 상황과 주변 사람들이 안전한지, 잠재적 위험은 없는지 점검하는 뇌 깊숙이 자리한 시스템이다.[115]

나는 부모나 교사들과 신경지의 작동 원리를 살필 때 포지스 박사가 내게 보내준 영상을 활용한다. 영상에서 여덟 달 된 사내아이 에머슨Emerson은 엄마를 뚫어지게 바라본다. 아기가 행복한 표정을 지으며 까르륵거리는데 엄마가 갑자기 코를 푼다. 에머슨은 화들짝 놀란다. 그렇지만 잠시 그럴 뿐이다. 엄마가 환히 웃으며 부드러운 목소리로 달래자 다시 까르륵거린다.

그러다가 다시 엄마가 코를 푸는 똑같은 장면이 반복된다. 이 일련의 과정이 네 번 되풀이되고, 그럴 때마다 아기는 똑같이 반응한다. 엄마가 정말 세게 코를 풀 때마다 에머슨은 여지없이 청중에게 웃음을 주는 반응을 보인다. 즉 놀란 토끼 같은 눈으로 두려운 표정을 짓는다. 놀랄 때마다 에머슨은 몸을 격하게 움직이는데, 만약 아기 의자의 안전벨트가 아니었다면 앞으로 꼬꾸라졌을 것이다. 이는 아직 걸음마를 배우지 않은 아기도 격한 투쟁-도피 반응을 보일 수 있음을 보여주는 명백한 사례다.

우리 아기들도 항상 이러한 일련의 과정을 보여준다. 이때 어떤 의식적 판단이 개입하지 않는다. 아기의 반응은 뇌 중간 영역에 자리한 경보 시스템이 일으키는 자동 반사적 반응이다. 이 시스템은 위험을 감지하면 외부적 반응뿐 아니라 온갖 내면적 과정을 일으킨다. 즉 눈이 커지고, 입이 벌어지며 눈썹을 치켜뜨고, 몸의 근육이 긴장할 뿐 아니라 팔다리를 휘젓는다. 경보 시스템은 안전을 감지하면 눈과 뺨 주변의 근육을 다시 수축시키고, 몸의 긴장을 풀면서 이제 웃으라는 메시지를 보낸다.

경보기를 끄는 것은 동조적 뇌의 중요한 기능이다. 생후 초기에 가장 왕성하게 성장하는 전두엽 부위에는 우리를 진정시키는 시스템이 자리 잡고 있다. 이 시스템은 엄마가 코를 푸는 모습에 네 번 놀란 다음 이는 감기 때문에 코를 푸는 행동일 뿐이라고, 또 간헐적으로 울리는 자동차 경보음을 들은 다음 이는 경보기가 고장 나서 그런 것이라고 우리에게 알려주는 역할을 한다. 생후 초기에는 경보기를 끄는 역할을 다름아닌 보호자가, 즉 외부 두뇌가 해야 한다. 부모가 이 역할을 효과적으로 꾸준히 할수록 아기의 학습형 뇌도 더욱 활성화된다. 그래서 감기와 자동차 경보음은 물론이고, 언어와 얼굴 표정 같은 정보도 처리할 수 있게 된다.

그렇지만 신경지는 양방향으로 작용한다. 아기의 표정과 움직임이 자동 반사적이듯 엄마의 반응도 자동 반사적이다. 나는 학생들에게 공동 조절을 가르칠 때 엄마와 남자아기가 행복하게 노는 영상을 보여준다. 두 사람의 몸짓, 얼굴 표정, 감정은 섬세하게 동화된 상태다. 그러다가 아기가 엄마를 살짝 치면 엄마가 갑자기 화난 표정을 지으며 같이 놀아 주지 않는다. 아기는 바로 흠칫 놀라면서 몸이 뻣뻣하게 굳는다. 이때 엄마가 매우 걱정스러운 표정으로 아기를 부드럽게 바라보며 몸을 기울인다. 그러면 아기도 눈에 띄게 긴장을 풀고 다시 웃으며 친근하게 반응한다.

엄마의 표정이 자동 반사적으로 바뀌는 과정은 아기가 보여주는 모습과 조금도 다르지 않다. 처음에 두 모자는 눈을 반짝이며 웃는 등 즐거운 표정이었다. 반짝이는 눈빛, 생동감 있는 목소리, 부드러운 손길 등으로 보호자는 아기가 먹고 놀고 배울 때 각성도를 높여 주는 중요한 역할을 한다. 그렇지만 엄마가 코를 벌렁거리고 미간을 찌푸리면, 아기는 눈과 입을 크게 벌리면서 눈썹을 치켜세운다. 그러면 엄마가 다시 미간을 좁히고 눈을 가늘게 뜨면서 걱정스런 표정을 한다. 이어 두 사람 모두 눈을 반짝이면서 입가에 웃음을 띠고, 즐거운 표정을 짓는다. 단 몇 초 사이에 두 사람이 서로 각성된 상태에서 시작해 분노와 두려움, 우려를 오가다가 다시 행복한 표정으로 돌아올 동안 놀랍도록 섬세한 춤 동작이 얼굴에 펼쳐진다.[116]

두 사람은 얼굴 표정과 몸짓, 동작, 자세, 목소리로 서로에게 감정을 전달할 뿐 아니라 서로에게 감정을 불러일으킨다. 처음에 두 사람은 행복한 감정을 공유했다. 그러다 엄마가 화를 내고 아기가 놀라면서 서로 감정이 어긋났다. 이어 아기가 화를 내니 엄마가 놀랐고, 다시 두 사람은 행복감과 안도감이 공존하는 상태를 공유했다. 생리학적으로 두 사람은 최적의 각성 상태에서 순간적 과각성을 거쳐 다시 차분한 상태로 돌아왔다.

이 일련의 과정을 이해의 공유라는 맥락에서 설명하기란 어렵다. 이는 각자가 상대방의 감정에 자동 반사적으로 반응하는, 즉 행동과학적이자 본능적으로 반응하는 매우 원시적인 공동 조절 과정이기 때문이다. 사실 아이는 이를 토대로 마음 읽기 능력을, 즉 다른 사람의 몸짓 언어에서 생각이나 감정을 읽는 능력을 키운다.[117]

신경지는 두 사람뿐 아니라 인간 종을 결합시키는 접착제다. 이 시스템 덕분에 나와 다른 사람 사이에 공동 조절이 이뤄지면서 서로 안전감을 느낀다. 이는 위협에 대처하는 내면 과정과 괴로운 상태임을 알리는 외부 행동을 활성화한다. 또 괴로워하는 사람을 봤을 때 내면적 반응(변연계가 그들과 공명하는 것)을 일으키고, 그 사람을 달래 주는 외부적 행동(웃어 주고 위로의 눈빛을 보내는 것)을 하도록 유도한다. 이 핵심 시스템이 원활히 작동할 때 유대감이나 우정이 안정적으로 싹튼다. 만약 이 시스템이 차단되거나 심하게 고장 나면, 아이의 사회성 발달에 심각한 영향을 줄 수 있다.

사회적 유대감을 높이는 몸짓 언어

우리가 무표정 실험에서 확인한 반응은 아기 에머슨이 엄마가 코를 풀 때 기겁했던 반응과 비슷하다. 무표정 실험은 아기에게 매우 힘든 상황이었지만, 트로닉 박사는 더 큰 아이들도 이런 상황에 놓이면 똑같이 스트레스를 받고, 엄마들 역시 매우 힘들어한다는 사실을 보여주었다. 트로닉 박사의 보조 연구원 중 한 명은 약간 변형된 무표정 실험을 시도했다. 대학생들에게 아기나 보호자 역할을 맡긴 실험이었다.[118] 실험 결과, 아기 입장에 놓였던 학생들은 불안하고 답답하며 때로는 당황스럽다고 했다. 반응이 없는 엄마 역할을 맡은 학생들도 괴롭고 불안하며 부끄러운 생각이 든다고 했다. 그렇다면 왜 우리는 화가 나거나 반응이 없는 얼굴을 보면 안절부절못하고 자제력을 잃는 것일까?

물론 사회적 관계를 위협하는 상황에 모든 사람이 똑같이 반응하는 것은 아니다. 어깨를 으쓱거리며 웃어넘기는 사람도 있고, 치맛자락을 붙잡으려는 사람도 있으며, 구석으로 숨는 사람도 있다. 각각의 반응은 개인의 독특한 생물학적 기질의 산물인 동시에 유치원에 다니기 훨씬 이전부터 맺어온 사교적 관계의 이력을 보여준다.

여기서 우리가 주목할 점은 사회적 각성이 낳는 효과다.[119] 성인들 중에는 어떤 식의 교류에서도 스트레스를 받는 사람들이 있다. 스트레스가 극심해서 그 어떤 사교적 만남도, 심지어 가족이나 친구와 만나는 것조차 기피한다. 또 어떤 성인들은 사교적 에너지를 갈구해서 사람들과 어울려야만 즐거워한다. 사회적 각성 미터기가 어디를 가리키든 우리의 신경지 시스템은 끊임없이 안전함을 찾는다.

신경지가 안전하다고 판단하면 우리는 자신에게 적당한 선에서 차분하고 맑은 정신, 이완된 기분을 느낀다. 신경지가 위험을 감지하면 우리는 긴장하고 초조해지며 기력을 소모한다. 후자일 때 무표정 실험에서 본 여덟 달 된 아기처럼 아무 반응이 없고, 자신을 동요시키는 상대방의 행동을 바꾸려고 애쓴다. 이러한 노력이 수포로 돌아가면 냉담해지고 혼란스러워하거나 상대방의 얼굴을 똑바로 쳐다보지 못하고 제대로 교감하지 못한다.

신경지 시스템에서 가장 인상적인 부분은 신경지가 다른 사람의 어조와 동작, 표정 등 의식적 자각의 문턱 바로 아래에 놓인 몸짓 언어를 주시한다는 점이다.[120] 이러한 사회적 신호는 말하자면 레이더 바로 아래에 놓여 있다. 사실 이러한 무의식적 감시 장치는 남들과 소통할 때 서로 나누는 말보다 훨씬 더 중요한 역할을 한다.

언젠가 나는 우리 클리닉의 자기 조절 교육법에 동참하기 원하는 한 교장선생님과 이야기를 나누다가 수업을 방해한 죄로 교장실에 불려 온 아홉 살 여자아이 레이첼Rachel을 만났다. 보아하니 레이첼은 예전부터 교사들 속을 썩여 온 것 같았다. 수업 시간에 말썽을 피울 뿐 아니라 주변 아이들까지 부추겨서 수업 분위기를 흐렸기 때문이었다. 교사들은 레이첼에게 여러 번 주의를 주고, 짝꿍을 바꿔 주기도 했다. 레이첼이 교장실에 불려 온 것은 그때가 두 번째였다.

이후 전개된 상황은 신경지의 작동 원리를 보여준다는 점에서 무척 흥미로웠다. 나를 매우 의식한 교장은(사실 레이첼에게 네가 겪는 문제를 전공한 박사님이라고 날 소개했다.) "이번 일은 없던 것으로 하겠다. 네가 행동을 고치도록 도와주마. 앞으로 부모님에게 자랑스러운 딸이 되거라."라면서 그야말로 훈계의 정석을 보여주었다. 심지어 교장은 과각성 개념까지 꺼내면서 그런 행동이 나오는 순간을 의식하고 자신을 진정시킬 방법을 찾아야 한다고 설교했다.

그렇지만 문제는 교장이 몸짓 언어를 통해 자신이 하는 말과 전혀 다른 메시지를 전하고 있다는 점이었다. 교장은 인상을 썼고, 목소리가 격앙되었으며 손가락으로 탁자를 두드리고 있었다. 이러한 비언어적 공격에 기가 죽은 레이첼은 몸이 굳어 버렸다. 레이첼은 교장이 하는 말을 상당 부분 알아듣지 못했다. 얼굴에서 핏기가 가셨고, 결국 교장의 강요로 다시는 안 그러겠다고 약속했다.

레이첼이 나가고 나자, 아니 도망치듯 교장실을 빠져나가자 교장은 나를 쳐다보며 물었다. "저런 아이는 어떻게 다뤄야 합니까?" 이는 속상하고 답답해서 던진 질문이라기보다 같이 묘안을 짜보자는 순수한 요구처럼 들렸다. 나는 레이첼이 억양과 표정, 몸짓에 특히 민감한 아이 같으니 교장선생님의 메시지를 이해하게 하려면 레이첼이 차분히 집중하도록 해주는 것이 중요하다고 말했다.

우리는 레이첼이 왜 이런 문제 행동을 하는지 짚어 봤다. 우리 둘 다 동의한 점은 레이첼이 사회적 각성과 대인관계 기술이 부족한 탓도 있지만, 신체적 각성과 감정적 각성에 문제가 있어서 문제 행동을 한다는 사실이었다. 그렇지만 문제는 레이첼에게 사회적 각성을 편안하게 높여 줄 방법이었다.

한편 그 교장도 우리가 무의식적으로 하는 행동을 자각한 순간 자신의 몸짓 언어를 순식간에 바꿀 수 있다는 것을 보여준 놀라운 사례였다. 교장이 레이첼을 대하는 태도는 하룻밤 사이에 바뀌었다. 그렇지만 이는 교장이 무릎에 손을 내려놓으려고 의식적으로 노력해서가 아니었다. 레이첼을 완전히 다른 시각으로 봤기 때문이었다. 전에는 짜증스럽게 여긴 레이첼의 행동을 이제는 스트레스가 매우 심하다는 신호로 이해했다. 이렇게 인식이 바뀌면서 교장의 언성은 바로 낮아졌고, 시선 역시 부드러워졌다.

사회적 교감의 역설

물론 어떤 사람들은 우리가 무표정 실험 같은 상황에서 느끼는 불편한 감정을 이용한다. 쓸쓸하게도 모두가 갈구하는 사회적 욕구를 고의로 이용하는 사람들은 반응이 없는 보호자 역할을 한 대학생들처럼 고통을 느끼는 게 아니라 권력감과 통제감을 느낀다. 그렇다면 왜 이들은 극도로 이기적인 충동을, 즉 사회적 교감이라는 기본 욕구와 매우 상반되는 충동을 느끼는 것일까? 그 답은 복잡하며 다음 장에서 살피겠지만, 결국 친사회적 영역을 깊이 파고들어야 하는 문제다. 하지만 그 실마리는 신경지에서, 즉 '투쟁' 성향으로 기우는 스트레스 반응 시스템에서 찾을 수 있다.

지배욕이 있는 사람은 습관적으로 남들을 적대적으로 대한다. 자신의 업무 실적에 대한 연봉 인상을 요구하는 직원, 협상 자리에서 상대방의 약점을 이용하려는 기업가, 술집에서 남성의 유혹을 뿌리치는 매력적인 여성이 바로 그런 경우다. 이들은 무표정 실험에서 화를 낸 여덟 달 된 아기처럼 공격적인 성향을 보인다. 이들은 사회적 상황에서 습관적으로 불안을 느껴서 남들을 지배하려는 태도를 보인다.

역으로 순응이 습관화됐거나 모든 사회적 만남을 기피하는 사람들은 단지 태어날 때부터 소극적이었거나 선천적으로 부끄러움이 많아서 그런 것만은 아니다. 그 이유가 무엇이든 이들은 낯선 사람을 만나면 도피 반응을 지배하는 아드레날린을 분출하면서 쉽게 기능 정지에 빠진다. 이들의 도피 성향은 단지 감정적 요인뿐 아니라 생리적 요인도 작용한 결과로, 부교감신경을 활성화하는 방어기제가 작동한 것이다.

이런 패턴은 깨뜨리기가 쉽지 않은데, 이런 성향이 너무 깊이 뿌리 내렸다는 단순한 이유 때문이다.[121] 내가 유치원에서 본, 친구들을 계속 간섭하고 다니던 아이는 태어날 때부터 그랬던 것은 아니다. 또 집에서 억눌렸던 감정이 무의식적으로 드러난 것으로 보이지도 않는다.(물론 이런 점도 하나의 요인이 될 수 있다.) 그보다는 자신의 내면에 소용돌이치는 미묘한 감정 때문에 혼란을 느끼고, 그런 불명확한 감정이 들수록 남을 더욱 지배하려 드는 것이다. 운동장 구석으로 달아난 여자아이도 사회적으로 불안했을 뿐 아니라 자기 나름대로 스트레스를 줄이려고 했기 때문에 그렇게 행동한 것이다.

이러한 모습을 보면서 우리는 사회적 교감의 큰 역설을 이해하게 된다. 사실 우리는 사회적 동물이다. 우리는 세상에 태어날 때부터 다른 뇌를 받아들이려고 할 뿐 아니라 안전감을 위해 실제로 다른 뇌를 필요로 한다. 아기는 도움이 필요할 때 신호를 보내고, 보호자는 이 신호에 도와주겠다고 응답한다. 만약 보호자가 도와주겠다는 신호를 보내지 못하면(아기의 욕구를 잘 헤아리지 못했다든가 해서) 아기는 생물학적·감정적·인지적·사회적 영역에 걸쳐 과각성에 빠질 수 있다.

전에 한 젊은 부부가 아홉 달 된 아들 잭Zack이 엄마가 울면 웃는다며 내게 하소연했다. 아빠는 아들에게 가학적 성향이 있는 것은 아닌지 물었다. 나는 최대한 친절하게 아들이 보이는 모습은 단지 엄마가 우는 행동에 보이는 자동 반사적 반응이며, 엄마가 우는 모습을 본 순간 잭의 경보기가 켜진 것이라고 설명했다. 사실 이는 공포 반응으로 잭이 이러한 감정적 반응을 조절하려면 몇 년은 더 걸릴 것이라고 덧붙였다. 나의 말을 이해한 부부는 바로 안도했다. 분노 같은 자동 반사적 반응도 이와 마찬가지다.

그렇지만 이것이 위협적 상황에서 보이는 원초적 반응에 불과하다는 사실을 많은 부모가 이해하지 못한다. 전에 어떤 엄마는 아기가 짜증을 부리면 매우 화가 난다고 했다. 우리는 그 엄마가 자신을 진정시키고, 아기에게 부드럽게 반응하도록 도왔다. 아기가 갑자기 짜증을 부릴 때 부모도 같이 화를 내면, 아기의 신경지는 애초 짜증을 유발한 위협에 더욱 예민하게 반응하기 때문이다.

사회적 위협을 느끼면 생존형 뇌로 전환된다

습관적으로 의사소통에 혼선을 느끼면 아이는 두려운 상황일 때 자신에게 가장 필요한 것을 피하려 든다. 즉 보호자가 달래 주고 더 커서는 친구나 어른들이 진정시켜 주는 것을 기피하게 된다. 아이는 내성적으로 변하고 자기 내면에 갇혀 버린다. 이는 우리가 투쟁-도피 상태일 때 보이는 모습이다. 뇌가 위협을 느낄 때 가장 진화한 대처법인 사회적 교감을 버리고, 고립된 동물이 자기를 보호할 때나 필요한 훨씬 더 원초적인 방어기제를 택해 이른바 생존형 뇌로 돌아서는 것이다.[122]

이 상태에 빠지면 투쟁-도피 반응을 보일 때의 감정, 즉 위기 상황에서 빠져나가려고 혼자서 발버둥 칠 때와 유사한 감정을 느낀다. 아이들은 이런 감정일 때 말로 의사소통하는 것을 무척 어려워한다. 하지만 우리는 아이들이 비언어적 방법으로 소통하도록 도울 수 있다. 주니퍼 Juniper라는 근사한 이름을 가졌지만, 준벅Junebug(풍뎅이)이라는 애칭으로 불리는 한 여자아이는 당황스러운 감정이 들면 인형의 집 구석 자리에 인형을 갖다 놓아서 부모에게 자신의 감정을 알렸다.

투쟁-도피 상태에서는 매우 상냥한 사교적 행동도 위협으로 해석될 수 있다. 당신은 저녁만 되면 감정이 폭발했던 로지를 기억할 것이다. 한 번은 로지가 내게 엄마가 소리 좀 지르지 않았으면 좋겠다고 말했다.(사실 이런 말을 자주 했다.) 내가 목격한 바에 따르면, 마리는 로지가 화를 낼 때 고함을 치기는커녕 언성도 높이지 않았다. 그렇지만 이게 바로 로지가 느낀 상황이었다! 로지가 소리 좀 지르지 말라며 마리에게 화를 냈을 때 언성을 높인 적이 있긴 있었다. 그때 마리는 너무 속상해서, 다른 사람도 아닌 내 앞에서 딸에게 억울한 말을 듣고 상처를 받아서 목소리가 커진 것이었다.

우리는 부정적 편향에 빠진 아이를 설득하거나 혼내서 상황을 악화하지 말고, 그들을 다시 사회적 교류의 세계로 돌려보내야 한다. 이것이 가능하려면 아이들의 안전감을 다시 일깨워야 한다. 동조적 뇌의 주된 역할은 바로 아이들에게 안전감을 불어넣는 것이다. 그리고 안전감은 매우 오랫동안 필요하다는 점을 거듭 인지해야 한다. 이는 역동적인 아동기뿐 아니라 인생 전반에 걸쳐 필요하다. 특히 아동기 때 안전감이 중요한 것은 두말할 나위도 없다.

안전감이 단지 사회적 교류에서 느끼는 기분 좋은 감정에 불과하다면 이 문제에 주목할 필요가 없다. 사람들과 어울리다 보면 편할 때도 있고 아닐 때도 있는데, 이는 누구나 겪는 일이기 때문이다. 그렇지만 앞서 살펴봤듯이 안전감은 단지 주관적 경험이 아니며 훨씬 많은 것과 연관된다. 그리고 사회적 각성은 다른 모든 자기 조절 영역에 깊은 영향을 준다.

아이는 위협을 느끼면 교감신경이 우세해지거나(화내고 공격적인 성향을 보이며 도피하는 것) 부교감신경이 우세해진다.(소극적 태도나 마비 증상을 보이는 것) 이렇게 조절 장애가 생기면 긴장감, 감정, 자기 자각에 심각한 결과를 낳을 수 있다. 안전감을 느낄 때 경험하는 회복 상태는 단지 기분 좋은 감정이 아니다. 이는 배움과 성장이 가능해지는 상태다. 그리고 사회적 성장이 이뤄지는 상태다. 다시 말해 아이가 점차 복잡해지는 대인관계에 잘 대처해 나가는 사회성을 기를 수 있는 상태다.

안전지대 없이는 사회성 발달도 없다

지금까지 우리는 생물학적, 감정적, 인지적으로 회복하고 성장하려면 차분하게 집중하는 상태를 유지하는 것이 중요하다는 점을 살폈다. 그렇지만 이는 사회성 발달에도 마찬가지로 중요하다. 마치 격렬한 운동을 한 다음 회복 단계가 매우 중요한 것과 같은 이치다. 운동 마니아들은 운동 후 가장 중요한 것으로 회복기를 꼽는다. 근육은 익숙한 강도보다 약간 강한 자극을 받은 후 회복기를 거쳐야 성장하기 때문이다. 사회성 발달도 마찬가지다. 남들과 교류할 때 자신에게 낯선 상황을 생각해 보는 시간이 필요하다.

그렇지만 요즘 10대들은 늘 접속 상태on를 요구하는 소셜 미디어 때문에, 언제 어떤 이유로 내가 불편한 상황에 놓였었는지 생각해 볼 겨를이 없다. 이런 고민을 해야 사회성이 발달하는데도 말이다. 사교 활동이 문자 보내기와 액정 화면 들여다보기로 좁혀진 만큼 10대들은 얼굴을 마주하는 교류에서 체험하는 중요한 속성, 즉 몸짓 언어와 얼굴 표정, 어조, 억양, 물리적 맥락 등 사회적 교감과 사회성 훈련 및 발달에 반드시 필요한 속성을 놓쳐 버린다.

사실 생물학적·감정적·인지적·사회적 성장은 서로 얽혀 있기 때문에 각각을 구분하기란 다소 어려울 수 있다. 그렇지만 이들은 자기 조절의 서로 다른 양상을 가리킨다. 아이는 안전감을 느끼고 교감을 즐길 때 보호자나 다른 사람에게 오랫동안 관심을 쏟을 수 있다. 더 오래 집중할수록 아이는 사회적 패턴을 잘 인식한다. 패턴 인식은 말 그대로 뇌와 접속한 상태로, 이를 통해 다른 사람의 표정이나 목소리, 몸짓을 보고 들으며 다음 행동을 예측한다. 또 패턴 인식을 통해 자신의 바람과 욕구를 표현한다. 이러한 의사소통이 발달할수록 아이의 바람과 욕구는 점점 복잡해진다.

우리가 신경지를 다룰 때 보는 인상적인 비디오가 또 하나 있다. 영상에서 아빠는 침대에 누워 아기와 논다. 두 부자는 우리가 예부터 즐겨 온 웃긴 표정 짓기 놀이를 한다. 두 사람은 무척 즐거워하지만 채 1분도 되지 않아 지쳐 버린 아기가 고개를 돌린다. 아들에게 휴식이 필요하다고 판단한 아빠는 느긋하고 참을성 있게 아들이 기운을 회복할 때까지 30초 넘게 기다린다. 이후 두 사람은 다시 서로에게 우스꽝스런 표정을 지으며 활짝 웃는다.

이 영상을 두 달 전 우리 클리닉에 두 사람이 처음 왔을 때 찍은 비디오와 비교해 보자. 두 부자는 똑같은 놀이를 하고 있다. 그렇지만 이번에는 아들이 고개를 돌릴 때 아빠가 가만히 기다리지 않는다. 아들이

쉬고 싶다는 뚜렷한 메시지를 보냈는데도 아빠는 계속 놀고 싶어 한다. 화면에서 아기는 점점 불안해한다. 하지만 가장 안쓰러운 장면은 아빠의 얼굴에 드러난 표정이다. 아들에게 거절당해 서운해하는 표정이 역력하다.

처음 클리닉에 왔을 때 두 부자는 서로 동화하는 데 어려움이 많아서 둘 다 힘들어했다. 우리는 두 부자가 서로 동화할 수 있도록, 그래서 아이의 사회적 두뇌가 활성화하도록 도와야 했다. 뇌가 성숙해질수록 아기는 놀이 시간이 길어져도 참을 수 있고, 더 오래 놀려고 한다. 아들이 하자는 대로 응해 주고 아들이 편히 느끼는 자극의 강도를 조절해 줄 때 아빠는 단지 아들과 재미난 시간을 보내는 것이 아니라 아들의 사회적 두뇌를 발달시킨다.

내가 앞서 말한 섬세한 춤은 점점 더 복잡해진다. 이는 성장하면서 생기는 혹은 처음부터 내장된 기능이지만 학습으로 얻어지기도 한다. 더 오랫동안 복잡한 교감을 하면서 익혀 가는 것이다. 아이는 특정한 표정과 목소리, 몸짓 그리고 무엇보다 말에서 예측 가능한 행동을 배운다. 아이는 박스 스텝box step(사각형 형태로 발을 이동하는 기본 스텝—옮긴이)을 뗀 후 차츰 탱고를 추고, 마음 읽기와 마음 열기mind-displaying, 언어 능력 같은 기술도 습득하면서 더욱 많은 파트너와 춤추게 된다.

신경지는 사회성이 성장할 수 있는 안전지대를 만들어 준다. 이 과정은 아이의 정서적 발달 과정과 유사한데, 사실 이와는 뗄 수 없는 관계다. 어떤 이유에서든 아이가 사회적 교류를 힘들어하면 사회성 학습은 뒤처질 것이다.[123] 그래서 자신이 감당하기 벅찬 사회적 상황을 만나면 아이는 당황하면서 공격적으로 나오거나 그 상황에서 벗어나려고 한다. 이러한 반응은 아이의 사회성을 더욱 떨어뜨리는데, 더 복잡한 교류를 경험해야만 더 정교한 마음 읽기와 마음 열기가 가능하기 때문이다.

이런 아이는 갈수록 커지는 사회적 기대감에 부응하지 못해 문제를 겪는다. 아이는 낯선 사람의 얼굴에서 감정을 읽어 내지 못하고, 복잡하고 난해한 대화를 따라가지 못한다. 내가 한 말과 행동이 왜 상대방을 두렵고 화나게 하는지 이해하지 못한다. 집단에서도 소외감을 느낀다. 자기만 빼고 다들 농담하며 웃기 때문이다. 자신을 화성에서 온 인류학자라고 표현한 템플 그랜딘Temple Grandin(자폐증을 가진 동물학자)도 바로 이러한 내면세계를 겪었다.[124] 우리 주변에는 이런 감정을 느끼는 아이들이 많지만, 사람들은 찬찬히 사회성을 가르쳐 주기보다 매정하게 대하고 심지어 벌까지 주면서 아이들의 사회적 불안을 고조시킨다.

우리 주변에는 이런 상태에 익숙한 아이들이 많다. 우리 중에도 이 상태에 익숙한 사람들이 꽤 많을 것이다. 많은 경우 아이들은 대처 요령을 알아내고 부단한 노력으로 나름의 대처 전략으로 삼는다. 사실 이런 이유로 자기 분야에서 특출하지만 사회적 각성이 만성적으로 높은 성인들이 있다. 이들에게는 이러한 대처 전략이 자신에게 불편한 환경에서 두각을 드러내는 한 가지 방법이 된 것이다. 그렇지만 불안감은 윙윙거리는 배경음처럼 항상 이들을 따라다닌다. 그리고 만성적인 사회적 각성이 초래하는 결과는 너무나 자명하다. 수면 문제, 식이 장애, 뚜렷한 이유가 없는 신체 질환, 대인관계 문제, 막연한 불안감을 비롯해 심각한 증상이 나타나기도 한다.

제임스의 사회적 영역 성장기

제임스를 보는 순간 사람들은 호감을 느낄 것이다. 제임스는 매력적인 열여섯 살 남자아이다. 180센티미터의 키에 부슬부슬한 갈색 머리와 갈색 눈동자를 가진 제임스는 마르고 탄탄한 몸을 지녔다. 우리 할머니가 내 친구들에게 자주 썼던 표현을 빌리자면, 자신감 넘치고 남을 스스럼없이 대하는comfortable in his own skin 아이다. 그는 상대방 눈을 보면서 손을 꽉 쥐고 악수한다. 만나 뵙게 되어 정말 반갑다고 인사한 후 상대방 말을 유심히 듣는다. 말하자면 어디서나 바로 편한 분위기를 만들고, 상대에게 신뢰를 주는 사람이다. 당신은 아마 이 아이가 어린 시절 초초하고 불안해하던 아이, 투정이 심해 어린이집에서 받아 주지 않았던 아이, 과잉행동 때문에 학교에서 친구도 못 사귀고, 불만이 생기면 평정심을 잃으며 기본적으로 늘 말썽을 일으켰던 아이였다고 생각하지 못할 것이다.

어린 시절부터 제임스는 어떻게든 친구를 사귀려고 애썼지만 친구들과 어울리는 법을 몰랐다. 제임스 엄마는 친구와 일대일로 놀게 하거나 친한 엄마를 초대해 오후에 아이들끼리 놀게 하는 등 온갖 노력을 했다. 한번은 제임스가 집에 초대한 아이의 등을 세게 때리는 바람에 아이와 엄마가 달아나듯 돌아갔다. 결국 제임스는 한동안 풀이 죽어 지냈다.

그의 어린 시절에는 이런 일화가 수두룩했다. 제임스 엄마는 아이에게 보이스카우트 활동을 시키려고 했지만 보이스카우트 모임에 세 번 참석한 이후 지도교사는 "제임스는 아직 때가 아닙니다."라며 1, 2년 후에 다시 활동해 보라고 말했다. YMCA 여름 캠프와 동네의 유치원에서도 같은 일이 반복됐다. 유치원에서는 한 달 정도 버텼지만 원장으로부터 "제임스는 도움이 좀 필요한 아이 같습니다."라는 조언을 들었다. 제임스 엄마의 표현에 따르면, 유치원 생활은 처음부터 악몽이었다.

그렇지만 제임스는 스스로 노력해서 매우 다정하고 호의적이며, 고분고분한 아이가 되었다.(TV를 끌 때만 빼고!) 그렇지만 다른 아이들과 어울리면 제임스는 당황했다. 어울린 지 몇 분 지나지 않아 고함을 지르거나 친구들을 밀쳤고, 때로는 더 심한 행동도 하기 일쑤였다.

안타깝게도 어른들은 아이가 자꾸 이런 행동을 하면 몹시 화를 내면서 아이를 집단 활동에서 빼야 한다고 주장한다. 사회성 발달에 가장 필요한 경험을 아이에게서 박탈하는 것이다. 더 심하게는 아이에게 벌을 주거나 창피를 준다. 제임스도 3학년 때 이런 일을 겪다가 우리 클리닉에 도움을 받으러 왔다. 클리닉에 오기 전 제임스는 운동장에서 아무 이유도 없이 친구에게 먼저 싸움을 걸어서 심리 상담교사에게 불려 갔다. 상담교사는 그달 들어 이런 일이 세 번이나 생기자 이런 행동을 방치하면 완전한 행동 장애로 이어질 수 있다고 제임스 부모에게 말했다.

제임스의 부모인 샤론Sharon과 데이브Dave는 상담교사와 면담을 마치고 나서 인터넷에서 행동 장애에 관한 온갖 정보를 찾았다. 행동 장애를 겪는 아이는 학교를 일찍 그만두고, 약에 손을 대며 교도소에 가거나 정신 질환을 앓을 확률이 높다고 했다. 부부는 이 사실을 알고 정신이 번쩍 들었다. 데이브의 단호한 표현에 따르면 "아이를 다른 미래로 이끌 방법을 찾아보자."는 희망으로 요크York에 있는 우리 클리닉을 찾아왔다.

사실 제임스의 두드러진 문제는 마음 읽기, 즉 비언어적 신호를 감지하지 못한다는 점이었다. 우리가 파악하기에 다른 문제점은 없어 보였다. 아홉 살밖에 안 되는 이 아이는 사람들이 몸짓이나 어조를 통해 주고받는 미묘한 메시지를 눈치채지 못했다. 이런 이유로 제임스는 사회적 교류에서 스트레스를 받았다. 당신이 외국에 나갔는데 그 나라 말을 모르고 그 나라 사람들의 몸짓 언어도 이해하지 못한다고 생각해 보라. 사람들의 의도를 파악하지 못하는 것은 물론, 주변 상황과 동화되지 못해 매우 예민해질 것이다.

제임스는 확실히 다른 아이들의 의도를 읽지 못했고, 이런 이유로 주변에 다른 아이들이 있으면 불안해했다. 이럴 때 어떤 아이는 매우 위축되고, 또 어떤 아이는 무관심한 태도를 보인다. 또 도망 가는 아이가 있는가 하면, 과잉 행동이나 과잉 반응을 하는 아이들도 있다. 어떤 아이는 남들과 어울리지 못하면서 다른 아이들을 '웃기려고' 한다. 혹은 제임스처럼 이 모든 반응을 골고루 보여주기도 한다.

제임스는 학교생활이 힘들었다. 학교가 매우 강도 높은 사회적 공간임을 감안할 때, 이는 어느 정도 당연했다. 수업 시간에 각종 기능이 멈췄고, 운동장에서는 저돌적으로 변했다. 제임스의 이런 모습을 보고 아이들은 짓궂게 놀렸을 것이다. 어떤 아이들은 그를 자극해 화나게 한 다음 말썽 피우는 모습을 지켜봤을 것이다. 제임스는 종종 도망치기도 했다. 결국 교장은 집으로 전화를 해서 학교에서는 제임스를 관리할 수 있는 여건이 안 된다고 했다. 샤론의 말에 따르면, 그 통화는 호의적이지도 않았고 아이를 걱정하는 분위기도 아니었다. 교장의 화난 목소리를 들으니 샤론은 자신이 무능한 사람처럼 느껴졌다. 마치 형편없는 부모라고 야단맞는 기분이었다.

제임스가 아기 때 찍은 비디오를 보면, 부모가 보여주는 다양한 행동뿐 아니라 전혀 다른 두 아이를 확인할 수 있다. 한 아이는 부모와 놀 때 대체로 차분한 제임스다. 또 다른 아이는 생일 파티나 추수감사절 모임처럼 남들과 어울리는 자리에서 난감한 표정으로 재미있게 어울리려고 애쓰는 제임스다. 나는 진료실에서 제임스의 부모가 아이와 교감하는 모습을 매우 흥미롭게 지켜봤다. 이들은 부드럽고 천천히 말했고, 몸짓을 많이 섞거나 과도하게 웃지 않았다. 또 제임스가 대답하려고 머뭇거리면 차분하게 기다려 주었다.

세 사람이 우아한 리듬에 맞춰 교감하는 모습은 마치 왈츠를 보는 것 같았다. 제임스의 부모는 우리 클리닉을 찾기 훨씬 전부터 아이와 교감하려면 비언어적 신호를 자제해야 한다는 사실을 직감적으로 알았던 것 같다. 제임스는 우리 직원이 지나치게 활기차게 움직이자 곧바로 당황했다. 그 모습을 보니 그가 학교에서 어떤 일을 겪었을지 대충 짐작이 갔다. 친구들과 어울리려고 서툴게 시도한 것은 물론이고, 너무 많은 아이들과 더불어 내면에서 소용돌이치는 온갖 감정 때문에 당황했을 것이며, 한번에 여러 사람들과 교감하기를 힘들어했을 것이다.

아이들이 대처해야 하는 각종 위협 중 특히 힘든 상황은 어떤 사람이 다음에 할 행동이 예측되지 않을 때, 내가 다음에 어떤 행동을 해야 할지 모를 때, 심지어 다들 웃고 있는데 나만 그 이유를 모를 때다. 아마 이런 이유로 제임스는 수차례 싸움에 휘말렸을 것이다. 이럴 때 제임스를 설득하는 것은 무의미하다. 그는 다른 아이가 먼저 싸움을 걸었고, 먼저 자기를 때렸다고 말할 것이다. 싸우는 과정을 모두 지켜본 교사는 당연히 화가 치밀 것이다. 그래서 최악의 상황으로 제임스가 상황을 모면하려고 거짓말을 한다며 계속 혼냈을 것이다.

생각해 보면 교사의 행동도 맞다. 그렇지만 지금까지 아무도 고려하지 않은 점은 제임스가 정확히 자기가 인식한 대로 상황을 설명했다는 사실이다. 그는 위기를 모면하려고 말을 꾸며 내지 않고 정확히 자신이 겪은 대로 상황을 설명했을 것이다. 부정적 편향이 낳는 왜곡은 아이가 구성한 사건이 사실과 무관해도 아이 역시 상황을 왜곡해서 받아들인다는 점에서 큰 문제다. 경보기가 커지면 전혀 악의 없는 행동도 위협으로 여긴다. 과각성인 아이는 친구가 장난으로 밀쳤지만, 이를 공격으로 받아들이고 친구를 철썩 때린다. 또 교사가 순서를 지키라고 말하면, 선생님이 자기를 싫어해서 소리쳤다며 울어 버린다.

어린 제임스가 겪어야 했던 온갖 난관 중 가장 힘들었던 점은 학교에서 늘 문제에 휘말리는 것이었다. 그는 점심시간이나 쉬는 시간에 교실에서 혼자 남아 주기적으로 벌을 받았다. 또 여러 번 징계를 받았고, 3학년 때는 이틀간 정학도 당했다. 그러다 보니 제임스가 문제라는 소문이 쫙 퍼졌고, 교사들 사이에서도 제임스에 대한 인식이 좋지 않았다. 제임스가 어떤 행동을 해도 교사들은 자기도 모르게 엄한 얼굴로 그를 대했다. 교실에서 어떤 소동이라도 벌어지면 제일 먼저 지목당하는 사람도 늘 제임스였다.

시간이 갈수록 상황은 심각해졌고 5학년 학교생활은 그야말로 엉망진창이었다. 복도에서 혼자 벌을 받거나 교장실에 불려 가지 않는 날이 하루도 없었다. 제임스는 아침에 일어나면 등교를 두려웠고, 수업이 끝나서 집에 오면 감정적으로 만신창이가 되어 있었다. 결국 그의 부모는 뭔가 과감한 조치가 필요하다고 판단했다. 이듬해 캐나다 자기 조절 교육 방안Canadian Self-Regulation Initiative에 따라 지도하는 학교로 제임스를 전학시켰다. 학생과 교사, 관계자, 부모 모두에게 자기 조절법 교육을 추진하는 새로운 학교에서 제임스는 새로운 친구들과 교사들을 만났고, 온정적인 교장도 제임스를 돕겠다고 나섰다. 교장은 그의 상태를 직감적으로 이해했고, 보조 교사를 붙여 주었다. 그 결과 제임스의 6학년 생활은 놀라운 사건의 연속이었다.

제임스를 맡은 보조교사 텔라Tela는 내가 여태껏 만나 본 사람들 중에 매우 온화하고 인내심이 강한 편에 속했다. 텔라 선생은 처음부터 제임스가 편안해하는 속도에 맞춰 가르치려고 했다. 하지만 이렇게 하려면 제임스가 텔라 선생에게 믿음을 보여야 했다. 텔라 선생은 제임스에게 소리를 지르거나 강요한 적이 한 번도 없었고, 명확히 이해하는 선에서 제약을 했다. 무엇보다 중요한 점은 텔라 선생이 자연스럽게 제임스의 부모처럼 행동했다는 것이었다. 즉 천천히 조용하게 말했고, 손짓이나 몸짓, 지나치게 큰 동작을 하지 않았으며 매우 인내심 있게 대했다.

학교 선생들은 모든 상황을 통보 받는다는 조건으로 언제든 텔라 선생이 필요하다고 판단하면 제임스가 교실 밖으로 나갈 수 있게 했다. 처음에는 제임스가 텔라 선생과 조용히 자리에서 일어나 학교 주변을 산책하며 긴장을 푼 다음 다시 교실로 돌아오는 일이 자주 있었다. 이런 자유가 주어진 것만으로도 상당한 진정 효과를 얻었다. 그리고 교실을 나가는 횟수가 점점 줄더니 성탄절 즈음에는 교실을 나가는 일이 아예 없었다. 교사에게 반항하는 일도 물론 사라졌다.

학교 공부와 관련해 텔라 선생은 제임스가 관심이 많은 분야부터 찾았는데, 그것은 바로 2차 세계대전이었다. 곧 그는 역사책을 닥치는 대로 읽으면서 역사에 빠져들었다. 그다음은 큰 난관인 수학이었다. 다양한 수학 게임을 해본 결과 제임스가 수학을 어려워한 이유는 주로 불안감 때문이었다. 그는 도전했다가 실패하느니 아예 시도도 안 하는 게 낫다고 생각했다. 그렇지만 곧 수학에도 뛰어들었다. 그러면서 자신감이 눈에 띄게 커졌다. 그 결과 놀랍도록 단기간에(정말로 놀라운 일이었다.) 제임스는 6학년 진도를 따라잡았을 뿐 아니라 진도를 앞서 나가기 시작했다. 어떻게 이 모든 일이 가능했을까?

그 답은 텔라 선생이 그에게 안전감을 느끼게 해줬기 때문이었다. 제임스는 안전감을 느낄수록 수업에 잘 집중했다. 그런데 더욱 놀라운 일이 벌어졌다. 제임스가 다른 사람들과 관계를 맺기 시작한 것이다. 수업 분위기를 따라갔고, 다른 친구들과도 원만하게 지냈다. 사교성이 부족하다고 판단했던 많은 부분이 신경지 문제로 생긴 일이었다. 그동안 제임스는 자기 부모처럼 사회적 교감 능력을 길러 준 교사를 거의 만나 보지 못했다. 그래서 학교에만 가면 불안해하면서 실제로 아무 일이 없는데도 위협을 느꼈다.

문제는 제임스가 학교에서 큰 소리로 야단맞는 일이 많고, 문제를 일으키는 경우가 잦았으며, 잘못을 했을 때 자신이 뭘 잘못했는지도 모른 채 억지로 사과하거나 잘못을 인정했다는 점이었다. 그가 배운 것은 "죄송합니다."라거나 "다시는 안 그러겠습니다."라고 말해야 꾸지람이 멈춘다는 것이었다. 이런 반응이 교사들 눈에는 제임스가 정말로 잘못을 인정하는 것처럼 보였을 뿐이었다. 그렇지만 제임스는 사람들이 왜 그렇게 자신에게 화를 내는지 도통 이해하지 못했다. 결국 그의 모든 시스템은 부정적 사이클에 갇혀 버렸고, 이런 이유로 행동 장애를 향해 다가가고 있었다. 사회성을 배울 능력이 부족해서가 아니라 자신의 행동을 통제하려고 노력하지 않는 아이로 비춰졌기 때문이었다.

하루는 텔라 선생이 내게 전화해서 제임스의 사교성을 키워 줄 묘안을 짜보자고 했다. 우리는 농구 연습을 시켜 보기로 했다. 텔라 선생은 그를 농구장에 데려간 다음 수석코치 자격으로 경기장 안까지 데리고 들어갔다. 그리고 휴식 시간에 도움이 필요하면 자기에게 오게 하되, 주위를 맴돌지 않았다.

나도 직접 경기장에 가서 어떤 일이 벌어지는지 지켜봤다. 농구장을 들여다보고 있자니, 유치원의 그 세 꼬마가 떠올랐다. 농구장에는 한 무리의 남자아이들이 자신들이 만들어 낸 게임을 하고 있었다. 이는 야구, 축구, 럭비가 뒤섞인 게임이었다. 나는 경기 규칙이 선뜻 이해 가지 않았다. 그래서 제임스도 경기 규칙을 이해하지 못해 게임을 포기할 것이라고 확신했다.

그가 꼬마였을 때 이런 일이 생기면 운동장 구석에 처박혀서 곤충이나 돌멩이를 유심히 관찰했다. 그렇지만 이번에는 달랐다. 제임스는 텔라 선생에게 가서 뭔가 말하더니 다시 경기장으로 돌아갔다. 휴식 시간 내내 텔라 선생에게서 벗어나 아이들과 함께 있다가 묻거나 할 말이 생기면 다시 텔라 선생에게 갔다. 내가 보고 있는 장면은 선생님의 치맛자락을 계속 붙들고 있던 유치원 꼬마의 행동과 정확히 일치했다.

제임스는 수업이든 쉬는 시간이든 필요한 순간에 텔라 선생의 도움을 받아 가며 차분히 사회적 교류를 할수록 교사뿐 아니라 다른 아이들에게도 오래 집중할 수 있었다. 그러면서 사교성도 향상됐다. 물론 이는 단번에 일어나지 않았다. 갑자기 다른 아이들처럼 행동하는 마법 같은 순간은 없었다. 느리지만 분명히 변화가 생기고 있었다. 그러면서 부모가 두려워한 미래, 즉 제임스가 언젠가 행동 장애 증상을 보일 것이라는 암울한 전망이 서서히 걷히기 시작했다.

제임스가 열여섯 살 때 그의 부모인 샤론과 데이브에게 아이를 보면서 두려운 미래가 아닌 어떤 가능성 있는 장래를 꿈꿔 본 적이 있는지 물었다. 두 사람은 제임스가 고등학교 2학년 때 농구부 주장으로 뽑혔을 때라고 답했다. 이는 농구 실력에 비해 과분한 자리였다. 그렇지만 정말 중요한 것은 가족이 아닌 다른 어른에게 처음으로 인정받은 때라는 점이었다. 다른 농구부 아이들도 제임스를 인정해 줘서 늘 상처뿐이던 자존감이 향상됐다.

제임스가 부정적 편향을 극복하는 데 있어 농구가 결정적 역할을 한 것은 두말할 나위 없었다. 길거리에서 농구공을 튕기며 걸었고, 차고 진입로에서 몇 시간이고 점프 슛을 연습했으며, 여름 내내 오른손에 압박붕대를 감고 강제로 왼손 쓰는 법을 익혔다. 그는 현재 프로선수를 꿈꾸고 있으며, 실제로 도전할지도 모른다. 그는 붙임성 있고, 정서적으로 안정됐으며 대인관계가 원만해서 어떤 분야에서도 성공할 만한 자질을 두루 갖췄다.

아이들은 보통 자연스러운 관심사를 통해 각 영역의 자기 조절 능력을 길러 줄 수 있는 내적 동기를 발견한다. 제임스에게는 농구가 다섯 가지 영역에 걸친 조절 능력을 길러 줬다. 공동 조절이 이뤄질 때 팀은 승리했고, 제임스는 농구 실력이 향상될수록 다른 사람들이 하는 행동에도 관심을 보였다. 차츰 사교적으로 변하면서 대인관계도 원만해졌다. 내 생각에는 탈의실에서 친구들과 어울리고, 같이 밥 먹으러 다니며 농구 팀 버스로 다 같이 이동하고, 토너먼트 경기를 치를 때 시간을 보내면서 이런 능력이 어느 정도 길러진 것 같았다.

우리는 제임스의 사례에서 다섯 가지 영역의 시스템적 상호 연관성을 그리고 특정 영역의 행동을 발달시키려고 할 때 개별 영역과 전체 영역을 모두 살펴야 한다는 사실을 다시금 확인한다. 제임스는 사교성이 좋아질수록 감정 조절 능력도 향상됐다. 즉 사회적 상황에서 느끼는 불안이 줄어들면서 사교성이 좋아졌다. 마음 읽기에 능숙해지면서 사회적 교류에서 빼앗기는 에너지가 줄어들었다. 불안감이 누그러지면서 자기 주변뿐 아니라 내면에서 벌어지는 일에 더 집중하게 되었다. 심지어 자제력도 커졌다.

샤론이 들려준 매우 감동적인 이야기가 하나 있다. 토너먼트를 치를 때 제임스는 다른 아이들과 함께 호텔 풀장에 가서 놀지 않고 충분한 휴식을 취한 다음 경기에 대비하기 위해 일찍 잠자리에 든다고 했다. 사소해 보일 수도 있지만, 어린 시절 내내 주변 아이들이 흥분하면 기질적으로 지나친 과각성에 빠졌던 아이에게는 절대 사소한 일이 아니다. 이제 자기 자각과 자기 조절 능력이 가능해진 제임스는 자신에게 최선인 방법을 알아내고, 자신의 선택으로 이를 실천에 옮길 수 있게 되었다. 이는 엄청난 진전이었다.

자기 조절법은 긍정적 사고 활동을 위한 발판이다

사회적 영역의 자기 조절은 신경지와 사고 활동 시스템의 발달과 근본적으로 연결된다. 여기서 문제는 사회적 교류가 그 자체로 스트레스이기도 하지만, 동시에 그런 스트레스를 다루는 1차 방어선이기도 하다는 점이다. 자기 조절법을 통해 우리는 부모들이(나중에는 교사들이) 아이가 이런 긴장감을 잘 다루도록 도와줄 수 있다는 것을 확인한다.

아이의 초기 발달을 결정짓는 근본적인 요인은 부모와 아이 혹은 양육자와 아이 두 사람의 관계 그리고 동조적 뇌다. 이는 아동 발달의 모든 영역에 적용되며, 우리의 예상보다 훨씬 오랫동안 영향을 준다. 그 기간은 몇 주나 몇 달이 아닌 수십 년이고, 그 발달 과정은 정체와 퇴보를 거듭하며 서서히 진행된다. 아이가 걷게 될 경로는 바로 우리, 즉 아이의 인생과 함께하는 고차원 두뇌가 아이의 욕구에 어떻게 대응하느냐에 따라 달라진다.

앞서 살핀 사례에서 실행 기능을 키우기 위해 타일러에게 필요했던 교류가 실제 타일러가 겪은 교류와 일치하지 않았다는 점을 떠올려 보자. 타일러에게 필요한 것은 주변 사람들의 차분한 반응이었다. 가만히 있으라는 강요나 더 노력하라는 질책이 아니었다. 이는 타일러에게 위협으로 인식될 뿐이었다. 이는 제임스도 마찬가지였다. 제임스에게 필요했던 것은 사교 활동을 위해 사교적 기술을 기르는 것이 아니라, 사교적 기술을 기르기 위해 사교 활동을 하는 것이었다.

우리는 자녀들이 원만한 사회생활을 하기 바란다. 이것이 가능하려면 아이들이 비언어적 신호를 읽을 수 있어야 한다. 어떤 아이들은 주변에서 더 많이 도와주고 끝없이 인내해야 가능하다. 그리고 결국에는 모든 아이가 사회적 신호와 주변의 분위기 읽는 법을 배울 수 있다. 차분하고 맑은 정신만 가능하다면 마음 읽는 법은 뒤늦게라도 배울 수 있다. 우리는 선생님의 치맛자락에 매달리는 행동처럼 사회적 각성이 고조된 상황을 발견하는 눈이 있어야 한다. 언제 아이들의 경보기가 울리는지, 이런 일이 언제 발생하는지 알아야 하고, 아이가 편히 느끼는 상태에 맞춰 교감하면서 아이의 각성도를 낮춰야 한다. 그리고 아이가 자기 조절 전략을 개발해 사교 활동이 가능하도록 도와야 한다. 아이는 자연스러운 교감이 있어야만 마음 읽는 기술을 터득한다. 그리고 자연스러운 교감은 아이가 안전감을 느껴야만 가능하다.

제 9 장

더 나은 자아

공감 능력과 친사회적 영역

그해 하키 시즌에 우리 아들 사샤Sasha가 속한 하키팀은 연승 행진 중이었고, 이제 또 한 번의 승리를 눈앞에 두고 있었다. 당시 열한 살이었던 사샤는 여러 번의 득점으로 팀의 승리를 이끌고 있었다. 그런데 경기 종료 직전 사샤는 살짝 밀어 넣기만 하면 되는 마지막 득점 기회를 뒤따라오던 같은 팀 선수에게 양보했다. 경기를 화려하게 마무리할 수 있는 이 쉽고도 멋진 기회를 왜 양보한 것일까? 나는 집에 돌아오는 차 안에서 아들에게 약간 따지듯이 물었다. 그때 사샤가 힘주어 말한 답변은 아직도 내 귓가에 맴돈다. "내가 잘하는 것보다 팀이 잘하는 게 더 중요하잖아요, 아빠."

모든 아이는 사심 없이 행동하는 능력과 남들의 웰빙을 고려하는 능력을 갖고 태어난다.[125] 사실 자궁에 있을 때부터 이런 성향을 띤다. 그래서 아주 어린 아이도 끌어안고, 만지고, 간식이나 장난감을 같이 나누는 등 자발적으로 남을 보살피거나 달래는 행동을 한다. 연구에 따르면, 누가 괴로워할 때 아기들도 이를 인지하고 반응할 수 있다고 한다. 당신은 자녀가 자라서 남들과 뭐든 선뜻 나누고, 친구를 위로하며 새로 전학 온 친구를 반길 줄 아는 아이가 되길 바랄 것이다. 또 더 큰 그림을 보고 남을 도울 줄 아는 사람이 되길 바랄 것이다. 이는 간단한 행동처럼 보일 것이다. 그렇지만 수차례 경험해 봐서 알겠지만, 막상 그렇게 하는 것이 쉽지 않다.

친사회성은 사회과학자들이 만들어 내기 좋아하는 전문 용어 중 하나다. 전문가들은 그 뜻을 놓고 논쟁을 벌이지만 부모들은 평생 살면서 이 말을 쓸 일이 전혀 없을지도 모른다. 그렇지만 반사회성의 반의어인 친사회성은 인간다운 면모를, 즉 공감할 줄 알고 너그러우며 남을 달랠 줄 알고 이기적이지 않은 선량한 기질을 가리킨다. 우리는 이런 기질이 아이들 몸에 배길 바라는 만큼, 아이들이 이와 동떨어진 행동을 하면 몹시 불안해한다. 자신의 아이가 인정머리 없고, 남을 이용하려 들며 완전히 이기적인 사람으로 자라길 바라는 부모는 없기 때문이다.

아이들이 보여주는 다양한 반사회적 행동을 보면 미래가 암울해지는데, 특히 10대 총기 난사 사고나 사이버 폭력 등 극단적인 사건을 접할 때 그렇다. 일상에서 이보다 더 자주 접하는 친구를 괴롭히거나 타인에 대한 배려 부족도 우리를 심란하게 한다. 친구를 공격하거나 따돌리는 것, 자아도취적 태도 등은 폭력성이 없더라도 도덕적이지 못한 행동이기 때문이다.

배려심 없는 아이가 보이는 사소한 실수도 자주 반복되면 때로는 화가 치밀고 우려스럽다. 아이의 성격이나 도덕심에 대한 우려는 아이의 발달 과정을 대하는 우리의 인식에 특히 큰 영향을 준다. 사실 친사회적 영역만큼 정의가 막연하거나 도덕적 함의가 짙은 영역도 없다. 부모들은 대개 아이가 사회적 문제나 감정적 문제, 학습 장애를 보이면 어느 정도 이해하고 넘어간다. 하지만 성격에 문제를 보이면 더욱 심한 본능적 반응을 보인다. 신경과학 분야의 최근 연구에 따르면, 무신경하거나 남에게 상처를 주는 행동부터 거짓말하기, 남 속이기, 물건 훔치기 등 성격에 문제가 있다고 여겨지는 행동은 각성 조절을 못하는 아이, 특히 감정 영역을 조절하지 못하는 아이에게서 많이 나타난다고 한다. 우리가 다룰 친사회적 영역은 바로 이런 충동성, 부정적 감정에 대한 미숙한 대처, 부주의함, 낮은 사회 지능 등에 주목하는 부분이다.

아이의 친사회성을 기르는 질문

친사회적 영역은 본질적으로 그 어떤 영역보다 아이들에게 스트레스를 준다. 그 이유는 아이가 느끼거나 원하는 것이 다른 아이나 집단이 느끼거나 원하는 것과 언제나 갈등을 빚기 때문이다. 요즘도 일각에서 주장하는 전통적 견해에 따르면, 아이는 강제적으로 가르치지 않는 한 이기적인 모습에서 벗어나 남들과 공감하고 주변을 배려하는 모습을 절대 보여주지 않는다. 이런 견해에 따르면, 이기적인 충동을 억누르는 의지력과 자기 통제력을 발휘하게 하려면 아이를 반드시 훈련시켜야 한다. 그렇다면 이는 자기 조절 모델의 마지막 다섯 번째 영역이 결국 은 자기 통제에 대한 내용이라는 뜻일까?

자기 조절법에서는 친사회성을 발달시키는 다섯 번째 영역을 자기 통제력을 기르는 문제가 아닌, 모든 아이들이 태어날 때부터 지니는 공 감적 유대를 기르는 문제로 본다. 앞장에서 사회적 영역을 다룰 때 살 폈던 것처럼 인간은 태어날 때부터 사회적 유대감에 굶주려 있다. 인간 이라는 종은 살아남아 번성하려면 친사회적 성향이 꼭 필요하기 때문 이다.

달리 말해 '어떻게 하면 우리 아이를 괜찮은 사람으로 만들 수 있을 까'라는 질문보다는 '어떻게 하면 우리 아이에게 남을 배려하고 남과 공감하는 타고난 성향을 깨우쳐 줄 수 있을까'가 훨씬 더 바람직한 질 문이다.[126] 물론 아주 어릴 적부터 이런 성향과 거리가 멀어 보이는 아 이들도 있다. 자기 조절법을 통해 이런 일이 언제 어떤 이유로 생기는 지 이해할 수 있을 뿐 아니라 더 중요하게는 그럴 때 어떻게 대처해야 하는지도 알 수 있을 것이다.

남을 배려하는 성향을 지닌 사회적 존재

괜찮은 사람이 되려면 아이에게 기본적 본능을 억누르는 법을 가르쳐 야 한다는 생각(필요하면 강제로라도 가르쳐야 한다는 생각)은 17세기 영국 의 철학자 토마스 홉스Thomas Hobbes의 핵심 주장과 맞닿아 있다. 그는 저서에서 인간이 자연스러운 본능을 발휘하도록 내버려 두면 "예술도 문자도 사회도 존재하지 않는다. 무엇보다 끔찍한 것은 인간이 끊임없이 두려움에 시달리고 난폭한 죽음에 노출된다는 점이다. 그런 상태에서 인간의 삶은 고독하고, 가난하고, 비참하며 야만적인 데다 짧기까지 하다."라고 썼다.[127] 이러한 주장에 따르면, 우리가 야만적 본성에서 살아남으려면 인간을 법으로 묶어 놓아야 하고, 이에 순응하지 않는 사람은 억지로 따르게 하거나 추방 혹은 감금해야 한다. 하지만 이러한 강제력은 두려움만 주입할 뿐 공감 능력을 키우지 못한다. 공감은 인간에게 자연스러운 것으로, 동조적 뇌가 공감적 교감을 나눌 때 자연스럽게 길러진다.

자기 조절법에서의 핵심은 우리가 사회적 존재고, 바로 그렇기 때문에 처음부터 공감을 요구하는 뇌를 갖고 태어난다는 사실에 있다.[128] 진화생물 학자들의 연구에 따르면, 모든 고등한 영장류에게는 공감 능력이 있다고 한다.[129] 이는 우리가 물려받은 생물학적 유산의 핵심이다. 어린아이의 공감 능력을 다룬 상당수의 연구도 이 사실을 명백히 밝혀 주고 있으며, 많은 부모와 유아를 기르는 양육자들 역시 집에서 남을 배려하는 아이의 모습을 확인한다.

물론 아이가 타고난 공감 능력을 제대로 발휘하지 못한 채, 탐욕스럽고 이기적이며 냉정하고 심술부리는 등 배려 없는 모습을 보이는 데에는 사회적 이유뿐 아니라 생물학적 이유가 작용한다. 그렇지만 적절한 환경이 갖춰지면 선한 양심과 진정성, 동정심을 갖춘 그리고 자신의 욕구보다 남들의 욕구를 앞세울 수 있는 아이로 기를 수 있는 생물학적 기제 또한 분명 존재한다. 이런 모습은 바로 대다수가 염원하는 더 나은 자아다. 사실 반사회적 행동은 정상적이지 않은 이례적 행동anomaly 임을 보여주는 증거가 도처에 있다. 만약 반사회성이 정상적 행동이었 다면 인류는 지금까지 살아남지 못했을 것이다.

공감 능력을 바라보는 새로운 시각

친사회성은 무엇보다 아이가 공감을 받아 본 경험이 있어야 발달한 다.[130] 그래서 아무리 제멋대로 행동해도 사랑받아야 한다는 것이 자기 조절법의 핵심이자 주요 원칙이다. 남에게 조절을 받아 본 아이가 스스 로 조절하는 법을 터득하듯이 남에게 공감을 받아 본 아이가 공감 능력 이 발달한다. 공감 능력은 모두가 타고나지만, 아이는 공감을 경험해 봐야 이 능력을 활짝 꽃피울 수 있다.

수업을 방해한 죄로 교장실에 끌려온 레이첼은 교장이 꾸짖는 순간 두려움에 몸이 얼어붙었다. 이때 레이첼이 교장의 반응에서 얻은 것은 두려움이라는 감정뿐이었다. 레이첼은 더욱 바람직한 가르침을 배울 기회뿐만 아니라 더 깊은 공감적 반응을 통해 자기를 자각하는 능력과 남들의 욕구를 파악하는 능력을 기를 수 있는 기회를 놓쳐 버렸다.

진정한 공감은 단지 기분이 상한 아이를 동정적으로 대하는 것이 아 니다. 진정한 공감은 더 깊은 이해가 필요한 반응으로, 단지 머리로만 이해하는 것이 아니라 구체적인 이해가 뒷받침되어야 한다. 어른들은 자신이 화났을 때 어떤 기분이었는지 떠올려 본 다음, 아이가 왜 기분 이 상했고 내가 어떻게 도울 수 있는지 알아내야 한다. 아이는 자신이 몹시 이기적이었다는 사실을 알 리 없다. 물론 자신이 왜 그렇게 이기적으로 행동했는지도 설명하지 못한다. 이는 어른들이 해줘야 하는 역할이다.

우리는 공감을 아이의 내면에서 벌어지는 일로만, 즉 성격이나 기질의 문제로서만 바라봐서는 안 된다. 진정한 공감은 두 사람 간에 벌어지는 일이다. 우리는 동조적 뇌를 통해 두 사람의 경험을 아우르면서 공유된 감정 상태를 조절할 수 있어야 한다. 아이가 힘들어하면 우리도 힘들어지는데, 이럴 때 우리의 고차원 두뇌가 그 원인을 알아내고 고통을 낮추는 역할을 해야 한다.

속수무책인 아이에서 남을 돕는 아이로 거듭나기

15세기 후반의 도덕극 《만인의 소환》The Summoning of Everyman은 평생 온갖 유혹에 맞서 싸워야 하는 우리의 인생 여정을 그린 대작이다. 그 여정(혹은 고군분투 과정)은 모든 아이의 동조적 뇌가 한 극단에서 다른 극단으로 성장해 가는 과정으로도 해석할 수 있다. 다시 말해 응석받이에서 배려 있는 친구로 그리고 먼 훗날에는 사려 깊은 부모로 성장하는 과정, 자신의 욕구만 채우려는 사람에서 다른 사람의 욕구를 충족해 주는 사람으로 발전하는 과정, 조절 받는 사람에서 조절해 주는 사람으로 거듭나는 과정으로 풀이할 수 있다.

동조적 뇌의 발달 과정은 고된 여정일지도 모른다. 통제가 안 되는 이기심으로 이끄는 욕구와 충동이 커다란 바위처럼 우리를 가로막고,

그 발달 경로도 일직선이 아니기 때문이다. 아이들은 어떤 순간에는 공감하는 모습을 보이다가도 다른 순간에는 그렇지 않다. 또 어떤 사람에게는 공감하지만 다른 사람과는 공감하지 못한다. 동조적 뇌는 가끔 다른 길로 돌아가기도 하고 길에서 벗어나기도 하는 등 구불구불한 경로를 따라 발달하기 때문이다. 우리는 아이들이 특히 심한 스트레스를 받을 때 자기중심적 태도로 퇴행하는 과정을 자연스럽게 받아들여야 한다. 이는 여러 가지 면에서 원시적 방어기제의 특징이다.

부모라면 이 순탄치 않은 여정을 직접 겪어 봤을 것이다. 다들 알다시피 아기를 돌보는 일은 힘들면서도 매우 보람 있다. 이는 부모들의 본성이다. 부모와 양육자는 아기를 조절해 주는 외부 두뇌 역할을 하면서 즐거움과 평온함, 에너지를 느끼게 하는 신경전달물질을 분비해 그 노력에 대한 보상을 받는다. 2006년에 과학자들은 남에게 베풀면 뇌에서 기분이 좋아지는 신경전달물질이 분비된다는 사실을 밝혀냈는데, 이 현상을 헬퍼스 하이helper's high라고 한다.

또 다른 연구 역시 헬퍼스 하이가 사람의 건강에 유익하다는 사실을 알아냈다. 베푸는 사람은 베풀지 않는 사람보다 훨씬 더 행복하고 건강한 것으로 드러났는데, 심리적 이유만이 아니라 생물학적 이유로도 그렇다고 한다. 이러한 긍정적 감정은 중변연계mesolimbic system에서 나오는 것으로, 이는 우리에게 노력에 대한 보상을 해주고 실제로 친사회적 행동을 하도록 유도하기 위해 설계된 것으로 보인다. 우리의 뇌는 공감을 요구할 뿐만 아니라 뇌 자체가 남들을 이롭게 하고 또 상호 교감에서 유익함을 얻도록 설계되었다.

사회적 지지social support(대인관계에서 얻을 수 있는 모든 긍정적 지원—옮긴이)를 다룬 무수한 연구 문헌은 사회적 유대가 커질수록 신체 건강은 물론 정신 건강도 좋아진다는 사실을 명확히 보여준다.[131] 여기에는 무수한 생물학적 요인은 물론 심리적 요인도 개입된다.[132] 특히 주목할 점은 사회적 지지를 받으면 혈압과 심박수가 낮아지고, 스트레스 호르몬인 코르티솔의 수치가 떨어지며, 면역계의 기능이 향상된다는 점이다. 심지어 사회적 지지를 많이 받는 사람일수록 감기에도 잘 걸리지 않는다고 한다.

이렇게 남을 도우면 더 건강하고 행복해진다고 했을 때, 그렇게 행동하지 않는 사람들은 어떤 이유 때문일까? 육아에 지친 양육자를 예로 들면, 왜 어떤 양육자는 아기를 피하거나 아이에게 해로운 행동을 하는 것일까? 그 답은 우리가 지금까지 각 장에서 살펴본 내용에 있다. 바로 스트레스 지수다. 자신의 스트레스를 다스리지 못하는 양육자는 아기의 고통을 버거워한다. 더 정확히 말하면, 아기의 상태를 이해하지 못하거나 견디지 못한다. 옥시토신이 투쟁-도피 상태에 빠지지 않게 막아줄 만큼 충분하지 못하기 때문이다.

지나친 고통에 시달리는 양육자가 아기를 버거워하듯이 어떤 아이들은 타인의 고통을 견디지 못한다. 바로 여기에 자기 조절법이 다루는 친사회적 영역의 핵심 과제가 있다. 어떤 아이들은 공감적 유대를 편하게 느끼지만, 또 다른 아이들은 유대를 저버릴 만큼 힘들어하는 이유를 파헤치는 것이다.

유대 관계 맺기를 어려워하는 아이들

어떤 아이들에게는 유대감의 발달이 여러 가지 이유로 힘들다. 어떤 아이는 태어날 때부터 생물학적 이유로 유대 관계를 피곤해하고, 변연계가 쉽게 각성된다. 또 어떤 아이는 어린 시절 경보기가 울릴 만큼 다른 사람에게 악한 감정을 느끼는 경험을 한다. 이유야 어떻든 이런 아이들은 만성적으로 과각성에 시달린다. 그러면 욕구와 충동이 강렬해지는 반면, 사회적 자각과 자기 자각은 약해진다. 이런 상태에 빠지면 아이는 남들과 뭔가를 공유하거나 남들에게 연민을 느끼는 것이 불가능해지고, 남들과 소통하는 것조차 힘들어한다. 게다가 매우 예민해서 내부 신호와 외부 신호를 견디지 못하거나 반대로 감수성이 매우 무뎌져서 자기 몸의 신호를 읽지 못하고, 주변 사람들의 행동에도 당황해할 수 있다. 이런 상태에 빠진 아이는 다른 사람이 각성된 모습에도 스트레스를 느껴 투쟁-도피 반응을 일으킬 수 있다.

다시 말해 앞서 우리가 살펴본 생물학적·감정적·인지적·사회적 스트레스 요인 외에도 친사회적 영역에서도 스트레스 요인이 있다는 뜻이다. 남들의 스트레스에 노출되거나 자신보다 남들의 욕구를 앞세워야 하는 상황으로, 때로는 이런 요인 때문에 극심한 스트레스를 받기도 한다.[133] 만성적으로 에너지가 낮거나 심하게 긴장하는 아이에게는 이런 내적 긴장이 무척 부담스러울 수밖에 없다. 조절 불능에 빠진 사람에게 자기 에너지를 나눠 주려면 엄청난 에너지가 필요하기 때문이다.

투쟁-도피 반응이 일어나면 신진대사와 면역계의 기능이 제한되고, 마음 읽기와 소통을 가능하게 하는 사회적 뇌의 시스템이 방해받듯이 공감을 느끼는 시스템 또한 차단된다. 이 경우 다른 사람의 감정에 휩쓸리는 것은 물론, 내가 남에게 영향을 받고 있다는 자각 역시 힘들어진다. 그럴 경우 고대적 시스템이 전면에 나서서 상황을 좌지우지한다. 스트레스가 심한 부모의 경우, 사회적 뇌보다 앞서 나가는 원시적 시스템 때문에 소리 지르는 아기를 위협으로 간주하거나 아이의 심란하고 배려 없는 행동에 똑같이 배려 없는 모습을 보인다.

마찬가지로 스트레스 사이클에 빠진 아이는 다른 아이의 행동을 쉽게 위협으로 간주하며, 화를 내는 어른들 또한 또 하나의 위협으로 여긴다. 아이가 이러한 행동을 보이는 이유는 과도한 스트레스로 생기는 이중 효과 때문이다. 일단 과도한 스트레스는 변연계의 부정적 충동을 자극하는 투쟁-도피 반응을 유발한다. 게다가 과도한 스트레스는 전전두피질의 억제 기능을 약화해 타인의 마음을 읽는 능력을 떨어뜨린다. 그러면 아이는 당신 말이 들리지 않을 뿐 아니라 생존형 뇌 때문에 다른 시스템도 차단된다. 우리도 투쟁-도피 상태에 빠지면 누구나 본능적으로 사회적 지지를 뿌리치고, 은신처에 틀어박힌 채 고립된 상태에서 기력을 회복하려 든다.

친사회적 영역의 자기 조절에 문제가 있는 아이는 일대일이나 일대다로 남들과 어울리는 것을 힘들어한다. 아니면 이상한 무리에 빠져서 바람직하지 못한 성품을 키우기도 한다. 친사회적 영역에 문제가 있다는 것은 보통 다른 영역에도 문제가 있다는 뜻이다. 그렇지만 보통 아이가 그런 행동을 하는 이유는 어떤 이유로든 자율신경계에 과부하가 걸렸기 때문이다.

나와 우리로 발전하는 공감 능력

아이는 깊은 차원의 공감 능력을 타고나지만 이는 저절로 길러지지 않는다. 이는 동조적 뇌가 해야 하는 역할이다. 아이는 유대 관계를 확장하기 훨씬 전부터 부모나 양육자와 소통하면서 서로 공감할 수 있다는 사실을 처음으로 배운다. 그렇기 때문에 아이가 공감이 부족한 행동을 했을 경우, 특히 당황해서 공격적으로 나오거나 다른 곳으로 달아나려고 할 경우(신체적으로 안 되면 정신적으로라도) 우리가 보이는 반응은 아이의 공감 능력을 향상하는 데 결정적인 역할을 한다.

보통 부모들은 아이들이 이런 행동을 하면 곧바로 화를 낸다. 이는 우리 뇌 일부에서, 내 아이와 타인을 조금도 구분하려 들지 않는 고대적 반응을 일으키기 때문이다. 문제는 아이의 두뇌도 똑같이 반응한다는 점이다.

상대가 화를 내거나 부정적 반응을 보이면, 아이는 이를 위협으로 받아들인다. 더 큰 문제는 그런 위협감을 안기는 사람이 아이의 부모이거나 아이가 신뢰하는 양육자 또는 학교 선생님이라는 점이다. 만약 부모나 어른들이 공감 능력이 부족하다며 아이를 계속 혼내고, 아이를 달래야 할 때 소리 지르고, 아이의 각성도를 낮춰야 할 때 오히려 각성도를 높이면 시간이 흐를수록 아이는 배려심을 잃고 반사회적 성향을 띠게 된다. 이러한 부정적 경로는 매우 일찍, 경우에 따라서는 걸음마를 배우기 전에도 시작될 수 있다.

안전감은 자기 조절과 성장을 위한 기본 요건

언어와 일상적 표현은 인간이 사회적 존재이자 친사회적 존재임을 보여준다. 누군가를 만나 인사할 때 하는 행동(웃는 표정으로 '안녕하세요'라고 인사하면서 악수하거나 끌어안는 행동)은 상대에게 평화적 의도와 함께 당신도 나처럼 안전감을 느끼기 바란다는 의사를 전달한다. 안전감이나 위협감을 드러내는 사회적 관습이 인간에게 고유한 것은 아니지만, 이들은 인간 내면에 자리한 안전감을 공유하려는 욕구를 상기시킨다.

인간에게 야만적 본성이 있다고 보는 홉스주의 주장에 따르면, 공감은 신경과학에서 말하는 경험 의존적experience-dependent 현상에 해당한다. 이는 아이가 선천적으로 자기중심적이므로 두뇌 회로를 사회적으로 바람직하게 바꾸려면 아이를 가르치고 훈육해야 한다고 본다. 자기만 생각하도록 설계된 두뇌에 친사회적 회로를 설치하는 과정이다. 자기 조절법에서는 공감에 신경과학 용어로 경험 예기적experience-expectant 속성이 있다고 본다. 당신 아이의 두뇌는 공감할 준비가 되어 있는데, 이런 성향은 넓게 보면 인류가 진화하면서 대대로 물려받은 자녀 양육법을 통해 발달했다.

공감 능력과 자기 조절은 더욱 깊은 관련이 있다. 당신 아이는 생물학적으로 자기 조절을 받아들이려고 할 뿐 아니라 현실적으로도 자기 조절에 대한 욕구가 있다. 이는 단지 다른 사람이 자신의 고통을 알아보고 반응해 주길 바라는 욕구만을 뜻하지 않는다. 아이는 이에 못지않게 다른 사람을 도우려는 욕구도 갖고 있다. 그렇지만 다른 사람에게 공감을 기대하는 욕구가 지나치면, 다른 사람을 도우려는 본능이 무시되거나 심지어 방해 받는다.

우리는 남들에게 안전감을 느끼려는 욕구가 너무 강해서 자녀를 대하는 태도마저 이에 지배당한다. 이는 자녀가 아기여도 마찬가지다. 나는 언젠가 아기가 갑자기 화를 내면 똑같이 화를 내는 양육자를 본 적이 있다. 이렇게 버럭 화내는 태도는 자동 반사적이고 본능적이며 완전히 비이성적인 반응이다. 이때 부모들은 이성적 판단이 멈추면서 자리를 박차고 나가거나 소리를 지르고, 극단적인 경우에는 아이를 해코지하려 든다. 그러고 나서 이 모든 게 아이의 잘못이라고, 아이가 통제력이 부족하거나 유난히 이기적이라고, 애가 버릇이 없다고, 내가 이렇게 행동하는 것이 모두 아이를 위한 것이라고 되뇐다.

문제는 주로 다른 사람이 내게 화를 내거나 스트레스를 줄 때 우리의 편도체가 자동으로 각성된다는 사실에 있다.[134] 우리가 그런 상대방에게 반응하는 이유는 편도체가 갑자기 각성되었을 뿐 아니라 우리의 사회적 뇌가(그리고 한창 발달 중인 아이의 친사회적 뇌가) 다른 사람으로부터 안전하다는 메시지를 갈구하기 때문이다.

동조적 뇌를 발달시키려면 다른 사람 때문에 두려움이나 불안을 느낄 때 이에 대처하는 법을 배워야 한다. 나 자신의 두려움이나 불안은 물론이고, 다른 사람의 두려움이나 불안에도 대처하는 요령을 알아야 한다. 굳은 표정을 한 낯선 사람에게 웃어 보이고, 아이가 소리를 지를 때 달래 주며, 아이의 각성도가 높을 때 이를 낮출 수 있어야 한다. 상대가 갑자기 화를 내면 우리는 완전히 자기중심적 태도로 퇴행하면서 공감 능력이 멈추는데, 이때 자각하는 것은 나의 고통과 욕구뿐이다.

나는 우리 아이들이 어렸을 때 못된 말이나 행동을 하면 화가 폭발해서 부모들이 으레 하는 막말을 퍼부었다. "어떻게 그런 말을 할 수가 있니?"로 시작해 아내가 다른 방에 가서 흥분을 좀 가라앉히라고 점잖게(그다지 점잖지 않았을지도 모른다.) 말릴 때까지 계속해서 막말을 했다. 다른 방에 앉아 부글거리는 화를 식히다 보면, 어느 순간 나의 전전두피질이 제자리로 돌아오면서 이게 대체 무슨 일인지 차분히 생각할 수 있었다. 마음을 가라앉히자마자 다시 아이들에게 가서 애정 표현을 하려고 하면, 아이들은 격해진 감정으로 온몸과 얼굴에 분노와 두려움을 드러낸 채 교감 기능이 완전히 마비되어 있었다.

앞서 마리와 딸 로지의 사례에서 살펴봤듯이, 로지에게 필요한 것은 엄마의 부드러운 손길과 공감해 주는 태도였다. 우뇌끼리 순수하게 소통하는 것으로, 이 과정에서 아이들은 절박한 순간에 부모에게서 버림받지 않았다고 '느끼게' 된다. 이런 식으로 우리는 아이들의 변연계에 깊숙이 각인된, 내가 아기 때 엄마 아빠가 날 안심시키는 손길이나 목소리로 두려움을 떨쳐 주었다는 긍정적 기억을 활성화하게 된다. 아이는 이런 식으로 진정을 찾고, 마음이 진정되면 다시 교감을 하려고 한다.

공감적 환경에서 싹트는 공감 능력

언젠가 나는 유전적 운명이 실재함을 입증하려는 한 강사의 강연에 참석한 적이 있다. 강사는 청중에게 세 살짜리 아이가 아기인 남동생을 사납게 때리는 영상을 보여주었다. 이는 태생부터 못된 아이가 있다고 느끼게 하거나 아무리 어려도 이런 행동을 바로잡아 주지 않으면 장차 반사회적이고 불행한 삶을 살게 될 것이라고 생각하기에 딱 좋은 영상이었다. 하지만 이것이야말로 내가 몹시 우려하는 반응이다. 이런 인식이 결국 우리가 막으려고 애쓰는 결과를 낳기 때문이다.

나는 그 비디오를 보면서 무엇 때문에 그 아이가 동생을 공격했는지 궁금했다. 단지 새로 태어난 동생에게 쏟아지는 주변의 관심 때문이었을까? 자기 공간을 침범해서 화가 났지만, 이를 말로 표현할 수 없어서 동생을 때린 것일까? 아니면 우리가 앞서 살핀 또 다른 요인 때문에 스트레스와 불안감이 커져서 그런 행동을 했던 것일까?

아니면 그 아이는 단지 과각성 상태였는지도 모른다. 당시 내 머릿속은 온통 이런 의문뿐이었다. 광범위한 연구와 임상 경험을 바탕으로 내가 확신할 수 있는 한 가지는 남을 해치려는 충동을 처음부터 타고나는 아이는 없다는 점이다.[135] 문제는 어른들이 아이의 감정 폭발에 어떻게 대응하는가에 따라 그러한 충동이 뿌리내릴 수 있다는 점이다.

아이가 끊임없이 위협을 느끼거나, 신체적으로나 감정적으로 계속 상처를 받으면 아이는 자신이 당한 행동을 자기보다 약한 사람에게 똑같이 해서 뒤틀린 쾌감을 느끼려고 한다. 일부 연구에 따르면 상습적으로 괴롭힘을 당할 경우, 도파민 민감화 과정을 거치면서 신경화학적 보상을 얻기 위해 점점 더 공격적인 행동을 한다고 한다. 포르노물이나 폭력적인 비디오게임이 우려스러운 이유가 바로 여기에 있다. 도파민을 계속 분비시키려고 새로운 자극을 계속 늘리기 때문이다.

학교 폭력에 대한 우려가 커지자 미국과 캐나다 전역에서 때마침 학교 안전 방안을 추진하고 나섰다. 학교 폭력은 모두에게 상처를 남긴다. 피해 학생뿐 아니라 가해 학생, 목격자까지 모두 상처를 입는다. 문제는 학교와 지역사회가 주로 징벌적인 무관용 정책에 기댄다는 것이다. 이런 식의 근절 방안은 문제의 뿌리를 다루지 못한다. 이는 가해 학생을 더욱 고립시킬 뿐이며, 가해 학생이나 피해 학생 모두에게 유익한 학내 분위기, 즉 공감 능력을 기르고 성장할 수 있는 기회를 주지 못한다.

캐나다 공영방송Canadian Broadcasting Corporation, CBC에서 2004년에 제작한 훌륭한 다큐멘터리가 있다. 《충만한 아이들》Children Full of Life이라는 제목으로 학교 폭력을 방지하려면 학내 분위기를 어떻게 조성해야 하는지 보여준다. 다큐에 나오는 일본인 교사 토시로 카나모리Toshiro Kanamori는 초등학교 4학년 학생들에게 억눌린 감정을 표현하게 하고, 때로는 고통스러운 이 과정을 학생들끼리 서로 돕게 한다. 다큐는 집단적 공감이 가진 힘을 감동적으로 묘사할 뿐만 아니라, 아이들이 신체적으로는 물론 감정적으로도 안전감을 느끼게 서로 돕기 위해서는 어른들이 그런 분위기를 만들어 줘야 한다는 사실이 인상 깊었다.

무엇보다 소중한 친사회적 성장

다른 모든 영역과 마찬가지로 친사회적 영역의 자기 조절 역시 성장을 다룬다. 친사회적 영역의 경우 자연스럽게(그리고 마땅히) 도덕적 성품의 함양이라는 측면에서 성장을 고려한다. 도덕적 성품을 기르려면 아이의 동조적 뇌가 성장해야 하고, 이는 다시 아이가 어른은 물론 또래 집단과 점점 폭넓게 어울리면서 안전감을 느껴야 한다는 뜻이다.

자녀들의 성장 과정은 곧 가족이라는 안전한 사적 울타리를 벗어나 더 많은 집단과 교류 영역을 넓히는 과정이다. 친구, 급우, 지역사회, 사회 그리고 오늘날 기술의 발달로 가능해진 지구촌에 이르기까지 교류 영역을 확대하는 과정이다. 그렇지만 아이의 동조적 뇌는 점점 커지고 복잡해지는 사회적 환경에서 안전감과 안정감을 느껴야 성장한다. 다른 사람들과 서로 믿고 의지하는 관계를 맺어야 한다는 말이다. 또 다른 사람의 기대와 우려를 읽고 반응하며, 자신이 속한 집단의 규모와 상관없이 모든 구성원을 배려하고, 자기 접시에 놓인 것만 신경 쓰는 태도에서 벗어나야 한다는 뜻이다.[136]

이때 자기 조절이 핵심적인 역할을 하는데, 이를 통해 아이들은 내가 중심인 순간에서 우리가 중심인 순간으로 효율적인 전환을 하게 된다. 남들과 차분히 교류하면서 아이는 다른 사람과 더 편안하게 인간관계를 맺고, 남들의 신호를 읽으며, 사람들이 무엇을 원하는지 알아 간다. 필요하면 자신의 욕구를 미루거나 억눌러서 다른 사람의 욕구에 반응한다. 사실 마시멜로 실험에 더 부합하는 것은 바로 이런 상황이다. 자기 앞에 놓인 간식의 유혹을 참아서 다른 사람이 먹을 수 있게 하는 것이다. 우리가 또 하나 주목할 점은 쥐나 원숭이도 이런 실험을 통과했다는 사실이다.

당신 아이가 물리적으로 주의 산만에 시달리고, 학교생활이나 가정 불화로 불안해하며, 친구와 사소한 말다툼에도 분개하고, 학교 수업을 제대로 따라가지 못한다면 교우 관계에서 큰 그림을 보면서 다른 사람의 욕구에 집중하는 것을 매우 힘들어할 것이다. 아이가 매우 지쳤을 때 그래서 짜증을 내거나 남들을 짜증나게 할 때 아이에게 필요한 것은 누워서 기력을 회복하는 것이지, 장황한 훈계나 처벌이 아니다. 반사회적 행동을 하는 아이에게도 같은 처방이 필요하다. 물론 우리는 아이에게 무엇이 잘못됐고, 왜 잘못인지 말해야 한다. 그럴 때는 단호하고 인내심을 갖고 해야 하지만, 아이가 이를 받아들일 수 있는 상태에서 해야 한다는 점이 중요하다.

아이가 조용한 환경에서 각성도를 낮출 수 있게 해줘야 한다는 뜻이다. 부연 설명을 하자면 타임아웃time-out(아이에게 문제를 낳는 자극을 일정 시간 차단해서 바람직하지 못한 행동을 막는 것—옮긴이)이 아니다. 여기서 말하는 장소는 아이가 안전감과 안정감을 느껴서 각성도를 낮출 수 있는 곳이다. 그리고 우리는 어떤 상황인지 아이에게 말하려고 서두르면 안 된다. 때로는 24시간을 기다려야 할 수도 있다. 아이는 무슨 일이 벌어졌는지 설명은커녕 이해하는 것조차 매우 힘들어할 수도 있다.

부모로서 당신은 아이에게 공감적인 언어를 쓸 수 있을 것이다. 또 아이에게 공감적 행동으로 모범을 보이고 삶에서 이를 실천하며, 공감이 소중한 가치라고 말해줄 수 있다. 이때 어리석은 실수를 하면 안 된다. 친사회적 성장을 이끄는 원동력은 아이의 발달된 가치관이지, 대학 입시 자기소개서를 겨냥한 이기적이고 전략적인 이타주의가 아니다. 경쟁 우위나 이미지 관리를 위해 하는 위선적인 지역 봉사활동만큼 아이를 냉소적으로 돌변하게 하는 것도 없다. 아이들은 바보가 아니다. 진정한 공감이 느껴지는 경험을 늘 받아들이며, 나이와 상관없이 그 경험을 마음에 깊이 새긴다.

극심한 경쟁이 초래하는 반사회적 성장

내가 이번 장의 서두에서 언급했던 아들 사샤의 하키 경기 사건이 자꾸 신경 쓰였다. 어떻게 내가 그런 말도 안 되는 행동을 했단 말인가. 변명 같지만 많은 하키 선수 부모들처럼 나 역시 순간적으로 지나치게 흥분했던 것 같다. 문제는 내가 왜 그렇게 흥분했느냐는 점이다. 왜 우리는 어쩌면 아이의 친사회적 성장을 방해할 정도로 지나치게 흥분할 때가 있는 걸까?

요즘 아이들은 대부분 극심한 경쟁을 하며 산다. 항상 다른 아이들과 경쟁해야 한다. 학교생활, 스포츠, 음악, 미술, 사회적 지위 등 모든 분야에서 온라인, 오프라인할 것 없이 경쟁한다. 아이들은 남을 이겨야 성공한다는 말을 계속 들으면서 큰다. 그리고 터무니없이 어린 시절부터 경쟁에 내몰리는데, 아이가 학교에 들어가기 전부터 부모가 야심찬 기대를 품기 때문이다.

이렇게 만성적인 경쟁 압박은 몹시 우려스러운 결과를 낳는다. 최근 한 연구 결과에 따르면, 최고의 성과와 지위에 지나치게 매달릴 경우 공감 능력과 친사회적 성장이 지체될 수 있다고 한다. 특히 부모로부터 애정 어린 지지와 공감을 받지 못하거나 친사회적 가치관을 배우지 못한 채 성과를 중시하며 경쟁 압박에 시달리는 청소년들의 경우, 우울증 등의 정신 질환에 시달리거나 약물 및 알코올에 의존하고 반사회적인 행동을 보일 확률이 높다고 한다.

대부분의 발달기 동안 아이들과 청소년들이 겪는 스트레스를 완화해 주는 역할은 부모가, 그 이후에는 공동체가 맡는다. 아이가 부모와

의 관계에서 벗어나 점점 커지는 동조적 뇌를 발달시켜야 하는 시기가 와도 부모는 여전히 아이가 가장 믿고 기댈 수 있는 파트너다. 그렇지만 부모의 행동이 역효과를 내면, 즉 아이의 스트레스 지수를 현저히 높여 버리면 아이는 건전한 사회적 · 친사회적 교류를 힘들어하게 된다. 아이는 자신의 행동으로 그런 힘든 마음을 드러낸다. 하지만 우리는 이를 잘못 이해하고 아이의 성격이나 유전자를 탓하거나 아이가 겪지 않기를 바랐던 고립과 고통 속에 아이를 밀어 넣는다.

사람의 뇌에는 자기 조절 스위치라는 게 있어서 생각이 너무 많거나 주의가 산만하다가도 자신의 신체에서 벌어지는 일을 온전히 자각할 수 있는 능력이 있다. 이런 스위치 커기를 의식적으로 연습하다 보면, 근육이 긴장하고 호흡 등 내 몸이 반응하고 무엇보다 스트레스가 솟구치는 순간에 자각하게 된다. 그러면 스트레스를 느낄 때 놀랍게도 자신을 훨씬 잘 진정시키게 된다.

하키 경기가 끝나고 내가 아들에게 고압적인 태도를 보인 날, 나는 아들의 답변을 듣고 아차 싶었다. 당시 나의 심리 상태를 헤아려 보니, 지나친 스트레스에 시달리고 있었다. 이는 경기를 뛴 아들에게 나 자신을 지나치게 투사한 이유 중 하나였을 것이며, 그 정도가 심하다 보니 아들의 마음을 헤아리지 못했을 것이다. 경쟁의 열기가 뜨거워진 순간에도 공감의 여지는 있다. 아들은 이 사실을 알고 있었고, 나는 망각하고 있었다.

아이와 부모는 서로를 통해 배운다

우리는 자녀들에게 신경 쓰이는 일이 생기면, 고민이나 대화가 온통 그쪽으로 쏠린다. 나는 부모들에게 도덕적인 순수함이 사라진 우리에게 아이들이 세상을 달리 보는 시각을 알려줘서 감동했던 순간이 없었냐고 물어본다. 많은 사람이 그런 경험이 있다고 대답한다. 아이들과 잠자리에서 조용히 대화를 나누거나 같이 산책을 나갔다가 혹은 아이들 덕분에 아무 의미 없는 패턴을 깨고 새로운 가능성을 발견했을 때 그런 감동을 느낀다. 아이들은 바람을 맞으면 저절로 울린다는 에올리언 하프Aeolian Harp 같아서 우리의 미세한 정서적 흐름에도 공명한다.

하루는 당시 여섯 살이었던 내 딸 새미Sammi와 길을 걸어가는데, 한 걸인이 다가오더니 밥을 사먹게 잔돈을 달라고 했다. 나는 어색한 미소로 고개를 가로저으며 "잔돈 없어요."라고 웅얼거리고 가던 길을 갔다. 그런데 채 열 걸음도 가지 않아 새미가 날 멈춰 세우더니, 허리에 손을 얹고 따지듯이 물었다. "아빠, 왜 그렇게 말했어요? 주머니에 잔돈 많잖아요." 나는 딸에게 그 걸인에게 얼마를 주든 술을 마실 것이고, 그런 해로운 행동을 하도록 빌미를 제공하고 싶지 않아서 그랬다고 설명했다. 그러자 새미는 이해할 수 없다는 표정으로 말했다. "그렇지만 아빠, 루크 브라이언Luke Bryan이 한 얘기를 잊은 거예요?"

그해 여름 우리 부녀는 브라이언의 새 앨범《테일게이트 앤 탠라인즈》Tailgates&Tanlines를 즐겨 들었고, '유 돈 노우 잭'You Don't Know Jack은 가장 아끼는 곡이 되었다. 이는 사람들은 보통 다른 사람의 삶에 대해 아는 게 없다고, 특히 고정관념을 갖고 남을 대할 때 알 수 있는 게 없다고

248

노래했다. 이 노래에는 비참하고, 수치스러우며 고통스럽게 살아가는 부랑자가 등장한다. 처자식과 소원해진 그는 술독에 빠져 살면서 자신과 사랑하는 사람들이 어떤 대가를 치렀는지, 그리고 길을 걸을 때 남들이 자기에게 어떤 시선을 보내는지 너무나 잘 안다. 마치 나와 같은 사람들이 던지는 시선 말이다.

나는 딸과 함께 길모퉁이를 돌다가 길바닥에 모자를 내려놓고 구걸하는 부랑자와 마주쳤다. "돈 없어요."라는 나의 나지막한 목소리가 허공에 맴도는 순간, 딸이 날 바라보며 말했다. "쟤이 어떤 사람인지 모르는 거잖아요, 아빠. 정말로 밥을 사먹으려는 건지도 모르잖아요." 딸의 말에 나는 깜짝 놀랐다. 그 말이 옳든 그르든, 공감의 중요성을 강조하는 그 어떤 설교보다 그리고 내가 여태껏 접한 그 어떤 인간 발달 프로그램보다도, 내가 몸소 보이는 행동만큼 딸에게 큰 가르침을 주는 것은 없었을 것이다. 그래서 난 딸에게 5달러짜리 지폐를 주면서 모자에 넣고 오라고 했다. 딸은 부랑자가 딴 데를 볼 때까지 서서 기다리다가 모자에 지폐를 넣은 다음 그가 눈치채기 전에 얼른 자리를 떴다.

우리는 아이들 덕분에 가장 높은 차원의 인간 발달 단계에 도달할 수 있는 멋진 기회를 얻는다. 우리는 아이들을 통해 새로운 감정을 느낄 뿐 아니라 자신을 되돌아본다. 이러한 감정적·반성적 기능은 아이에게만 필요하거나 아이들만 위한 게 아니다. 우리는 아이들의 눈을 통해 자신의 감정과 행동을 돌아보면서 아이와 더불어 성장해야 한다. 따라서 우리가 친사회적 성장의 중요성을 논할 때, 이는 아이들뿐 아니라 우리 자신에게도 해당하는 얘기다. 사실 아이의 친사회적 성장과 우리의 친사회적 성장은 불가분하게 얽혀 있다. 우리와 아이는 서로 도우며 인간 발달의 단계를 한 차원 높인다. 아이들은 우리를 통해, 우리는 아이들을 통해 공감과 배려, 베푸는 삶을 배운다.

마시멜로 실험을 뛰어넘는 새로운 발견

우리는 이번 장 전체를 친사회성의 개념을 정의하는 데 할애할 수도 있었다. 이는 철학자들이 지난 2000년 동안 해온 일이자, 현재 연구자들이 하는 일이다. 그렇지만 우리 모두는 친사회성의 뜻을 직관적으로 이해하므로 아이들이 공감적인 내적 자아를 갖추길 원한다.[137] 우리가 지금까지 살펴본 차분히 집중하면서 주의를 기울이는 상태의 네 가지 구성 요소(앞의 네 가지 영역)는 이 마지막 조각 없이는 완성되지 않는다. 차분함은 긴장이 풀리고 자각이 가능하며, 그런 상태를 즐기는 것이 전부가 아니다. 차분함에서 정말 중요한 것은 다섯 번째 구성 요소인 친사회적 영역이다.

한 교사가 아이들에게 자기 조절법을 교육하면서 겪은 일화를 들려주었다. 그는 자신이 맡은 초등학교 2학년 아이들에게 마시멜로 실험을 재현해 보았다. 교사가 마시멜로를 꺼내 탁자 위에 늘어놓자 교무실로 오라는 갑작스러운 호출을 받았다. 교사는 선생님이 올 때까지 먹지 말라고 말하고 나갔다. 선생님이 나가자 모든 아이들이 탁자 주변을 에워싸고 이 유혹적인 간식을 쳐다봤다.

그렇지만 간식에 손을 대지 않고 서로 먹고 싶은 유혹을 참도록 도왔다. 한 남자아이가 더는 못 참겠다며 필사적으로 손을 접시에 대려고 했다. 그러자 아이들이 다 같이 말리면서 남자아이가 유혹을 참도록 도왔다. 그 아이를 설득하거나 다른 곳으로 신경을 돌렸다. 심지어 그 아이가 참을 수 있도록 응원까지 하는 매우 놀라운 모습도 보여주었다.

교사가 교실로 돌아와 보니 마시멜로가 그대로 있었다. 아이들은 기쁨에 들뜬 표정이었고, 남자아이는 자기 조절에 성공한 이야기를 하고 싶어 안달이었다. 친사회적 행동의 관점에서 볼 때 이 일화에서 더욱 중요한 사실은, 아이들이 하나의 공통된 목적을 위해 서로 격려했다는 점과 도움이 가장 절실한 친구를 위해 힘을 모아 도왔다는 점이었다.

자기 조절법이 정의하는 친사회적 영역은 이런 궁극적인 행동의 변화로 본다. 아이들이 반드시 익혀야 한다고 보는 내적 본성 통제법을 배우는 과정이라기보다 아이가 가장 내밀한 욕구에 응하는 법과 다른 사람의 욕구에 반응하는 법을 배우는 과정이다. 사회적 지지를 다룬 연구를 보면, 우리는 사회적 유대를 맺을 때 가장 회복력이 좋다는 사실을 알 수 있다. 우리는 자기 조절법을 통해 아이의 경보기를 끌 수 있고 또 아이 스스로 끄는 법을 가르칠 수 있다.

그렇지만 궁극적으로는 아이가 깊고 참된 우정을 갈망하고 그런 관계가 가능하도록 그 요령을 익히게 해야 한다. 우리는 다른 사람들과 같이 있을 때 마음의 안정을 찾고 기력을 회복한다. 그리고 다른 사람들도 우리와 있을 때 진정한 평화를 얻는다. 그런 유익함은 사실 지금 당장 누릴 수 있는 것이다. 우리 자신과 다른 사람들, 개인과 집단 모두를 위해서.

제3부

유혹에 시달리는 10대,
압박에 시달리는 부모

제10장

청소년기의 힘과 위험성

강연을 주최한 측에서는 내게 텍사스의 참맛을 보여주겠다며, 특강이 끝나는 금요일 밤에 고등학교 미식축구를 관람하자고 했다. 사람들 말에 따르면, 경쟁 관계인 데이비드 카터David W. Carter 고등학교와 저스틴 킴벌Justin F. Kimbal 고등학교가 댈러스Dallas에서 갖는 이 시합은 사람들이 먼 길을 마다 않고 달려와 보는 경기라고 했다. 나는 호기심이 동했다. 날렵하고 힘세며 잘 훈련된 그리고 건강미 넘치는 10대들이 벌이는 경기였기 때문이다. 경기장 안팎에서 이들을 지도하고 감독하는(사실 선수들에게 소리 지르는) 어른들이 있긴 했다. 그렇지만 이들은 선수들과 떨어져서 팀 유니폼이 아닌 폴로셔츠를 입고 비교적 안전한 사이드라인에서 경기를 지켜봤다.

양 팀 선수들은 무모할 정도로 몸을 날리면서 놀라운 기량을 선보였다. 이들은 주로 충동적으로 움직였다. 물론 오랜 시간 훈련 받은 결과였지만, 그래도 대부분 충동적인 움직임이었다. 선수들은 자신의 능력 이상으로 몸을 날렸고, 경기 규칙이 허용하는 범위에서(대부분의 경기 시간 동안) 각종 몸싸움을 벌였다.

선수들은 하나가 되어 우승이라는 공동의 목표 아래 완전히 집중했다. 그리고 이보다 좀 미묘한 장면도 있었다. 팀원 중 하나가 실수를 하면, 다른 선수가 이를 만회하려고 애썼다. 한 선수가 판단 실수로 상대 팀에게 터치다운touchdown(상대 진영 골라인 너머로 공을 갖고 들어가 득점하는 방법—옮긴이)을 허용하는 실책을 범하면, 팀 동료가 그 선수의 등이나 헬멧을 토닥이며 격려했다. 선수들은 실수한 동료를 원망하지 않고, 기운을 내도록 직감적인 반응을 보였다.

하프타임 쇼half-time show는 본 경기만큼이나 눈을 뗄 수 없었다. 데이비드 카터 고등학교 악단이 뮤지컬 댄스곡을 연주해 경기장에 활력을 불어넣었다. 응원단 역시 절도 있는 팀워크로 관중석을 열광시켰다. 그 분위기는 전염성이 강해서 경기장의 밖과 안에 있는 모두를 들뜨게 했다. 또 하나 흥미로운 광경은, 관중석을 가득 메운 친구들과 어른들 역시 선수들 못지않게 승리에 집착하며 선수들을 격려하기 위해 힘껏 응원하던 모습이었다. 이 광경을 보는 순간 누구나 미식축구 경기가 단순한 시합 이상의 무엇이 있다고 느낄 것이다. 그것은 바로 원시적인 모습이었다.

고등학교 미식축구 시합만큼 현대적인 아이콘도 없다. 말 그대로 요즘 시대의 산물이지만, 아주 오래전 고대적인 것에 대한 통찰을 얻는 다. 이번 장에서 차차 설명하겠지만, 사회적 변화social transformation와 불 안정성뿐만 아니라 생물학적 변화가 두드러지는 청소년기는 많은 면 에서 진화상의 수수께끼다.[138] 10대 부모라면, 청소년기가 인내심을 시 험하는 시기일 뿐이라고 생각할지도 모르겠다. 그렇지만 조물주가 그 시험을 멈추지 않는 것을 보면, 이 독특한 인간 발전 단계에 그 이상의 뭔가가 있는 것 같다.

세계 어디를 가도 청소년들은 하나의 공통된 목표에 몰두할 때 서로 를 고무하고 격려하며 성장하도록 돕는다. 진화적 맥락에서 볼 때 이는 청소년기가 특정한 목적에 이바지해 왔음을 보여준다. 일부 영장류 동 물학자의 말에 따르면, 초기 인류가 아시아에서 유럽으로 이동(이른바 아프리카 탈출Exodus from Africa)하면서 호모에렉투스가 등장한 시점에 공 교롭게도 청소년기를 보여주는 화석상의 증거가 처음으로 나왔다고 한다. 일각에서는 이 두 가지 사건이 긴밀하게 연관돼 있다고 추측한 다. 부단하게 움직이고, 곤궁기를 잘 버티며 위험에 대한 판단(그리고 오 판)에 영향을 주는 생물학적 변화를 겪었던 청소년들이 이러한 이동을 주도했다고 보는 것이다. 당시 어른들은 카터와 킴벌 고등학교 미식축 구 경기장의 부모들처럼 아마 이들을 응원했을 것이다.

역시나 공교롭게도 어른과 청소년은 잠재적 보상과 위험을 판단할 때 뚜렷한 차이를 보인다. 호모에렉투스 부모는 이동을 주저하면서 식 량이 부족해지더라도 지금 있는 곳에서 최대한 버텨 보려 했을 것이다. 반면 10대들은 일부 고인류학자들의 추측처럼 대담한 모험가 기질을 발휘해 새로운 땅을 찾아 나서거나 새로운 식량을 찾아내고, 가공 도구를 개발했을 것이다. 그리고 부모가 잠잘 동안 보초도 섰을 것이다.

인간의 발전 단계를 어떤 식으로 구분하든 청소년기는 그야말로 독특한 단계다. 이보다 앞선 의존적인 아동기와도 전혀 다르고, 그 뒤를 잇는 더 안정적인 성인기와도 매우 다르다. 청소년기는 비할 데 없이 풍요로우면서도 잠재적 위험이 가득하다. 후자의 측면에서, 최근에는 청소년기의 어두운 면이 주요 관심사로 떠올랐다. 자기 조절법이 특히 중요한 역할을 하는 것도 바로 이 후자의 영역에서다.

고통과 혼돈의 시기를 겪는 이유

앤지Angie는 몸을 의자에 푹 파묻은 채 거의 말을 하지 않았다. 열네 살인 앤지는 나이에 비해 체구가 작았다. 자세가 구부정하긴 했지만, 멋부린 모습을 보니 외모에 신경 쓰는 듯했다. 학교생활이나 가족 내력을 보면 안정적이고 화목한 가정에서 자란, 재능 있고 똑똑한 아이로 보였다. 매일 아침을 자신감 있고 밝게 시작하는 그런 아이 말이다. 그렇지만 현실은 달랐다. 상담실에 오는 것만 해도 앤지에게는 초인적인 노력이 필요했다. 클리닉에 오는 일만 힘든 것이 아니었다. 매일 언제나 그렇게 힘들었다.

매일 아침 잠에서 깨면서 앤지는 오늘은 다른 날과 다르길 빌어 보지만, 그런 일은 거의 없었다. 침대 밖으로 나가려면(고인류의 청소년들처럼 새로운 땅을 찾아 나서는 것은 고사하고) 무기력한 자신과 먼저 싸워야 했다. 옷을 입을 때도, 아침을 먹을 때도 무기력하긴 마찬가지였다. 앤

258

지 말로는 친한 친구들이 몇 명 있다고 했지만, 친구들과 별로 어울리려고 하지 않았다. 앤지는 이 모든 것이 왜 이토록 힘든지 모르겠고, 거의 매일 이렇다고 했다.

이는 결코 앤지 혼자만 겪는 일이 아니다. 2013년 1월, 캐나다 최대 공립교육청인 토론토 교육청Toronto District School Board은 2011~12년 학생 연구 조사Student Census의 결과를 발표했다. 캐나다에서 실시한 학생을 대상으로 하는 연구 조사 가운데 가장 큰 규모이자, 처음으로 학생들 사이에 팽배하게 스며 있는 불안감에 구체적으로 접근한 조사였다. 7학년에서 12학년에 이르는 전체 토론토 학생 중 90퍼센트(총 10만 3,000명이 넘는 학생들)가 설문에 참여했는데, 교육청이 내놓은 결과 보고서에 전국은 일대 충격에 빠졌다.

7학년과 8학년 학생 중 절반 이상이 이유 없이 피곤하거나(58퍼센트) 집중하기가 힘들다고(56퍼센트) 답했다. 9학년부터 12학년에 해당하는 학생들 중에는 놀랍게도 76퍼센트가 이런 문제를 겪는다고 했다. 7학년과 8학년 학생들 중 40퍼센트, 9학년에서 12학년에 해당하는 학생들 중 3분의 2(66퍼센트)가 엄청난 스트레스에 시달린다고 보고했다. 무엇보다 우려스러운 점은 7학년과 8학년 학생들 중 63퍼센트와 전체 고등학생 중 72퍼센트가 종종 혹은 늘 초초하거나 불안하다고 답한 점이었다.

이러한 통계 개요는 아이들이 자신을 어떻게 인식하는지(설문 조사용어로 자신의 감정 상태를 어떻게 판단하는지) 보여주지만, 아이들의 실제 상태와 일치한다고 볼 수는 없다. 다수의 아이들은 차분함을 실제로 느껴 본 적이 없어서 이것이 어떤 상태인지도 모른다. 보통은 자신의 감정을 명확히 모르고 기분이 매우 나쁜 이유도 설명하지 못하지만, 두통이나 복통, 수면 장애가 오면 처방전 없이 자가 투약한다.[139] 또 만성적 불안증에 시달리는 아이들 중에는 알코올이나 자신의 판단으로 여타 약물을 복용해서 문제를 더 복잡하게 만드는 경우도 있다. 그 결과 신체적, 정신적으로 심각한 질환에 시달리는 청소년이 급증하면서 부모와 교육자들의 근심도 나날이 커지고 있다.

미국과 캐나다 전역을 돌아다녀 보면, 교사와 학교 관계자들이 기분 조절을 하지 못해서 심각한 아이들이 늘고 있다며 우려하는 모습을 쉽게 볼 수 있다. 우리 클리닉에서도 앤지 같은 자녀를 둔 부모들로부터 갈수록 상담 전화를 많이 받으면서 이런 흐름을 체감한다. 그만큼 불안감이나 우울증에 시달리는(그것도 극심하게 시달리는) 10대와 함께 사는 부모가 많다는 뜻이다. 게다가 미국 국립보건원의 책임연구원 필립 골드Philip W. Gold의 말에 따르면 '우울증'은 자가 면역 질환과 같아서 면역 반응에 이상이 생긴다고 한다.[140] 즉 과민한 스트레스 반응을 보이는 것이다.

그런데 문제는 기분 조절 장애만이 아니다. 분노 조절이 안 되고, 반사회적 행동이나 무모한 행동을 하는 10대, 마약이나 알코올·도박·포르노물에 중독된 10대, 고의로 자해하는 10대, 식이 장애·수면 장애·신체 이미지 장애로 고통받는 10대 등이 모두 증가하는 추세다. 마치 독일 낭만주의자들이 질풍노도의 시기라고 표현한 청소년기의 강도가 열 배는 강해지면서, 많은 10대들이 고통과 혼돈의 시기를 보내고 있는 것 같다.[141]

이런 심리와 행동 문제는 엔진이 연료 없이 달리고 있음을 보여준다.

그렇다고 에너지 고갈이 모든 다양한 문제의 원인이라는 의미는 아니다. 오히려 그 반대인 경우가 많다. 사회적·감정적 문제나 학습 문제 같은 숨겨진 스트레스 요인 때문에 아이들의 에너지가 고갈되는 것이다. 그렇지만 원인이 뭐든 간에 각각의 상태에서 만성적으로 에너지가 낮고, 긴장감은 극에 달한, 즉 에너지와 긴장감이 지나치게 불균형해진 10대들을 보게 된다. 이때 뇌는 본능적으로 이 상태에서 벗어나지 않으려 하기 때문에, 몸을 어떻게든 움직여야 할 때 움직이지 말라고 속삭이고, 휴식이 필요할 순간에 계속 움직이라고 아이들을 부추겨서 문제를 악화시킨다.

그렇다면 왜 이렇게 많은 10대들이 이런 문제를 겪는 것일까? 어느 정도는 모든 10대들이 이런 문제를 겪는다. 청소년들이 아동기를 거쳐 성인이 되려면, 부모가 주로 해주던 조절 과정을 친구와 함께 하거나 혼자서 해야 하는 등 본질적으로 벅차고 고된 변화기를 거쳐야 한다. 앞서 살핀 것처럼 청소년기는 어느 정도 진화상의 목적이 있는 시기이다. 따라서 이렇게 많은 청소년들이 고통받는 이유를 살필 때, 홍적세 때 굳어진 생물학적 현상이 근대 세계와 빚는 근본적인 충돌에서 그 실마리를 찾을 수 있다. 우리의 10대들은, 발생 생물학자 피터 글루크먼 Peter Gluckman의 표현을 빌리자면, 진화 속도와 적응 속도가 달라서 생기는 불일치mismatch의 문제 때문에 과도한 스트레스에 시달리고 있고, 이는 정신적·신체적 문제로 광범위하게 드러나고 있다.[142]

고대의 청소년이 현대의 청소년에게 던지는 실마리

청소년기는 열 살에서 열두 살 무렵부터 사춘기 이전의 폭발적 두뇌 성장과 함께 시작된다. 이 시기에는 신경계의 왕성한 성장, 신경망의 가지치기, 미엘린화myelination(뇌세포의 축색돌기를 미엘린이라는 지방성 피막으로 감싸는 과정으로 수초화라고도 한다.─옮긴이), 신경 재배선 등이 이뤄진다. 달리 말해, 뇌를 대대적으로 점검하는 시기다.[143] 이는 조물주의 뜻에 따라 그동안 아이의 두뇌가 기능해 온 방식을 완전히 바꾸는 시기로, 어떤 기능은 느려지고 어떤 기능을 빨라진다. 이는 단지 봄맞이 집안 청소 정도가 아닌 대대적인 조직 개편이다.

생애 초기에 뇌는 놀라운 속도로 성장한다. 여섯 살 반 정도가 되면 뇌 성장의 95퍼센트가 완료된다. 이 기간에 아이의 핵심 감각, 운동 기능, 정서적·사회적·인지적 과정 등이 모두 자리 잡고 서로 통합된다. 아동기가 끝나는 일곱 살 무렵이면 뇌는 매우 안정적인 상태를 보인다. 그렇다면 조물주는 왜 이런 안정적인 상태를 2~3년간 더 유지하다가 갑자기 다시 불안정한 상태를 겪게 하는 것일까? 이는 겨우 완성한 커다란 그림 퍼즐을 마구 흩뜨린 다음, 다시 처음부터 맞추려는 행동처럼 보인다.

청소년기에서 의아한 부분은 생물학적 측면만이 아니다.[144] 대다수의 포유류는 아동기에서 성인기로 매끈하게 이행하고, 사춘기에는 성장 속도가 사실상 느려지면서 성인기의 특징인 안정적인 유지 단계에 접어든다. 인간은 그 반대다. 인간은 모든 부모들이 잘 알다시피 청소년기에 폭발적으로 성장한다. 여성과 남성으로서의 특징이 드러나고,

체형과 체격이 변하며 이성과 감성이 발달한다. 갑자기 터보 엔진이라도 장착한 것처럼 눈에 띄게 변한다.

이러한 폭발적인 성장은 사춘기 때 성호르몬이 폭포수처럼 분출하는 것과 밀접한 관련이 있다. 왜 갑자기 에스트로겐과 안드로겐을 퍼부어서 청소년들을 혼란 상태에 빠뜨리는 것일까? 근육대사와 지방대사에는 왜 큰 변화가 생기는 것일까? 큰 시합을 앞두고 10대의 사기를 진작시키려는 조물주만의 방식인 걸까? 청소년기에는 뇌의 에너지 효율성도 변한다. 멜라토닌 분비는 왜 또 변해서 청소년의 수면 패턴을 눈에 띄게 바꾸는 것일까? 정신없이 활동적이던 아이가 완전히 무기력해지는 순간이 오는 이유는 뭘까? 무엇보다 의아한 점은 바로 이것이다. '뇌의 보상 체계'에 결정적 변화가 생기면서 청소년들을 위험한 행동에 빠뜨리는 이유다.

이 모든 의문에 대한 답은, 청소년기가 인간이 두 번째 보살핌을 받는 대신 치러야 하는 대가라는 사실에 있다. 뇌 성장이 활발해지면서 유례없이 모든 것을 부모에게 의존하는 유아기 때처럼 말이다. 이를 더 자세히 살펴보자.

청소년기는 사회적 기능이 전혀 다른 형태로 옮겨 가는 시기다. 본질적으로 부모의 영향이 컸던 아동기를 벗어나 또래 집단과 어울리는 청소년기로 이행하는 시기다. 이 시기에 동조적 뇌의 발달 여정을 치르는 10대는 부모보다 친구들에게 훨씬 더 의지한다. 이 같은 중요한 이유로 청소년들은 부모보다 친구들에게 훨씬 더 영향을 받기 쉽다. 아이는 가족이라는 좁고 안정된 울타리에서 벗어나 공동체라는 현실 세계로 나가야 한다. 이곳에서 아이는 남은 생애 동안 남들과 경쟁하고 타협하며 살아야 한다. 아이는 독립적이고 알아서 문제 해결을 하는 어른이 되려면, 길었던 아동기를 끝내는 순간을 맞이해야 한다. 그렇다면 사춘기 이전의 폭발적인 두뇌 성장은 이 중대한 목표를 위해 아이를 집 밖으로 끌어내려는 조물주 나름의 방책이라고 해석할 수 있을 것이다![145]

모두 알다시피, 청소년기는 매우 무모한 행동을 또 하나의 특징으로 한다. 그런데 이 위험한 충동을 조절해 줘야 하는 신경계는 여전히 성장 속도가 느리다. 결국 청소년의 뇌는 딱 맞는 비유를 들자면, 포뮬러 원Formula One 자동차 경주대회에 참가한 미숙한 운전자의 차량처럼 좌충우돌한다. 사실 유사점은 더 심층적이다. 차에 친구들을 가득 태우고 차를 모는 10대 운전자처럼 10대의 뇌는 산만할 뿐 아니라 속도계나 연료계, 사이드 미러나 백미러를 확인할 필요 없이 차를 무조건 빨리 먼 곳으로 몰라고 지시한다. 더 심각한 점은 차선을 바꾸기 전에 사각 지대를 확인하라는 운전 강사의 지시도 10대의 귀에는 더 이상 들리지 않는다는 점이다.

10대를 어른 취급하는 부모들

내가 앤지와 상담하면서 절대 입 밖에 꺼내지도 않았던 말은 인생을 제대로 살려면 팔을 걷어붙이고 더 많이 노력하라는 말이었다. 앤지의 말로는 매일 단지 침대에서 빠져나오기 위해 전쟁을 치렀다고 했다. 앤지는 가장 기본적인 일상생활을 위해 이미 엄청난 노력을 쏟아 붓고 있었다. 앤지에게 정말 필요했던 것은 아침에 일어나려고 더욱 노력하는 게 아니라, 그런 노력을 덜하는 것이었다. 앤지에게 네가 느끼는 두려움이 얼마나 비합리적인지 설명하거나 넌 어릴 때 정말 재능 있는 아이였다고 다독여 봤자 전혀 도움이 되지 않는다. 사실 이는 앤지의 부모가 이미 써본 방법이었지만 전혀 효과가 없었다.

우리는 10대에게(이제 말귀를 알아들을 나이가 됐다는 이유로 유독 10대에게) 설명하려는 경향이 강하다. 10대들이 하는 행동이 얼마나 말도 안 되는지 일깨워 주려고 하고, 이런저런 행동을 해야 기분이 한결 나아진다고 조언한다. 자기 조절법을 할 때도 이런 본능이 튀어나온다. 자기 조절이 무엇이고, 연료 탱크를 채우는 것이 왜 중요한지 아이들에게 말해 주려고 한다.

그렇지만 문제는 10대들이 엄청난 성장 단계를 거치고 있지만, 지나친 스트레스에 보이는 반응은 아이였을 때와 별반 다르지 않다는 점이다. 투쟁-도피 반응이나 기능 정지 상태에 빠질 때 전전두피질의 기능이 멈추는 것도 아이 때와 똑같다. 이때 당신이 하는 말을 알아듣지 못하는 것도 아이 때와 똑같다. 또 당신이 강압적으로 설득하려고 하면 변연계가 쉽게 각성되는 것도 어릴 때와 똑같다. 아니 오히려 더 심해질 수 있다.

요즘 10대에게 만연한 불안증은 매우 현대적인 스트레스 요인들로 설명할 수 있다. 그렇지만 자녀들에게 이런 이야기를 꺼내거나 그러한 스트레스의 영향을 인지시키기 전에, 우리는 먼저 아이들이 다섯 가지 자기 조절 단계를 거치게 해야 한다. 10대에게 가장 중요한 것은 자신이 직접 다섯 가지 단계를 밟아 보는 일이다. 침대에서 빠져나오지 못하거나 밤에 통제력을 잃는 모습이 얼마나 심각한지 자신이 직접 자각해야 한다. 자신에게 뭐가 스트레스고, 이런 스트레스를 어떻게 줄일수 있는지도 자신이 알아내야 한다. 그리고 차분함이 어떤 상태인지도 배워야 하고(혹은 다시 배우고), 마음을 달래고, 기력을 회복시키는 방법도 알아내야 한다.

요즘 부모들이 이 과정을 유독 힘들어하는 이유는, 어른이나 10대나 모두 자각하기 힘든 다양한 스트레스 요인에 노출돼 있기 때문이다. 게다가 10대들이 그런 요인을 절대 스트레스가 아니라고 부인하는 것도 문제를 매우 심각하게 만든다! 그렇지만 10대들이 그런 반응을 보이더라도 부모로서 맨 먼저 할 일은, 아이들이 연료 탱크를 채우게 하는 일이다. 연료 없이 달리면 그 어떤 메시지도 아이들에게 들리지 않는다. 아이들이 이런 상태에 빠지는 이유는 매우 설득력 있는 몇 가지 요인으로 설명할 수 있다.

10대가 연료 먹는 하마가 되는 이유

부모라면 다들 알겠지만, 사춘기가 되면 아이들의 칼로리 섭취가 급증한다. 활동적인 열네 살은 활발한 여덟 살보다 두 배가량의 칼로리가 필요하다. 필요 에너지가 급증하는 이유는 당연히 급격한 성장과 (이상적으로 보자면) 늘어난 활동량과 밀접하다. 하지만 원인은 이것만이 아니다. 10대들의 에너지 소모가 급격해지는 데에는 또 다른 핵심 요인들이 있다.

청소년기는 스트레스에 극적으로 민감해지는 시기다. 우리는 코르티솔 수치가 떨어지거나 높아지면 변연계와 HPA 경로(신경 내분비계에서 스트레스 반응을 통제하고 내부 반응을 조절해 주는 부위(시상하부-뇌하수체-부신피질을 연결하는 경로—옮긴이))에 두드러진 변화가 생긴다. 10대의 신경수용체를 재조정하는 이 작업에는 변연계의 편도체만 개입하는 게 아니다. 시각, 청각, 후각, 촉각 등 환경적 스트레스 요인과 무엇보다 중요한 사회적 스트레스에 대한 지나친 민감성도 관여한다.[146]

사회적 스트레스는 특히 큰 영향을 준다. 최근 연구 결과를 보면, 10대들은 부정적인 정서적 신호(찌푸린 눈살, 인상 쓴 표정, 날카로운 목소리 등)에 매우 민감하다. 그다지 부정적이지 않거나 전혀 부정적이지 않은 신호라도 이를 부정적으로 인식하는 경향이 짙다고 한다. 또 하나 주목할 사실은 10대들이 아이였을 때보다 감정 인식 능력이 떨어진다는 점이다. 10대가 되면 무표정한 얼굴을 위협적으로 느낀다. 10대들은 피곤할수록 더없이 상냥한 표정이나 목소리도 위협적으로 인식한다.

그런데 왜 이것이 심각한 문제일까? 이는 10대들의 경보기가 훨씬 예민해지고, 일부는 극도로 예민해지기 때문이다. 10대가 되면 편도체가 물만 끓여도 작동하는 연기 감지기처럼 예민해진다. 그리고 매번 경보기가 울리면 긴장감이 높아지고, 에너지 소모가 극심해진다. 뿐만 아니라 수면이 부족하면 스트레스 반응과 부정적 편향이 더 심각해지는데, 요즘 10대들은 대부분 수면 시간이 급격히 줄었다.

열여섯 살이면 여전히 아홉 시간 혹은 그 이상 자야 한다. 그렇지만 수면 시간을 이 정도로 꾸준히 유지하는 청소년은 매우 드물다. 수면이 부족한 청소년은 더욱 무모한 행동을 하면서도 부정적 결과에는 그리 신경 쓰지 않는 경향이 있다. 부정적인 결과를 눈으로 직접 확인할 때까지 말이다! 그래서 10대들은 스트레스가 솟구치면 이성적으로 납득하기 힘든 행동을 하는 것이다.

또래 집단과 어울릴 때 안전감을 느낀다

엄청난 양의 에너지를 소모하는 에르고트로픽 상태ergotropic state(교감신경이 지나치게 흥분해서 에너지를 소진하려는 상태—옮긴이)에 오랫동안 놓여 있던 10대 자녀를 회복시키려면 어떻게 해야 할까?[147] 활발한 신체활동, 요가, 음악과 연극, 모험적 활동 등이 기력 회복에 매우 유익하다고 밝혀졌다. 그런데 이런 활동을 소규모로 할 때 가장 큰 효과를 얻었다. 여기에도 물론 진화론적 역학이 작용한다. 초기 인류는 100명에서 200명 정도로 구성된 공동체에서 살았다. 그런 만큼 같이 놀고, 돌아다니고, 사냥하는 청소년들은 소수 인원이었을 것이다. 이는 안전감과 안정감을 느끼기 위한 중요한 요소다.

안전감은 우리 인간, 그중에서도 특히 청소년들의 본성이다. 10대들은 헌신과 희생 그리고 자기만족 이상의 것을 공유하면서 소규모 집단에서 활동할 필요가 있다. 그리고 회복력을 기르려면 성공뿐 아니라 실패도 같이 경험해 봐야 한다. 그렇지만 역경을 딛고 계속 전진하는 힘을 기르려면 실패뿐 아니라 성공도 경험해야 한다. 정체성이 약한 집단에서는 개인의 정체성도 생기지 않는다. 개인의 정체성이 생기려면 집단을 고무하고 자극하며 도전의식을 불어넣는 뭔가가 있어야 한다.

요즘 많은 10대들은 기술과 훈련, 헌신이 필요한 전통적인 집단 활동을 하지 않는다. 온라인 게임처럼 인위적이고 여러 가지로 사소한 기술만 필요한 집단 경험을 그 대용물로 선호하는데, 이런 현상은 매우 우려스럽다. 온라인 게임에 엄청난 시간을 투자해 상당한 실력을 갖춘 10대들이 인터넷 스타로 떠오르고 있다. 최근 나는 학교 수업을 마친 10대 남자아이들과 이야기할 기회가 있었는데, 아이들은 각자 집에 가서 같이 게임을 해야 한다고 했다. 내가 어리둥절한 표정을 짓자 아이들은 스카이프Skype(인터넷 전화 서비스 업체—옮긴이)에 접속해 온라인 게임을 하는 것이라며, 같이 힘을 합쳐 싸우거나 서로 맞대결을 벌인다고 설명했다. 이런 게임은 그 자체로 보면 전혀 해롭지 않고, 심지어 재미도 있다. 문제는 이것이 10대들이 즐기는 주된 활동이라는 점이다.

100년도 더 전에, 생물학자 자크 러브Jacques Loeb는 벌레들이 먹이가 몰려 있는 나무 꼭대기에 힘들게 올라가는 이유를 밝혀냈다.[148] 그 이전에는 벌레들이 먹이를 찾아내는 생존 본능 때문에 나무 꼭대기에 올라간다고 오랫동안 설명해 왔다. 그렇지만 러브는 빛이 가장 많은 곳(즉 식물의 꼭대기)에 끌리게 하는 광수용체가 벌레들에게 있다는 사실을 밝혀냈다. 우연히도 빛이 가장 많은 식물의 꼭대기에 먹이도 가장 풍부했다. 그렇지만 비디오게임이나 소셜 미디어에 끌리는 청소년들은 그들의 감각을 추구하는 성향과 사회적 욕구에 맞춰 개발된 제품이나 서비스를 이용하더라도, 벌레들처럼 풍부한 먹이를 얻지 못한다. 다음 장에서 살펴보겠지만, 사실 더욱 허기질 뿐이다.

이런 청소년들에게 팀 스포츠는 사회적 교감과 주변의 응원을 통해 깊은 안도감을 느끼게 해준다. 그렇다고 모든 10대들이 운동선수가 될 필요는 없으며, 그럴 수도 없다. 사상가, 예술가, 발명가, 작가, 시인, 과학자, 재계 거물, 야심찬 정치인이 되더라도 이러한 경험은 가능하다. 그리고 이 각각의 페르소나personae는 당연히 상호 배타적이지 않다. 핵심은 10대들이 비디오게임이나 페이스북을 절대 하면 안 된다가 아니라 지나치게 몰두할 경우 스트레스에 악영향을 받는다는 사실이다.

부모들은 10대 자녀가 파도타기 모임, 록밴드 활동, 정치인의 선거 운동 등 특정 집단에 들어갔을 때 그 활동이 아이의 스트레스를 낮추는지 아니면 오히려 키우는지 살펴봐야 한다. 비디오게임이나 소셜 미디어도 마찬가지다. 어떤 부모들은 게임을 하면 친구끼리 우정이 깊어진다며 긍정적으로 보는가 하면, 또 어떤 부모들은 게임을 오래 하면 중독될 수 있다며 어떻게 해서라도 게임하는 습관을 고쳐 주려고 한다.

게임 중독은 요통, 두통, 눈의 피로, 손목터널 증후군 등 건강 문제를 일으킨다. 공격성이 커지거나 사교성에 문제가 생길 수도 있다. 수업 시간에 집중이 안 되거나 공부에 대한 의욕이 사라지기도 한다. 소셜 미디어에 빠지면 소외감, 재미에 대한 강박, 과대망상, 타인의 삶에 대한 동경, 우울증 등이 생길 수 있다. 비디오게임이나 소셜 미디어에 지나치게 많은 시간을 할애하면 안전감과 안정감이 커지기는커녕, 역효과가 생긴다. 10대에게는 즐겁게 어울리는 친구들도 중요하지만, 스트레스에 대처할 수 있게 도와주는 친구들도 있어야 한다.

오랫동안 불안감은 일종의 나약함으로 비춰졌고, 이런 인식이 문제를 더욱 심각하게 만들었다. 앤지도 바로 그랬다. 앤지는 온갖 생리학적 스트레스를 겪었을 뿐 아니라, 자신의 고통이 심각한 성격적 결함을 보여주는 것이라고 내면화해서 불안감을 더욱 키웠다. 앤지는 첫 번째 상담이 끝날 즈음 울면서 말했다. "저는 왜 이렇게 한심한 거죠?" 그렇지만 앤지를 비롯한 모든 10대들이 알아야 할 사실은, 나약함이 심한 불안감이나 우울증과 전혀 상관이 없다는 점이다.

어린아이들의 불안감은 자율신경계가 지나치게 압박을 받고 있다는 표시로, 10대들의 불안감도 이와 다르지 않다. 지나친 불안은 반박의 여지없이 변연계가 만성적으로 각성되어 있다는 표시다. 이는 청소년 기 때 지나친 스트레스를 받지만, 긴장감을 해소하고 기력을 회복해 주는 사회 활동을 제대로 하지 못했을 때 생긴다. 당신이 부모로서 아이의 각성도를 조절해 주는 역할은 여전히 유효하지만, 10대들이 동조적 뇌를 발달시키는 과정에서 경보기를 꺼주는 결정적 역할은 점차 또래 집단이 맡는다. 어떻게 보면 또래 집단의 이런 역할은 어린 시절 부모가 해주던 역할만큼이나 중요하다. 소셜 미디어는 나름 장점이 있긴 하지만, 앤지에게 이런 역할까지 해주지는 못했다. 사회적 불안에 시달리는 대다수의 10대도 소셜 미디어에서 이런 역할을 기대할 수 없다.

10대들은 얼굴을 맞대야 강력한 사회적 지지를 느낀다

스트레스에 대처하는 뇌의 제1선first line 전략인 사회적 교감을 하려면 접촉, 표정, 공감하는 귀, 위로의 목소리 등과 같은 근거리proximal 교감이 필요하다. 우리는 평생 근거리 교감을 원한다. 그러다 보니 사회적 집단에 속한 노인들일수록 근거리 교감에 매우 뛰어난 모습을 보인다. 전화나 소셜 미디어 같은 원거리distal 교감은 유대 욕구를 어느 정도는 채워 주지만, 근거리 교감의 장점을 대체하지는 못한다. 또 10대가 사회적·생물학적 변화를 겪을 때 또래에게 갈구하는 안정적 애착감도 주지 못한다.

최신 기술이 학습이나 자기계발 면에서 엄청난 잠재력을 보여준다 해도, 소셜 미디어는 10대들의 불안을 고조시킬 우려가 있다. 소셜 미디어는 분명 상당수의 10대들이 잠을 못 들게 하는 주범이다. 게다가 연구 결과에 따르면, 소셜 미디어가 10대들의 식사 패턴에 영향을 주고, 나아가 자극적인 감각을 자꾸 찾게 해서 이미 과부하에 걸린 자율신경계를 더욱 혹사한다고 한다.

10대들이 겪는 또 다른 스트레스 요인은 일상생활 곳곳에 산재한 극심한 경쟁이다. 뛰어난 성적과 인기라는 압박을 넘어 요즘 10대들은 명문 학교 입학, 소셜 미디어의 유명세, 물질적 성공 등 갈수록 얻기 힘든 성과물로 자신의 존재를 입증해야 한다.

선량한 의도에서였든, 지나친 야심에서였든 많은 경우 우리는 아이들이 거쳐야 하는 가장 기본적인 발달 단계를 무시한 채, 현명하지도 않고 유지하기도 힘든 완벽을 요하는 성취도 평가로 아이들의 고등학교 생활을 가늠한다. 이런 경향은 특히 우려스럽다. 최근 나는 일류 과학자와 공학자를 다수 배출해서 유명한 극동 지역의 한 국가로부터 자기 조절법을 소개해 달라는 요청을 받았다. 자국에서 정신 건강에 문제가 생긴 10대들이 급증하는 현상을 보고 경각심이 들었기 때문이었다.[149]

아이들은 잘 먹고 많이 자고 밖에 나가 걸어야 한다

앞서 언급한, 그리고 《불일치: 우리가 사는 세상이 우리의 신체와 맞지 않게 된 이유》Mismatch: Why Our World No Longer Fits Our Bodies에 자세히 설명된 글루크먼의 불일치 이론은, 우리의 생물학적 상태와 우리가 처한 환경이 일치하지 않을수록 스트레스가 늘어날 뿐 아니라 내부 시스템이 치르는 대가도 커진다는 것을 기본 골자로 한다. 우리가 이런 우호적이지 않은 환경에서 살아남을 전략을 찾더라도 말이다. 스트레스에 지친 청소년들은 이런 불일치 이론을 보여주는 대표적인 사례다. 자기 조절과 다섯 가지 영역(이들이 먹는 음식, 수면 습관 그리고 깨어 있을 때 하는 행동 혹은 하지 않는 행동에 이르기까지)에 불일치 이론은 두루 적용된다. 청소년들의 접시에 담긴 음식 혹은 패스트푸드 상자에 들어 있는 음식부터 살펴보자.

우리의 치아 형태를 보면 선조들이 덩이줄기 채소나 질긴 고기를 씹는 데 상당한 시간을 보냈음을 알 수 있다.[150] 사실 저작 운동은 마음을 진정시키는 신경 화학 물질을 분비해서 자기 조절을 해주는 효과가 있다. 씹는 껌이 소비자에게 상당한 호응을 얻은 것도 당연히 이런 이유 때문이고, 씹는 담배도 현재 시장 지분을 넓히고 있다. 요즘 10대들은 저작 운동을 최소화하고, 영양적 가치가 의심스러운 지나치게 가공된 식품을 주로 먹는다. 최근의 연구 결과, 정크푸드가 각성 조절을 방해한다는 사실이, 즉 다섯 가지 영역에 걸쳐 위협을 준다는 사실이 밝혀졌다. 결국 우리가 먹는 식단은 불일치 항목에서 상위를 차지한다는 뜻이다.

오늘날 수렵채집 집단이 겪은 상당한 변화를 고려할 때, 이들로부터 원시시대의 수면 패턴을 추측하기란 불가능해 보인다. 그렇지만 우리가 한 가지 알 수 있는 사실은 전구가 발명되고, 더 최근에는 푸른 광선이 나오는 스크린이 등장하면서 수면 패턴이 이에 대한 영향을 상당히 많이 받고 있다는 점이다. 우리 연구소가 확보한 자료에 따르면, 10대들은 10년 전에 비해 하루 평균 한 시간에서 두 시간씩 덜 잔다고 한다. 당신의 자녀가 여기서 예외라면 나로서는 무척 놀랄 일이다.

그렇지만 모든 불일치 항목 중에서 영예의 1위는 움직임의 부족이다.[151] 원시시대에 아프리카를 탈출할 때 10대들이 중요한 역할을 했는가와 상관없이 우리가 자신 있게 추론할 수 있는 한 가지는 그들이 하루에 엄청나게 많이 움직였다는 사실이다. 이들은 현대 도시인의 기준으로 볼 때 놀랄 만큼 많이 걷는다. 즉 하루에 3만 보에서 4만 보 정도를 걷는다.

몇 년 전 나는 연구차 마다가스카르Madagascar 섬에 갔다가 내륙의 한쪽 끝에서 다른 쪽 끝까지 차를 타고 횡단한 적이 있었다. 이동하는 내내 나는 산악지대 고속도로를 오르내리는 10대들을 스쳐 지나갔다. 그들은 대부분 시내 장터에서 가족들이 파는 물건을 짊어지고 이동하거나 시장에서 산 물건을 들고 집으로 돌아가는 길이었다. 그런데 이 시장들은 아이들이 사는 산꼭대기 마을에서 보통 15킬로미터 내지 25킬로미터 정도 떨어져 있었다. 게다가 대개 맨발이거나 조리를 신고 집에서 시장까지 거의 온종일 걸었다.

걷기는 10대들의 스트레스 해소에 정말 중요하다. 걸으면 그만큼 게임이나 소셜 미디어에 쏟는 시간이 줄어들기 때문만은 아니다. 걷기는 심혈관 건강과 근력, 골강도에 매우 이롭다. 또 세포 조직의 노폐물을 없애고 긴장을 완화한다. 엔도르핀을 분비해 10대들이 불안해하면 활성화되는 신경세포도 억제해 준다. 10대들은 햇볕을 쬐고, 신선한 공기를 마시며, 눈과 귀로 자연을 감상할 때 이러한 유익함을 얻을 수 있다. 리듬감 있게 걸으면 명상 상태나 자기 최면 상태에 빠지므로 기운을 회복할 뿐 아니라 창의성까지 얻을 수 있다. 게다가 걸어 다니면 발을 부드럽게 마사지해 주는 근사한 효과도 생긴다!

다들 알다시피 지나친 좌식 생활은 10대에게 비만을 불러온 요인 중하나다. 또 하나 중요한 사실은 좌식 생활이 기분에도 영향을 준다는 점이다. 앤지는 기분 조절에 문제를 겪는 많은 10대처럼 좌식 생활에서 빠져나오지 못했다. 앤지는 몸을 움직이고, 일상에서 신체 활동을 해야했다. 많은 학교에서 이런 문제를 심각하게 고민하고 있다.

나는 자기 조절법을 교육하는 고등학교를 방문했을 때 효과적인 방법 하나를 목격했다. 수업 시간에 아이들이 조금이라도 움직이도록 지도하는 것이다. 예를 들어, 선생님이 질문하면 학생들이 교실에서 이동하면서 답하게 하는 것이다. 학생들이 주기적으로 일어서서 스트레칭을 하게 하거나 차분히 호흡하도록 지도하는 교사도 많다.

아이들의 자기 자각 돕기

걷기와 활기찬 운동은 자기 조절에 시동을 걸 수 있는 매우 좋은 방법이다. 그렇지만 진정한 자기 자각을 위해 10대들은 다섯 가지 영역 모두에서 자신의 스트레스 요인이 무엇인지 직접 알아내야 한다. 어떻게 행동했을 때 다시 차분해지고 집중이 되는지, 내가 피해야 할 상황과 대비해야 할 상황이 무엇인지 알아내야 한다. 무엇보다 중요한 것은 연료 탱크가 비었거나 몹시 긴장했다는 사실을 스스로 알아차려야 한다는 점이다. 적어도 처음에는 이런 부분에서 부모의 도움을 가장 많이 받아야 한다.

청소년들은 신체 상태를 고려하지 않은 채 감정에만 주목하는 경향이 있다. 강렬한 부정적인 감정에 휩싸이면 10대들은 신체 상태와 감정 상태의 연관성을 파악하지 못한다. 이보다 더 복잡한, 현재의 에너지 고갈과 심한 긴장감이 이후의 감정 상태와 관련 있다는 사실도 당연히 깨닫지 못한다.

10대 자녀가 침투적 사고에 시달리거나 부정적 편향이 강하고, 모니터 앞에서 보내는 시간이 지나치게 많을 때, 중독성 강한 약물에 의존하거나 짜릿한 쾌감을 주는 무분별한 행동을 하려고 할 때 아이에게 자기 통제력을 키우라고 조언해 봤자 아무 소용없다. 또 아이에게 대처 전략을 가르쳐 주거나 협력적 문제 해결이 필요한 상황을 만들어 줘도 자기 자각 능력이 떨어지는 아이는 새로운 인지적 기술을 배우지도, 사교적 기술을 발휘하지도 못한다.

요즘 청소년기를 다룬 학술 문헌을 보면, 우리가 그동안 아동기를 매우 과소평가했다는 지적이 많다. 또 10대의 뇌에 관한 연구를 보면 그들은 의사 결정을 하거나 위험을 판단하기에는 미흡한 상태이므로, 우리가 어느 선까지는 꾸준히 지도해서 미숙한 실행 기능을 보완해 주어야 한다고 주장한다. 이런 주장은 우리가 청소년들의 무모한 행동을 달리 보게 하고, 감각 추구와 관련된 생물학적 요인을 이해하게 하며, 아이들을 더욱 위험한 행동에 몰아넣는 처리 능력의 한계를 더 깊이 이해하게 해준다는 점에서 중요하다.

청소년의 두뇌를 새롭게 인식하면서 이와 관련된 대중 담론도 활성화됐다. 이는 굉장히 좋은 출발점이었다. 이제 우리는 신경학, 생물학, 인지 능력, 사회적 행동, 감정 조절 등 이 모든 것이 어떻게 연결되면서 스트레스 사이클을 만드는지 알아야 한다. 그래야 아이들에게 경주 자동차의 엔진을 다룰 수 있는 좋은 도구를 마련해 줄 수 있다.

이때의 핵심은 10대들에게 도구 역할을 대신해 주는 게 아니라 그런 도구를 마련해 주는 것이다. 진화적 맥락에서 아주 중요한 차이가 있다. 자녀가 유아기와 아동기를 거쳐 청소년기에 접어든 부모들은 이 사실을 꼭 염두에 두어야 한다. 어쨌든 조물주는 20년에서 25년씩이나 부모에게 의지할 수 없다는 이유만으로도, 이렇게 장기간 부모의 세심한 보살핌이 필요한 종을 만들어 내지는 않았을 것이다.

청소년의 무모한 행동을 막으려고 애쓰는 부모나 교사의 행동이 잘못됐다는 지적이 아니라, 그러한 노력이 매우 현대적 현상이라는 뜻이다. 요즘 들어 조절 장애를 낳는 요인이 많아진 만큼, 어른들의 지도 편달도 더 필요해졌다는 뜻이다. 부모 입장에서는 10대 아이들이 세상을 안전하게 헤쳐 나가도록 더 많이 도와야 할 순간과 우리가 이 장에서 살펴본 것처럼 청소년들이 자연스러운 발전 단계를 거치도록 물러나야 할 때를 구분하는 일이 쉽지 않을 것이다.[152] 어쨌든 전 세계 어느 지역의 성년식을 보더라도 사춘기는 의존성을 벗고, 자립성을 키우는 매우 급작스러운 시기다. 또 그에 따르는 온갖 책임을 져야 하는 시기임이 분명하다. 우리는 요즘 시대의 위험 요인을 막아 주겠다는 선의 때문에 청소년의 두뇌에 필요한 가장 기본적인 발전 과정을 가로막는 부모가 되지 않도록 조심해야 한다.

닉스의 사례

열여섯 살 닉스가 상담실에 들어서는 모습은 분명 인상적이었다. 온통 검은 옷에 짧은 칼날 머리를 했고, 귀와 눈썹, 코에는 장신구를 박았다. 그렇지만 우리의 눈길을 끈 것은 옷이나 피어싱이 아니었다. 얼굴에서 풍기는 슬픔과 분노였다. 닉스는 어둠과 혼돈을 연상시키는 고스Goth(죽음, 어둠, 공포를 지향하는 하위문화 ─옮긴이) 식 이름을 직접 지었다. 그러고는 부모님이 지어준 메리 캐서린Mary Catherine이라는 이름 대신 닉스Nyx라는 이름에만 반응했다. 닉스 엄마는 딸을 그렇게 부를 때마다 목이 메었다.

닉스 엄마는 한때 공주처럼 차려입고 몇 시간씩 인형놀이하는 시간을 제일 좋아했던 애가 왜 이렇게 됐는지 모르겠다며 거듭 하소연했다. 닉스는 밤에 한번 잠들면 아침까지 깨는 일이 드문 아기였다. 그리고 온종일 흔들침대에 만족스러운 표정으로 누워 침대 범퍼의 다양한 촉감을 느끼곤 했다. 아기의 감각을 자극하는 것이 중요하다는 친구의 조언을 듣고 엄마가 알록달록한 모빌을 침대에 달아 주자 닉스는 매우 좋아하며 이를 쳐다봤다. 닉스가 좀 더 컸을 때 역시 감각 자극을 위해 모빌 놀이 매트를 사다 주었다. 닉스는 매트에 누워 다양한 모빌을 몇 시간이고 쳐다보거나 모빌을 손으로 만지작거리며 다양한 촉감을 느꼈다.

닉스 부모는 딸과 교감하기 위해 무척 애썼지만, 딸이 혼자 있는 것을 제일 좋아하는 것 같다는 의견에 일치했다. 닉스는 엄마 아빠가 웃긴 표정을 짓거나 노래를 흥얼거리면 소리 내어 웃었지만, 그래도 부모가 보기에는 혼자 있는 것을 좋아하는 아기였다. 그래서 닉스는 점점 혼자 있는 시간이 많아졌고, 닉스 엄마의 표현에 따르면 자신들이 닉스의 개인 공간을 침범하는 것이 조심스러울 정도였다고 한다.

아기의 행동 발달 도표를 꼼꼼히 공부한 닉스 엄마는 딸의 모습을 보며 불안감이 가시지 않았다. 닉스는 몸을 일으키거나 기어 다니는 것이 도표에 나온 시기보다 조금 느렸고, 옹알이나 자기 이름에 반응하는 행동, 말하는 시기 역시 조금씩 느렸다. 소아과 의사는 "좀 늦은 아이들도 있으니 걱정하지 마세요."라며 늘 안심시켰다. 아니나 다를까, 닉스는 발달 속도가 조금 더뎠다. 그렇지만 심각한 운동신경의 결함이나 언어 지체는 전혀 의심되지 않았다.

그렇지만 계속 드는 우려는, 딸이 다른 아이들과 어울려 놀 생각을 하지 않는다는 점이었다. 닉스는 유치원에서도 혼자 노는 것을 좋아했고, 초등학교에서 들어가서도 쉬는 시간에 친구들과 떠들썩하게 노는 법 없이 늘 구석에 혼자 앉아 있었다. 닉스는 친구의 생일 파티에 간 적도 없고, 자신의 생일 파티도 하지 않으려고 했다. 닉스 엄마는 선천적으로 내성적인 딸의 모습을 보며 '분명 내 기질을 물려받았다!'라고만 생각했다.

닉스 엄마는 딸에게 발레를 가르쳐 보려고 했다. 닉스는 세 살 때 발레를 시작했다. 발레복과 타이즈, 발레 치마를 입은 닉스는 매우 행복해 보였다. 닉스는 발레 선생님이 리본이나 흔들어 대는 막대를 주면 무척 좋아했다. 그렇지만 발레 수업이 2년째 접어들자 배가 아프다거나 목이 따끔거리는 등 매번 수업에 갈 수 없는 이유가 생겼다. 발레는 그만둔다고 판단할 겨를도 없이 자연스럽게 잊혀졌다.

그래도 닉스 부모는 딸에게 사회성을 길러 주려고 여러 가지 방과 후 활동에 보냈다. 그렇지만 축구나 태권도, 음악 등 어떤 것도 효과가 없었다. 미술 수업도 마찬가지였다. 닉스는 처음 한두 번은 순순히 수업을 받았지만, 심한 복통이나 인후염이 갑자기 생기면서 흐지부지되기 일쑤였다. 결국 닉스 부모는 닉스가 혼자 있는 것을 워낙 좋아하니, 좋아하지도 않는 것을 억지로 시키는 것은 아이를 괴롭히는 일이라고 결론 내렸다.

닉스 부모가 보기에, 닉스에게는 진정한 친구가 한 명도 없었다. 사실 닉스에게 친구들과 어울리라고 계속 얘기해도 닉스는 또래 아이들이 천박하고, 한심하다며 어떠한 사교 활동도 거부했다. 닉스는 방에 몇 시간이고 틀어박혀 음악을 듣거나 시나 에세이를 썼지만, 그 글을 남들에게 보여주는 법이 없었다. 사실상 닉스와는 점점 대화하기가 힘들어졌다. 닉스는 영국의 록밴드 바우하우스Bauhaus의 광팬이 되었고, 아이팟으로 그 노래들을 온종일 듣곤 했다.

닉스가 엄청 살이 찌기 시작한 것도 문제였다. 전에는 약간 통통한 편이었다면, 이제는 심각한 과체중이었다. 게다가 난생처음 수면 문제도 보이기 시작했다. 닉스는 며칠 동안 네다섯 시간만 자다가 하루에 열두 시간 넘게 밀린 잠을 보충했다. 닉스 부모는 가끔 간밤에 애가 잠을 잔 건지, 안 잔 건지 알 수가 없었다. 닉스와 가족은 더욱 거리감이 생겼고, 같이 대화하거나 저녁식사를 하는 것도 힘들어졌다. 부모들이 다그치면 닉스는 괜찮다고 했지만, 남들 눈에 비치는 행동이나 기분은 전혀 그렇지 않았다.

닉스 부모는 딸이 어떻게 지내는지 거의 알지 못했다. 닉스가 페이스북에 자해에 대한 시를 써서 올린다는 사실도 다른 사람이 말해 줘서 알았다. 닉스 부모는 곧장 심리상담사와 면담 날짜를 잡았다. 심리상담사는 닉스가 불안증이 심하고, 타인뿐 아니라 자신에게 심각한 분노를 느끼고 있으며, 자해를 시작한 것은 자신이 살아 있다고 느끼는 유일한 순간이기 때문이라고 설명했다.

심리상담사는 닉스가 자살 충돌에 시달리는 것 같지는 않다고 조심스럽게 말했다. 상담사의 표현에 따르면, 닉스는 정신적으로 아프지는 않지만 그렇다고 건강하지도 않은 상태였다. 이는 내가 지금까지 들어 본 매우 심오한 표현 중 하나로, 많은 10대들이 이 경우에 해당할 것이다. 아마 우리가 인지하는 것보다 훨씬 많을 것이다.

상담사는 닉스가 만성적 과각성, 즉 에너지와 흥미가 모두 낮은 상태이므로 우리 클리닉의 도움을 받아 스트레스 요인을 알아내고, 자기 조절법도 배우길 바란다고 했다. 전반적인 검사 결과, 닉스는 다양한 감각과민 증세가 있어서 빛, 소리, 촉각, 심지어 미각까지도 자극이 좀 강해야 '적당'하다고 느꼈다. 그러다 보니 아기 때 시각적 자극과 촉각적 자극에 크게 이끌렸다. 10대가 되어서는 아이패드을 손에서 놓지 않았고, 소금으로 단맛을 높이거나 MSG로 글루탐산 수용체를 자극하는 고열량 음식을 찾았다. 게다가 닉스는 심각한 사회적 스트레스로 힘들어했다.

닉스는 대개 혼자 지내면서 자란 탓에 마음 읽는 법, 즉 다른 사람의 몸짓, 눈빛, 자세, 억양에서 생각을 읽어 내는 법을 배우지 못했다. 게다가 남들과 공감하는 능력과 친구들의 감정을 헤아리는 능력도 발달하지 못했다. 여기서 또 하나 유추할 수 있는 것이 있다. 이런 능력이 부족한 상태가 매우 어린 시절부터 시작됐다는 것과 부모가 "혼자 있을 때 제일 좋아해요."라고 말했던 모습이 실은 아기를 일상의 쌍방향 소통에 끌어들이려면 더욱 어르고 달래야 한다는 신호였다는 점이다. 이러한 소통이야말로 부모 자식 간의 동조적 뇌를 발달시키고, 마음 읽기 능력과 친사회적 기술을 키우는 토대였다.

닉스의 문제는 자신의 말과 행동을 다른 사람이 어떻게 받아들이는지 미묘한 신호를 모르는 점만이 아니었다. 닉스는 자신의 격한 감정도 조절하지 못했다. 닉스 엄마의 말에 따르면, 닉스는 어릴 때부터 화내는 법이 없었다고 한다. 어쩌다 화낼 일이 생기면 어두컴컴하고 조용한 곳에 앉아 마음을 달랬다. 10대에 들어서는 다른 사람이 몹시 불안해하거나 괴로워하는 모습을 보면, 자기도 불안해하거나 괴로워하면서 기능이 정지되곤 했다.

이렇게 자신의 격한 감정을 드러내고 조절하는 능력이 부족한 데다 정서적으로 둔감하고 외로움까지 겹치면서 닉스는 큰 대가를 치러야 했다. 감정적·사회적 대가뿐 아니라 생리적 대가도 치렀다. 이 때문에 수면 문제를 겪었으며, 스트레스를 받으면 정크푸드를 탐닉하는 증상까지 생겼다. 한마디로 닉스는 악순환에 빠져 있었고, 모든 다양한 스트레스 요인이 자기 조절 문제에 영향을 주면서 상황을 더욱 악화시켰다.

닉스는 다른 10대들처럼 또래 집단과 어울려야 했다. 닉스는 참된 우정을 나눌 수 있는 사교성이 부족했다. 닉스가 온라인 고스 동호회에 눈을 돌린 것도 이런 욕구를 채우고 싶어서였다. 하지만 그런 곳에서는 보통 또래와 어울릴 때 얻을 수 있는 조절 효과를 얻지 못한다는 게 문제였다.

닉스는 여러 영역에서 도움이 필요했다. 우선 닉스는 제대로 잠을 자고 식습관도 고쳐야 했다. 그리고 사회성과 친사회성을 길러 주는 활동을 해야 했다. 그렇지만 닉스와 부모는 자기 조절법을 시작하면서 우리가 이번 장에서 살핀, 청소년의 뇌에 관한 핵심 사항을 반드시 기억해야 했다. 특정 목적을 공유한 소규모 집단에 들어가 활동해야 한다는 사실이었다.

닉스가 자기 조절법을 시작하면서 보여준 진전에는 여러 가지 요인이 얽혀 있다. 하지만 가장 주목해야 할 점은 학교 합창단에 들어갔다는 것이다. 노래를 부르는 신체 활동은 신경계를 조절해 주는 효과가 상당했고, 합창단 활동을 하면서 닉스는 매우 신나 했다. 알고 보니 닉스는 아주 감미로운 소프라노 음색을 지녀서 합창단에서 주목받았다. 무엇보다 중요한 것은 합창단 활동을 하면서 관심사가 비슷한 다른 친구들을 사귀게 되었다는 것이다. 닉스가 보여준 사교성과 합창단에 대한 열정은 그동안 집단에 속하고 싶은 열망이 매우 간절했음을 보여주었다.

이제 닉스는 생기 넘치는 20대 아가씨가 되었지만, 스트레스를 받는 일이 생기면 여전히 부모와 상담을 한다. 많은 부모가 20대 자녀에게 바라는 모습일 것이다. 닉스는 자신의 생리적 욕구와 감정적 약점이 무엇인지 예전보다 훨씬 정확하게 알며, 이제는 누가 봐도 정신적으로 건강해 보이는 대학교 3학년생이다. 닉스는 합창단 친구뿐 아니라 다양한 친구들도 생겼다. 자신을 잘 보살필 뿐 아니라 자부심도 생겼다. 무엇보다 가장 큰 성과는 닉스가 부모님이 지어 준 메리 캐서린이라는 이름을 쓰기 시작했다는 것이다.

제11장

욕망, 도파민 그리고 지루함의 놀라운 생물학적 원리

나는 7학년 남학생들의 수업을 참관했다. 그 반에는 행동 문제, 기분 조절 문제, 주의력 결핍이 심각한 아이들이 섞여 있었다. 열정적이고 경험 많은 담임교사는 긴장한 모습이었다. "수업을 하다 보면 가만히 앉아 있지 못하는 애들을 한두 명은 꼭 다뤄야 해요. 그런데 오늘은 다른 때보다 유난히 힘드네요. 저 애들이 다른 애들까지 부추기니 말이에요." 나는 월요일 이른 오전에 방문했고, 남자아이들은 대부분 지난주 말 내내 폭력적인 비디오게임 '콜 오브 듀티'Call of Duty(2차 세계대전을 배경으로 하는 게임―옮긴이)를 같이 했다. 아이들은 잠을 조금밖에 자지 못한 상태였고, 잠을 전혀 안 자고 학교에 온 아이들도 있었다.

나는 아이들이 모두 축구, 라크로스lacrosse(스틱을 이용해 상대편 골에 공을 넣는 경기—옮긴이), 하키 등을 해본 경험이 있다고 하기에 시합을 하고 나면 어떤 기분인지 물어보았다. 한 아이가 불쑥 이렇게 말했다. "아주 차분해져요." 차분해진다는 표현에 나는 깜짝 놀랐다. 이는 자기 조절을 제대로 했을 때 드는 기분이었다. 보통 아이들은 자신이 언제 차분했었는지도 기억하지 못한다. 내가 다른 아이들에게도 같은 질문을 하자 비슷한 대답이 나왔다.

그 반면, "오늘 아침에 일어나서 학교에 와야 했을 때 어떤 기분이었니?" 하고 묻자, 다들 "진짜 짜증났어요."라고 답했다. 아이들은 행동에 따라 기분이 달라진다는 사실을 알고 있었다. 내가 "야외에서 하키나 축구를 할래? 아니면 콜 오브 듀티를 할래?"라고 묻자 일제히 답했다. "실내에서 콜 오브 듀티요!" 이는 흥미로우면서도 적잖이 실망스러운 대답이었다. 왜 아이들은 기분이 좋아지는 행동이 아닌 짜증이 나는 행동을 하려는 걸까?

이와 관련된 또 다른 일화가 있다. 우리 클리닉에서 일하는 꼼꼼하고 침착한 제인Jane이 일주일간 남편과 두 아들과 함께 봄 휴가를 보내고 나서 그야말로 녹초가 돼서 출근했다. 제인은 원래 멀리 떠날 계획이었는데, 일정이 불가피하게 취소됐다. 그래서 두 아이의 기대를 깨지 않으려고 넷플릭스Netflix(동영상 스트리밍 서비스 업체—옮긴이)를 일주일 치 결제해 줬다. 제인의 표현에 따르면, 아이들은 "정말 조용히 지냈다." 그런데도 오늘 아침에 두 아이 모두 봄 휴가가 정말 지루했다며 불만을 터뜨렸다. 제인은 이해할 수 없었다. 아이들에게 원하는 것을 보게 해줬고, 아이들도 화면에 계속 집중했다. 그런데도 지루했다니, 제인은 어리둥절했다.

　많은 부모가 이런 점을 의아해한다. 그 답 중 하나는 요즘 아이들이 지나치게 자극적인 환경에 노출돼서 스스로 즐겁게 노는 법을 모른다는 점에 있다. 예부터 즐겨 온 상상력을 자극하는 놀이를 하지 않다 보니, 창의력과 순발력이 발달하지 않는다. 수천 년 동안 아이들은 인도의 전통 놀이인 '뱀과 사다리'(주사위를 굴려 목적지에 먼저 도착해야 하는 뱀과 사다리가 그려진 보드게임—옮긴이)를 하거나 술래잡기와 숨바꼭질, 변장 놀이, 나무 쌓기 놀이 등을 했다. 반면 요즘 아이들은 신체 접촉과 면대면 대화가 없는 비디오게임과 온라인 게임을 즐긴다. 이런 게임은 보통 다른 친구가 아니라 컴퓨터와 겨룬다. 우리는 자기 조절법을 통해 이렇게 인간적 교감이 사라진 현상을 새로운 시각에서 조명할 수 있다.

지루함에 얽힌 놀라운 생물학적 원리

이 책을 읽는 부모 중에 아이가 "지루하다."고 불평하는 소리를 들어보지 못한 부모는 없을 것이다. 우리는 이 단어가 아이들의 정신 상태를 표현하는 말이라고 생각한다. 이리저리 둘러봐도 재밌는 일이 없어서 하는 말이라고 생각한다. 하지만 사실은 전혀 그렇지 않다. 이는 동물의 외침(철학 용어로 공언avowal)에 가깝다. 아이들의 지루하다는 말은 감정적 동요를 드러내는 원시적인 표현이다. 아이들이 칭얼대는 행동 하나만으로 그 어떤 말도 필요 없는 지루함이라는 보편적 신호를 보내면, 우리는 곧바로 아이들의 감정 상태를 알아챈다. 그렇지만 사실 우리는 이 상황을 다분히 오해한다.

지나친 자극은 지루함을 유발한다는 연구 결과가 있다.[153] 자기 조절법은 그 이유를 이렇게 본다. 일단 아이가 지루해질 만큼 지나친 자극을 받으면, 코르티솔 수치가 치솟는다. 온라인 전쟁 게임처럼 아드레날린을 자극하는 활동은 아이들의 에너지를 고갈하기 때문이다. 이는 다시 스트레스 호르몬인 코르티솔의 분비를 늘린다. 코르티솔 수치가 높아지면 생리적·감정적 스트레스에 매우 민감해진다. 지루함은 그 자체로 혈중 코르티솔 농도가 지나칠 때 생기는 매우 불쾌한 생리적인 감정과 관련이 있다.

자극 요인이 사라지면 포유류의 뇌와 파충류의 뇌는 저각성 상태를 갑자기 과각성 상태로 전환해서 이런 생리적 불균형에 대처한다. 이는 에너지 유출을 막고 회복을 꾀하려는 고대적인 신경기전이다. 그렇지만 아이들은 이 갑작스런 전환을 또 하나의 강한 스트레스로 받아들인다. 마치 차량을 급제동한 것처럼 느낀다.

이 모든 상황은 자기 조절법의 첫 번째 단계를 적용해 '지루하다'라는 말을 달리 인식해야 한다는 뜻이다. 이는 단지 '불쾌하다'는 뜻이고, 그래서 아이들이 칭얼대는 것이다. 이는 오락을 하면서 받은 큰 스트레스를 자연스럽게 드러내는 말이다. 이 핵심을 이해하지 못하면 우리는 아이들에게 더 강한 자극이 필요하다고 오해하고, 아이에게 필요한 것과 정반대의 조치를 하게 된다. 아이들의 스트레스를 줄여 줘야 하는데도 무심코 스트레스를 더 키워 버린다. 그렇지만 저각성에 빠진 아이는 차분하게 해줘야지 과각성으로 끌어올리면 안 된다.

보상 체계의 작동 원리를 이용하는 게임

캔디 크러쉬Candy Crush나 앵그리 버드Angry Birds 등 요즘 인기 있는 디지털 게임을 살펴보면, 혹은 매우 지루하지만 입 다물고 계속하게 되는 우리를 흥분시키는 많은 오락 활동을 살펴보면 다음과 같은 의문이 떠오른다. 특별히 재밌지도 않은데 왜 우리는 시간 가는 줄 모르고 여기에 매달리는 것일까? 이는 그 자체로 진지한 연구 주제였다.

1990년대 후반 신경과학자들은 그 답을 찾았다. 물론 우리는 이런 게임이 아드레날린을 분비한다는 것을 알고 있었고, 이것이야말로 핵심이었다. 하지만 과학자들이 관심을 둔 것은 비디오게임이 뇌의 보상 체계에 미치는 영향이었다. 과학자들은 이런 게임이 도파민 수치를 두 배로 올린다는 사실을 발견했다. 이 중대한 발견은 중독성 연구에 한 획을 그었다.[154]

이 게임들은 기분을 좋게 하는 신경호르몬인 오피오이드opioids를 분비시킨다. 게임이 이런 효과를 갖는 이유는 다양하다. 뭔가를 얻는다는 것(매우 허무한 보상일지라도)에 대한 뇌의 자연스러운 반응 때문만이 아니다. 밝은 색상, 선명한 빛, 갑작스럽게 울리는 소음 등 목표물을 명중하거나 혹은 명중당했을 때 나오는 부가 장치들도 여기에 한몫한다. 이러한 장치들이 갈망을 부추기는 도파민을 솟구치게 하면, 뇌는 오피오이드를 더욱 갈구한다.[155]

이것이 바로 오피오이드와 도파민이 상호작용하면서 일으키는 신경화학적 보상 체계다. 이는 단지 생존을 위해 자연스럽게 설계된 것이다. 즉 음식을 찾아 에너지를 얻고 음식을 섭취해 즐거움을 느끼게 하는 것이다.(큰 틀에서 보면 성행위도 마찬가지다. 조물주는 자손의 번식을 원했기 때문이다!) 오피오이드는 정신활성 화학물질을 분비해 기분을 좋게 하고, 고통이나 스트레스를 덜어 준다. 오피오이드는 신경계와 위장관에 분포하는 수용체와 결합한다. 이들은 에너지를 치솟게 하는 한편, 고통과 스트레스, 불안감으로 신경이 흥분하는 것을 억제한다. 우리가 기분이 매우 좋아지는 이유 중 하나도 오피오이드 수용체의 작용 때문이다.

모유에도 오피오이드가 있다. 이는 아기가 젖을 먹고 애착을 느끼게 하는 중요한 요소다. 오피오이드는 운동이나 접촉으로도 생기고, 안아 주거나 쓰다듬어 주는 등 온갖 기분 좋은 행동으로도 생긴다. 일단 오피오이드가 보상과 관련을 맺고(이를테면 보상으로 아이스크림을 먹는 것), 그 보상이 신속히 일어나면 뇌의 배측 선조체ventral striatum가 도파민을 분비해 계속 보상을 찾게 된다. 특히 불안해질 때 이런 행동을 보인다. 사실 우리가 불안감이라고 부르는 것은 계속 두려움에 떨거나 지나치게 경계하는 상태일 뿐이고(이때 맥박이 빨라지고, 숨이 얕아지며 땀이 나고, 동공이 확장될 뿐 아니라 감각이 극도로 예민해진다.) 이는 다시 우리를 계속 긴장시켜 방어하거나 보상을 좇게 만든다.

우리가 보상을 생각하기만 해도 또 보상과 관련된 자극을 받기만 해도 도파민은 분비된다.[156] 뇌는 또 다른 신경 조절 물질도 분비하는데, 우리를 긴장하고 각성하게 하는 노르에피네프린norepinephrine, 정보 처리 과정을 조절하는 세로토닌serotonin, 회복을 촉진하는 아세틸콜린acetylcholine 등이다. 도파민으로 갈망과 욕망이 생기는 한, 이는 행동을 일으키는 결정적인 역할을 한다. 그렇지만 도파민이 지나치게 분비되면 제인의 아이들처럼 불만을 느끼고 들뜬 상태가 된다.

쾌감이 사라질 때 더욱 커지는 갈망

우리는 어떤 대상에서 좋은 기분을 느끼면 그것을 더욱 찾는다. 그 효과가 떨어져서 즐거움이 사라질 때까지 계속 찾는다. 그러면 우리는 다시 더 큰 즐거움을 주는 대상을 찾는다. 보상 체계가 활성화되면 게임을 계속하거나 영화를 연거푸 보려는 욕망이 매우 강해지는 반면, 독서나 카드 놀이, 보드게임 등 오피오이드나 도파민의 분비가 약한 활동은 머릿속에서 사라진다.

폭력적인 롤플레잉 게임role-playing games이나 총 쏘기 게임을 하다 보면, 아이들은 습관적으로 각성도가 높아져서 차분한 게임을 지루해할 뿐 아니라 싫어하게 된다.[157] 요즘 나오는 아동 영화도 마찬가지다. 이 영화들을 살펴보면 갈수록 시끄럽고 폭력적이며, 등장인물이나 줄거리 전개에는 소홀하다. 이는 다분히 의도적이다. 이런 영화들은 신경계의 스위트 스폿sweet spot(타격 효과가 가장 좋은 부분을 가리키는 스포츠 용어. 효율성이 가장 좋은 최적 상태를 뜻함—옮긴이)을 활성화하기 위해 만들었다. 표적 집단에게 미리 상영할 때 전기피부반응 검사galvanic skin response, 심전도 검사EKG, 심지어 기능성 자기공명영상fMRI까지 동원해 제작자의 의도대로 감각을 자극하는 효과가 있는지 검증을 마친 것들이다.[158] 일단 뇌가《트랜스포머》Transformers 같은 영화에 익숙해지면《판타지아》Fantasia(디즈니사에서 만든 클래식 음악 애니메이션—옮긴이) 같은 영화는 끝까지 보기가 힘들어진다.

자극적인 게임을 하면 소근육 운동에 좋고 인지 발달에 도움이 된다는 연구 결과가 있다. 문제의 핵심은 우리 뇌의 원시적 시스템이 지나치게 에너지를 소모해서 아이들이 다급하게 에너지를 찾게 만든다는 점이다. 폭력적인 영화도 뇌에 똑같이 작용한다. 시인이자 철학자인 새뮤얼 콜리지Samuel Coleridge는 1817년 불신의 자발적 중단willing suspension of disbelief이라는 개념을 소개했다.[159] 이는 독자들이 이야기에 대한 합리적 판단을 멈춘다는 뜻이다. 이때 콜리지가 실제 암시한 내용은 현재 우리가 파악한 변연계의 기능, 즉 스트레스를 받으면 전전두피질이 뒤로 물러나는 현상과 관련 있다.

영웅이 위험에 처한 모습을 보면 당신의 서툰 포유류의 뇌는 파충류의 뇌에게 심박수를 높이라고 메시지를 보낸다. 쾅쾅 울리는 음악, 번쩍이는 불빛과 색상 역시 이런 효과가 있다. 그런데 영화관에 앉아 있으면 고조된 긴장감을 해소할 길이 없다. 한번은 우리 아이들을 데리고 이런 영화를 보러 갔다. 나는 영화가 끝나고 밖으로 나올 때 걸었다기보다 비틀거렸다. 방금 마친 변연계의 마라톤으로 기진맥진했기 때문이었다. 주변은 평소에는 손도 안 대는 음식을 파는 매점들뿐이었다. 당시 나는 주체할 수 없을 만큼 빅 걸프Big Gulp(대용량 탄산음료—옮긴이)가 간절했다.

이는 우연의 일치가 아니었다. 정크푸드는 폭력적 게임이나 영화와 동일한 보상 범주에 속한다.[160] 정크푸드에서 가장 주목할 점은 이것이 도파민을 자극하기 위해 만들어진다는 점이다. 도파민 수용체를 자극하려면, 이 식품들(지나치게 가공하고 인공적으로 만들어서 식품이라고 부르기도 민망하지만)이 오피오이드를 최대한 분비하게 해야 한다. 이런 작용은 설탕, 밀가루, 우유 심지어 고기 같은 자연 식품에서도 어느 정도 발생한다. 그렇지만 정크푸드 혹은 소위 지나치게 맛있는 음식은 오피오이드의 분비를 심하게 높인다.

신경과학자들과 보건 당국자들이 과도한 자극물의 부정적 영향을 우려하게 된 이유도 비디오게임 디자이너와 영화 제작자, 식품 과학자들이 이러한 자극물의 생산에 매우 능숙해졌기 때문이다. 문제는 도파민 분비가 급증하면, 그 힘이 자율신경계를 누를 정도로 강해진다는 점이다. 그러면 아이들은 휴식과 회복의 필요성이나 포만감을 느끼게 하는 뇌의 자연스러운 신호를 무시한 채, 적정선에서 멈추지 못하고 계속 게임을 하거나 먹는다.

사실 오피오이드-도파민 회로만이 아니라, 게임이나 음식 때문에 에너지가 처음 수준보다 '더욱 떨어지는 것'도 문제다. 이럴 때 아이들은 오피오이도를 더욱 분비하려고 한다. 모든 아이가 과도한 자극물에 똑같이 반응하는 것은 아니다. 이런 자극물에 중독됐더라도, 그 여파는 알코올이나 마약이 낳는 심각성보다는 훨씬 덜하다. 그렇지만 이런 자극물을 우려하는 이유는 아이들이 크면서 오피오이드를 심각하게 과잉 분비하는 습관이 생길 수 있을 뿐 아니라, 이것이 아이의 기분과 행동, 건강에 바로 영향을 줄 수 있기 때문이다.

그렇지만 가장 큰 문제는 과도한 자극물이 스트레스를 줄이려는 자연스러운 반응을 방해한다는 점이다. 예를 들어 감자칩이나 사탕을 입에 대는 아이는 사과를 깨물었을 때 얻는 지속적인 자기 조절 효과(이는 저작 작용과 에너지를 천천히 올리는 기능이 결합하면서 생긴다.)를 전혀 기대할 수 없으며, 사과를 먹고 싶다는 생각조차 들지 않는다.

또한 감자칩이나 탄산음료를 지나치게 찾을 경우, 아이의 스트레스 지수가 실제로 올라간다는 점도 문제다. 일례로 시상하부는 혈중 염분

농도가 올라가면 이를 낮추려고 한다. 그 과정에서 탈수 증세가 생기고, 이는 다시 명료한 사고 능력에 영향을 주는 각종 주요 미네랄을 부족하게 만든다. 놀랍도록 많은 아이들과 청소년이 이런 증상을 보인다. 에너지가 갑자기 솟구쳤다가 다시 푹 꺼지는 현상 역시 심할 경우 각성 조절 능력을 교란하고, 명료한 사고 능력을 떨어뜨릴 수 있다.

따라서 자극적인 식품을 지나치게 먹거나 자극적인 게임에 지나치게 열중하면, 아이들은 자기가 뭘 먹고 무슨 행동을 하는지 제대로 자각하지 못할 수 있다. 그런 제품을 탐닉하는 아이일수록 애초에 중독을 일으킨 대상을 더 갈구한다. 그러면 차분하고 만족을 아는 아이가 아닌, 들뜨고 불만에 가득 찬(사실상 만족을 모르는) 아이로 변한다.

신호를 알아야 주도권을 잡는다

갈망을 부추기는 원리는 우리가 뭔가를 먹거나 어떤 행동을 할 때 느끼는 즐거움만이 아니다. 우리가 만든 자극-보상 관계에서 느끼는 신체적·감정적 상태와도 관련 있다. 신체적 상태와 감정적 상태 그리고 오피오이드와 도파민이라는 네 가지 요소는 서로 연관되어 있다. 아이가 처음 감자칩을 먹었던 순간처럼(혹은 처음 자극적 게임을 했을 때처럼) 피곤하거나 불안해지면 변연계는 지난번 그 행동으로 어떤 기분이 들었는지 갑자기 떠올리게 한다.

사실 약물이나 알코올 등 중독성이 강한 대상도 이런 효과가 있다. 그동안 부모들은 약물의 중독 성분 효력이 너무 강해서 조금만 노출돼도 10대들이 쉽게 중독된다는 말을 수없이 들었다. 그렇지만 수년에 걸친 자세한 연구 결과, 10대를 취약하게 만드는 것은 뇌가 통제하지 못할 만큼 강력한 화학적 반응이 아니라 화학적 요법에 의존해 감정을 억누르려는 신체적·감정적 상태였다. 게다가 효과적인 약물 통제 방법은 약물에 접근하지 못하게 막는 게 아니라(이는 십중팔구 불가능하다.) 10대들이 극심한 고통을 위험하고 부적합한 방식으로 해소하게 만드는 알로스타틱 과부하allostatic overload(인체의 불균형으로 항상성이 깨진 상태―옮긴이) 상태를 다루는 것임이 밝혀졌다.[161]

자기 자각을 강조하는 자기 조절법으로 내부 신호를 느끼게 되면 아이는 신체적·감정적 상태에 의식적으로 주목하면서 건전하지 못한 자극-보상 패턴에 빠지지 않게 된다. 그러면 아이는 인생에서 전환의 계기를 맞이할 수 있다. 조나Jonah가 그런 경우였다.

조나의 사례

조나가 부모와 함께 우리 클리닉에 찾아온 것은 아홉 살 때였다. 조나는 면담 첫날 어수룩한 표정으로 감자칩을 씹으며 상담실로 들어왔다. 그런데 어느 모로 보나 자신의 행동을 의식하지 못하는 것 같았다. 조나는 과체중이었지만 비만은 아니었다. 그렇지만 건강해 보이지 않은 게 더 우려스러웠다. 조나의 피부는 창백했고, 얼굴에는 긴장한 표정이 역력했다. 그런데 정말 심각한 문제는 감자칩 한 봉지를 다 먹자마자 주머니에서 바로 초코바를 꺼낸 행동이었다.

조나 부모가 아이를 우리에게 데려온 이유는 조나가 학교에서 도무지 집중하지 못했기 때문이었다. 조나는 과잉 행동 증세는 없었지만, 주의력이 형편없었다. 그렇다고 친구들의 수업을 방해한다거나 뭔가 다른 일에 몰두하는 것도 아니었다. 언제나 침울한 표정만 지을 뿐이었다. 조나를 담당하는 교사의 말에 따르면, 바로 옆에 가서 이름을 크게 불러야만 집중한다고 했다. 조나의 상태를 심각하다고 판단한 교사는 부모에게 조나에게 동기부여를 해주려면 심리학자를 찾아가 보는 게 좋겠다며, 조나가 열중하는 법을 배우지 않으면 학년이 올라갈수록 각종 문제를 겪게 될 것이라고 조언했다. 우리는 그 교사의 판단이 맞았다는 사실을 확인할 수 있었다.

우리와 대화하면서도 계속 감자칩을 먹는 조나는 열중하는 법을 배우는 것에는 관심이 없어 보였다. 손에 들고 있는 감자칩을 먹는 것 말고 무슨 생각을 하는지조차 알기 어려웠다. 조나는 무의식적으로 행동하는 것 같았다. 자기가 무엇을 먹고 있는지뿐만 아니라 먹고 있다는 사실 자체도 의식하지 못하는 것 같았다. 쉼 없이 감자칩을 입으로 가져갈 뿐이었다. 빈 봉지의 바스락거리는 소리만이 조나가 그만 먹게 하는 신호였다.

최근 들어 어른들을 비롯해 상당수의 아이들이 이와 비슷한 행동을 한다. 정크푸드는 비만 외에도 요즘 아이들이 흔히 보이는 심각한 전염병 중 하나에 기여한 핵심적인 요인이다. 그것은 바로 멍한 상태mindlessness이다. 자신의 내면이나 주변에서 벌어지는 일뿐 아니라 가끔 자신이 무슨 행동을 하는지조차 의식하지 못하는 상태를 말한다. 누구든 조나를 본다면, 먹는 것뿐 아니라 전반적인 행동에서 이런 멍한 상태를 감지할 수 있을 것이다.

조나를 치료하면서, 우리는 감자칩이나 사탕이 먹고 싶은 순간을 자각하게 했다. 이것이 에너지가 떨어졌음을 알리는 몸의 신호임을 깨닫게 해주었다. 하지만 영양학이나 그 나이에 필요한 에너지를 알려준다거나 에너지를 보충해서 기운이 떨어지지 않게 해야 한다고 설교하지는 않았다. 다만 첫 번째 상담이 끝날 즈음 조나에게 한 가지 부탁을 했다. 엄마 차에서 연료가 바닥나면 어떤 일이 생기는지 지켜보고, 다음 면담 때 알려 달라고 했다. 조나 엄마도 연료가 떨어져서 경고등에 불이 들어오면 아이가 지켜보게 하겠다고 약속했다.

다음 주 상담 시간에 조나는 흥분한 목소리로 차에서 어떤 일이 벌어졌는지 말해 주었다. 연료 경고등에 빨간불이 들어왔는데, 아빠의 설명에 따르면 연료 탱크 안에 있는 뜨개float가 푹 가라앉으면 계기판에 불이 들어온 것이라고 했다. 나는 조나에게 네 연료 탱크도 연료가 떨어지면 이와 비슷한 신호를 보내지 않느냐고 물었다. 조나는 잠시 골똘히 생각하더니 잘 모르겠다며 얼른 답을 알려 달라고 졸랐다. 나는 대답 대신 이렇게 물었다. "머리에서 감자칩이나 사탕을 먹으라고 속삭이는 소리가 그런 신호가 아닐까?" 조나는 잠시 고민하더니 뭔가 깨달은 듯 환하게 웃어 보였다.

그렇지만 앞으로도 할 일이 많았다. 조나가 자신의 스트레스 요인을 깨닫게 하고, 그런 스트레스가 수업이나 음식에 집중할 때 필요한 에너지를 빼앗아 간다는 사실을 이해시켜야 했다. 그뿐만 아니라 정크푸드에 손을 대거나 수업 시간에 멍하니 있는 것보다 스트레스에 훨씬 더 효과적으로 대처할 수 있는 방법을 찾도록 도와야 했다.

그렇지만 앞서의 깨달음은 조나의 행동 수정에 정말 중요했다. 이는 자기 조절에 필요한 자기 자각을 키울 수 있는 결정적인 첫발이기 때문이었다. 자기 조절의 목적은 아이들이 기존의 갈망을 억누르게 하는 것이 아니다. 그런 갈망은 감정과 감정적 행동, 동기부여를 통합하는 뇌의 편도체에서 강한 연상 작용을 일으킬 때 생긴다. 자기 조절은 조나가 이런 갈망이 생기는 진짜 이유를 알게 하는 것이 목적이다.

에너지가 부족하면 유혹에 쉽게 넘어간다

지나친 스트레스를 받으면 어른 아이 할 것 없이 자극물을 찾는다.[162] 전통적으로 우리는 아이들이 자기 통제력을 길러서 이런 갈망과 싸우게 했다. 그렇지만 이렇게 조작된 욕망과 맞서는 일은 에너지 소모가 심할 뿐 아니라 그 자체로도 매우 부담스럽다. 이 싸움에 뛰어들었을 때 지는 쪽은 언제나 우리다. 강렬한 충동을 억누르려고 에너지를 소비할수록 바로 혹은 얼마 못 가서 충동에 무너질 가능성이 크기 때문이다. 그래서 얼핏 다이어트에 성공한 것 같아도 바로 요요현상이 오는 경우가 많다.

자기 조절법이라는 대안은 이런 충동의 뿌리와 맞선다. 그래서 애초에 지는 싸움에 휘말리지 않게 한다. 아이에게 과도한 자극의 위험을 설교하는 것이 아니다. 자기 조절법은 이 문제를 인지적 맥락으로 접근해서는 안 된다고 강조한다. 갈망이 생긴 아이에게 과도한 자극물의 위험을 설교해 봤자 귀에 들리지 않는다. 무엇보다 생물학적 맥락에서, 에너지 소비와 회복이라는 관점에서 바라봐야 하는 문제다. 하드웨어에 내장된 매우 원시적인 기능을 억누르려면 각성된 변연계를 설득할

게 아니라 달래야 한다.

변연계는 경보기일 뿐 아니라 연료 탱크기 비었을 때 반응하는 응급 응답 시스템Emergency Response System, ERS이다. ERS는 과거의 기억을 더듬어 전에 어떤 식으로 흥분을 잠재우고, 에너지를 빠르게 채웠는지 떠올린다. 예를 들면, 도넛으로 응급 상황에 완벽히 대처했을 수 있다. 연료가 떨어졌을 때 도넛을 먹어서 기분이 좋아졌을 뿐 아니라 에너지를 빠르게 공급 받았기 때문이다. 게다가 응급 상황에서 도넛의 유혹을 뿌리치려 할수록 더 큰 통제력이 필요할 뿐이다. 그러면 에너지 지출이 더 커지면서, 꼭 도넛이 아니더라도 에너지를 바로 채워 주는 또 다른 보상의 유혹에 쉽게 넘어간다.(공교롭게도 알코올이나 마약도 이와 똑같은 원리가 적용된다.)

저각성이나 과각성 상태가 심할수록 아이 두뇌의 ERS는 더욱 긴장한다. 이때 아이는 영양이 풍부한 음식보다는 칼로리가 높은 음식을 섭취하려고 든다. 우리가 과체중인 아이들을 치료하면서 인상 깊었던 장면 중 하나는, 신체 활동을 한 후 차분히 집중할 수 있는 상태가 되면 아이들이 물이나 과일, 요거트를 찾는다는 사실이었다. 뇌가 에너지 공급이라는 기본 요건 외에도 또 다른 우선순위 욕구를 갖기 때문이다. 또한 이와 동시에 뇌에서 액체나 비타민, 미네랄, 서서히 공급되는 탄수화물을 원하는 인체의 욕구를 채우라고 메시지를 보내기 때문이다. 위기 상황에서 뇌는 정크푸드를 연료로 삼으려고 하지만, 마음이 진정되면 최적의 건강 상태를 위해 고급 연료를 찾는다.

에너지가 떨어지면 도넛이든 신선한 과일이든 둘 다 선택할 수 있지만(여기서 '있지만'이 중요하다.) 자기 조절법은 도넛 하면 떠오르는 생각이나 도넛에 얽힌 좋은 추억을 억누르는 게 아니라, 새롭고 긍정적인 기억을 심어 주는 것을 목표로 한다. 우리가 아이들을 치료하면서 얻은 가장 큰 교훈은 어린아이나 10대에게 몸에 해로운 음식이나 유해한 행동을 끊으라고 설득해서는 원하는 목표를 이루지 못한다는 점이었다.(그런 설득이 통하면 얼마나 좋겠는가!) 긴장을 낮추고 에너지를 채웠을 때 어떤 기분이 드는지 아이들이 알게 해야 하는 문제다. 일단 ERS가 대기 상태로 물러나면 갈망의 대상도 바로 변한다. 그러면 시상하부는 빠르게 에너지를 공급하기 위해 바람직한 에너지 공급원이 무엇이었는지 기억을 더듬어 더 건강한 해결책을 찾는다.

도시화 세대를 둘러싼 스트레스 요인

자연에서 보내는 시간은 자기 조절에 결정적인 역할을 한다. 특히 자연에서 긍정적 경험과 추억을 쌓은 아이는 스트레스를 지나치게 받은 변연계가 보상을 찾을 때, 그런 경험과 추억을 보상으로 인식한다.[163] 그런 아이는 스크린을 쳐다보며 게임만 하는 것보다 야외 산책이나 나무 밑에서 쉬는 것을 더 좋아한다. 어린 시절 자연에서 인상 깊은 추억을 쌓았기 때문에 나중에 커서도 자연에서 평온함과 즐거움을 느낄 뿐 아니라 스트레스로 답답해진 마음을 빨리 해소하고 싶을 때 자연을 위안 삼는다.

그렇지만 삶이 도시화되면서 요즘 아이들은 자연과 교감할 기회를 차츰 잃고 있다. 밝은 조명과 밀집된 환경부터 소셜 미디어에 늘 접속해 있는 온라인 위주의 삶이 도시화를 부추기고 있다. 전 세계 어린이의 50퍼센트, 그리고 미국과 캐나다 어린이의 81퍼센트가 도시와 근교 지역에서 산다.[164] 좀 더 시골스러운 환경에 사는 아이라도 보통 하루에 몇 시간씩은 컴퓨터게임이나 소셜 미디어를 한다. 어떻게 보면 사는 곳과 상관없이 아이들은 도시화된 세대인 것이다. 인공조명과 분주한 삶, 북적이는 인파, 혼잡한 교통, 공장 소음 등 수면 부족을 일으키는 스트레스 요인에 둘러싸여 있고, 빈곤 등 만성적인 어려움으로 삶이 황폐해진 아이들도 있다.

지난 몇 년간 방대한 연구 논문이 아이와 어른의 스트레스를 높이는 주요 요인으로 도시화에 주목했다.[165] 이렇게 산적한 스트레스 요인의 영향을 알아내고 이해하는 작업 역시 아이들을 더 큰 위험에 빠뜨리는 보상 체계를 이해하는 데 도움을 줄 수 있다.

일례로 수면 부족은 편도체에 영향을 준다. 과학자들은 도시의 야간 조명이 인체의 메커니즘을 방해할 수 있다고 지적한다. 마찬가지로 컴퓨터와 디지털 장비의 화면에서 나오는 빛 또한 우려의 대상이다. 왜 그럴까? 뇌의 주요 통제 시스템인 시상하부의 역할을 다시 살펴보자. 더 정확히는 시상하부 내 작은 부위인 날개처럼 생긴 시교차 상핵suprachia-smatic nucleusm, SCN을 살펴보자. 이는 인체의 하루 주기 리듬을 조절한다. SCN은 내부 신호에 맞춰 정확히 24시간은 아니지만, 이에 가까운 사이클을 인체가 유지하도록 신경 화학 물질을 만들어 낸다. 이 주기를 유지하려면 외부 신호 중에서도 특히 빛이 필요하다. 이런 이유로 과학자들은 도시의 야간 조명이 인체의 메커니즘을 방해할 수 있다고 우려한다. 그렇지만 더 큰 문제는 이 사이클과 메커니즘이 각성 조절과 보상 체계에서 핵심이라는 점이다.

시상하부가 피곤할 때 보이는 반응은 놀랐을 때 보이는 반응과 흡사하다. 즉 각성도를 올려 버린다. 그러면 편도체가 경보기를 울리면서 과거의 두려웠던 기억을 더듬거나 곧바로 진정시킬 방법을 찾는다. 혹은 잠재적 위험은 없는지 주변을 살피는데, 이때 각성도가 지나치면 눈에 보이는 모든 것을 위협으로 여긴다. 온갖 소음, 갑작스런 고함이나 폭력, 교통 혼잡과 오염 등 모든 것이 편도체를 자극하고, 이 책에서 살펴본 것처럼 온갖 심리적·인지적·행동적 문제를 유발한다.

도시적 삶과 관련된 스트레스가 갑자기 주목받게 된 것은(나 역시 이 주제에 관심을 두게 된 것은) 전 세계 어떤 도시에서도 목격할 수 있는 비상식적인 교통 혼잡 때문이 아니었다. 이는 안드레아스 마이어 린덴버그Andreas Meyer-Lindenberg 연구소가 2011년에 발표한, 도시화가 편도체와 전대상피질ACC의 활성도를 높인다는 논문 때문이었다.[166]

우리 연구소가 자폐증을 앓고 있는 어린아이들을 연구하면서 주목한 것도 바로 이 시스템이었다. 우리가 치료한 아이들은 각성도를 낮춰 주면 사고, 선택, 평가 등을 담당하는 뇌 부위가 활발해졌다. 이는 본질적으로 아이들이 자신의 사고와 기분, 행동을 주도한다는 뜻이었다. 마이어 린덴버그가 지적한 도시화로 사람들이 보이는 증상은 우리한테 치료를 받기 전에 아이들이 보여준 상태와 매우 흡사했다.

편도체가 과각성되는 현상은 한 가지 이상의 요인이 작용한다는 사실이다. 모든 영역에 걸친 스트레스와 다양한 건강 문제, 발달상의 문제도 그 요인이 될 수 있다. 아마 많은 사람이 도시적 환경, 즉 지나친 불빛과 소음, 전반적인 자극으로 수면의 질이 낮을 것이다. 애석하게도 도시와 시골의 수면 패턴을 비교한 정확한 연구가 많지 않다. 하지만 이를 주제로 한 몇몇 연구를 살펴보면, 수면의 양과 질 모두에서 차이가 있음을 확인할 수 있다. 이런 차이는 기술의 발전과 미디어에 늘 접속해 있는 아이들의 습관 때문에 빠르게 사라지고 있다.

아이들은 많은 경우 집 주변 환경에서 받는 스트레스로 자기 조절을 매우 힘들어한다. 워싱턴 전미과학기술위원회National Science Council 과학자들과 함께 스탠퍼드 대학과 하버드 대학 케네디 스쿨의 빈곤에 관한 공동 연구에 참여한 게리 에반스Gary Evans와 잔 브룩스건Jeanne Brooks-Gunn은 아이들의 스트레스 반응에 영향을 주는 유독한 스트레스가 심각할 뿐 아니라 오래 지속될 수 있음을 보여주었다.[167] 이에 해당하는 스트레스 요인은 오염, 소음, 밀집된 환경, 열악한 주거 환경, 부적절한 학교 건물, 잦은 전학이나 이사, 가정불화, 폭력과 범죄에 노출된 환경 등이었다.

제12장

압박에 시달리는 부모들

요즘은 부모들도 엄청난 스트레스에 시달린다. 아이들 못지않게 차분히 집중하는 것을 힘들어한다.[168] 내가 지금 말하는 것은 개인적인 문제로 받는 스트레스가 아닌 전적으로 양육에서 오는 스트레스다. 나는 부모들이 자녀 때문에 받는 스트레스를 죽 나열할 수 있지만, 자신의 스트레스 목록은 독자들이 더 잘 작성할 것이다. 부모들에게 자기 조절 문제를 일으키는 가장 중요한 다섯 가지 근본적인 스트레스 요인을 살펴보면 다음과 같다.

부모들이 받는 다섯 가지 스트레스

1. 아이에게 사회성을 길러 줘야 한다

당신은 매일, 매해, 수많은 시간을 아이에게 사회적으로 용납되는 행동을 가르치는 데 쓴다. 진정해! 양치질해! 만지지 마! 네 차례를 기다려야지! 같이 써야지! 착하게 굴어야지! 미안하다고 해야지! 만약 사회성 기르기가 쉬운 일이라면, 그래서 부모들이 같은 말을 반복할 필요가 없다면 이 세상에 지치고 화내는 부모는 없을 것이다. 그러나 세상은 온통 지치고 화내는 부모들이다. 아이가 유치원에 들어가는 순간부터 고등학교 졸업 파티를 할 때까지 부모들은 쉼 없이 전쟁을 치르는 기분이다. 아이는 당신 뜻대로 행동하지 않고, 당신의 바람을 이해하지 못하거나 어렵게 생각하며, 마땅히 해야 하는 행동도 그냥 잊는다.

갖은 애를 써봐도 사회화 과정은 당신이나 아이 모두에게 스트레스다. 어떤 아이들은 기질적으로, 아니면 발달 과정상의 특수한 욕구나 만성적인 건강 문제로 다른 아이들보다 유독 사회화하기가 힘들다. 혹은 부모가 질병, 직장 문제나 가정불화, 경제적 문제 등 곤란한 상황에 처해 있어서 아이를 사회화하기 힘든 경우도 있다. 그렇지만 사회화 과정에 압박감을 주는 요인이 또 있다.

요즘은 세 살밖에 안 된 어린아이도 부적당한 언행을 한다는 이유로 유치원에서 처벌을 받는다. 앞서 살펴봤듯이 이런 태도의 밑바탕에는 자기 통제와 자기 조절을 혼동하는 인식이 깔려 있다. 이는 아이에게 유해한 영향을 줄 수 있다. 그런데 이 모든 요인이 등장한 것은 다름 아닌 관용에 인색한 사회적 분위기 때문이다. 부모들은 자녀가 용인할 수 없는 매우 우려스러운 언행을 하고, 그래서 심각한 상황을 맞이하게 될까 봐 늘 안절부절못한다. 어린아이와 10대들은 대개 겁 없이 거리를 돌아다니는 세 살짜리처럼 이런 정서에 무딘 편이지만, 부모들은 끝없는 사회화 과정에 갈수록 부담을 느낀다.

2. 아이의 불안감을 공유한다

부모들은 보통 스트레스 지수가 높다. 자녀들의 언행 때문에 짜증나서가 아니라 아이들을 과보호하고 또 애들이 힘들어할 때 지나치게 돕거나 달래려 하기 때문이다. 우리 연구실은 부모의 공감이라는 흥미로운 주제로 연구를 한 적이 있다. 연구 책임자인 신경과학자 짐 스티벤Jim Stieben은 자녀가 좌절을 느낄 때, 이를 지켜보는 부모가 뇌 활성도라는 측면에서 어떤 공감적 반응을 보이는지 살폈다. 실험에서 스티벤은 아이들에게 게임에서 아주 높은 점수를 받으면 상을 주겠다고 했다. 그런 다음 아이가 이기려는 찰나, 갑자기 난이도를 높여서 아이가 점수를 왕창 잃게 했다.(마음 아파할 필요는 없다. 스티벤은 아이들이 다시 점수를 얻게 해서 모든 아이들에게 상을 줬다!) 이때 부모들이 스트레스에 보이는 신경학적 반응은 뇌 영상 장비에 선명하게 드러났다.(배측 전대상피질이 갑자기 강하게 활성화됐다.)

이는 동조적 뇌의 기능 중 하나로 우리가 주목해야 할 부분이다. 이는 아이의 감정 기복과 어려움에 우리가 얼마나 긴밀히 연결되어 있는지 보여준다. 부모인 우리가 차분히 집중할수록 아이들도 빨리 차분해진다. 그러면 우리도 아이로부터 마음의 안정을 얻는 등 이런 과정이 계속해서 선순환을 그리게 된다.

3. 양육 경쟁에 시달린다

오해할까 봐 말하지만 이런 경쟁은 아이뿐 아니라 부모에게도 엄청난 스트레스다. 일부 부모들이 리틀 리그little league(청소년들이 출전하는 야구 리그—옮긴이)나 축구 시합에서 이성을 잃거나 경기 후 활약이 저조했다며 아이를 타박하는 것도 대부분 이런 양육 스트레스 때문이다. 아이의 학업 성적이나 교우 관계, 성취도를 가늠하는 활동에서도 부모들은 스트레스를 받는다. 우리는 점점 아이의 입장이 아니라 부모의 체면을 문제 삼는다. 부모로서 품는 야심, 자식 자랑을 하고픈 욕망 그리고 흔히 겪는 자식에게 느끼는 쓰라린 실망감을 중시한다.

4. 과잉 자극의 바다를 헤쳐 나가야 한다

우리는 이제 과잉 자극을 생리학적 스트레스 요인으로 봐야 하고, 자극이 지나칠 경우 스트레스 사이클을 유발한다는 사실을 알았다. 만성적으로 스트레스가 심한 아이를 키우는 것은 부모 입장에서도 엄청난 스트레스다. 하지만 이는 아이를 과잉 자극과 떼어 놓으려 할 때 받는 스트레스에 비하면 아무것도 아니다.

안타깝게도 아이를 정크푸드, 게임, 주변에 산재한 과잉 자극으로부터 보호해 줄 단일한 해법은 없으며, 이렇게 불안한 환경 때문에 부모들은 상당한 스트레스를 받는다. 게임이나 정크푸드, 아이에게 중독성을 유발하는 모든 것을 철저히 금지할 수는 있다. 그렇지만 금지는 정부도 못하는 일이고, 우리가 직접 해봐도 소용이 없다. 특히 아이가 클수록 금지는 힘들어진다. 우리는 과잉 자극에 대한 관심을 없애려 하기보다 그 관심을 다른 곳으로 돌려야 한다. 아이가 훨씬 더 흥미 있어 하는 조절 가능한 대상으로 관심을 유도해서 과잉 자극이 주는 유혹을 약하게 만들어야 한다.

오늘날 모든 부모의 과제는 이 방법을 알아내는 것이다. 과잉 자극이 다각도로 아이의 일상에 침투할수록 이런 방법을 찾는 게 부모에게는 더 큰 스트레스가 될 것이다. 부모들은 자극물의 허용 한도를 정하고, 아이에게 그 이유를 설명해야 한다. 그런데 이 과정에서 자식과 갈등을 빚는 경우가 많아서 역시 부모들은 스트레스를 받는다. 게다가 아이가 "남들도 다 하잖아요."라고 대꾸하면 그 남들이란 아이에게 결정적 기준으로 작용하는 거대한 온라인 문화라서 부모들이 더욱 답답함을 느낄 것이다.

5. 특정 양육 방식에 얽매인다

성공적 양육의 핵심은 적절한 양육 방식을 택하는 데 있다는 말을 항상 듣는다. 이 생각은 1960년대 후반 발달심리학자 다이애나 바움린드Diana Baumrind가 수행한 연구에서 비롯됐다.[169] 이후 과학자들은 양육 방식을 네 가지 기본 범주로 분류했다. 그에 따라 부모의 유형을 권위 있는authoritative 부모, 권위적인authoritarian 부모, 허용적인permissive 부모, 무관심한uninvolved 부모로 나눴다.[170]

하지만 이 분류 체계는 몇 가지 문제가 있다. 일단 자신의 양육 방식을 너그러운 멘토부터 신병훈련소의 엄격한 교관에 이르기까지 어떤 스타일로 규정하든, 스트레스가 없거나 이상적 결과를 보장하는 단 하나의 양육 방식은 없다. 더구나 부모들이 어느 한 가지 양육 방식을 따르는 경우도 거의 없다. 각종 난관에 따라, 아이의 생애 단계나 우리 자신의 생애 단계에 따라 아이를 대하는 태도나 소통 방법이 달라진다. 사실 자신의 양육 방식이 특정 방식에 해당한다고 의식하지도 않는다. 대개는 그저 자신이 길러진 대로 아이를 기를 뿐이다. 그렇지만 이런 양육 방식에 초점을 맞출 때 가장 큰 문제는 다름 아닌 아이를 미지의 변수로 둔다는 점이다.

이 고전적 양육 방식은 갖가지 이유를 들어, 우리 자신을 끼워 맞추는 하나의 틀일 뿐이다. 아이 키우기가 마음처럼 되지 않는 것은 효과가 없거나 바람직하지 않다고 알려진 양육 방식을 고수했기 때문이 아니다. 진짜 문제는 우리를 그러한 부정적 패턴에 빠뜨린 특정한 요인에 있다. 허용적인 부모들에게 아이를 그렇게 키우다가는 나중에 공격적인 아이가 될 수 있다고 조언해 봤자 부모의 스트레스만 키울 뿐이다. 그리고 보통은 애초에 그런 스트레스 때문에 허용적인 부모가 되었을 것이다. 이런 부모들은 기운이 없고 지쳐 있다. 아이들을 통제해야 한다는 것을 알지만, 그럴 만한 에너지가 없다. 이들에게 필요한 것은 양육 방식의 분류에서 벗어나 아이를 그렇게 기르게 된 원인을 살피는 것이다.

매 순간 우리는 스트레스 정도에 따라 아이를 대하는 방식도 다르다. 아이의 행동이나 아이가 처한 상황과 직접 관련된 스트레스 때문일 수도 있지만, 직장 생활이나 대인관계 혹은 아이와 전혀 상관없는 문제로 받은 스트레스 때문일 수도 있다. 다섯 가지 영역의 모델은 우리 모두에게도 적용되는 것이어서 연료 없이 달릴 경우 모든 다섯 가지 영역에 걸쳐 자기 조절에 문제가 생기고, 아이와 관련된 스트레스에 더욱 크게 휘둘리게 된다.

이런 상황은 당신뿐 아니라 자녀에게도 스트레스가 된다. 악순환이 생기는 것이다. 당신은 아이에게 점점 고집스럽게 굴다가 어느 순간 버럭 화를 내거나 단념하게 된다. 반면 당신이 차분하게 집중하면서 아이와 교감하면, 아이 역시 뭐든 당신이 바라는 대로 잘 배우게 될 것이다. 뿐만 아니라 아이가 자신의 행동이 초래할 결과에 신중해지고, 자신의 감정을 잘 다루며 인내심이 늘고, 좌절감에도 잘 대처하게 될 것이다.

이때 당신에게 필요한 것은 성격 개조나 의지력이 아니다. 자기 조절을 꾸준히 연습할수록 당신은 차분하고 침착한 상태로 돌아오고, 내가 부모로서 잘하고 있다는 자신감도 커질 것이다. 차분한 상태에서는 직관적인 판단이 강해져서 자연스럽게 아이의 각성 상태를 더 정확하게 알아챈다. 게다가 자신이나 다른 사람의 행동이 아이에게 미칠 영향을 잘 파악하고, 필요할 경우 차분하고 순발력 있게 대처할 수 있다. 어쩌면 당신과 아이 모두 조절 불능에 빠질 수 있는 상황에서도 당신은 평정심을 유지할 것이며, 아이도 평정심을 잃지 않게 도울 것이다.

효과적인 방법 찾기

우리는 자기 조절법을 통해 아이가 저각성이나 과각성에 빠지려고 할 때 초기에 보내는 신호를 읽는 법을 배울 수 있고, 아이도 자기 조절법을 통해 자각 능력을 기를 수 있다. 하지만 지나친 스트레스를 받는 순간 아이가 보여주는 독특한 신호는 셀 수 없이 다양하다. 앞서 살펴본 것처럼 어떤 아이는 지나치게 활발해지는가 하면, 또 어떤 아이는 매우 소심해진다. 각성도를 올리거나 내려 주려고 할 때 아이들이 보이는 반응도 제각각이다.

하지만 당신이 아이의 자기 조절 능력을 길러 주려고 노력할수록 당신과 아이 모두 초기 신호에 더 익숙해질 것이다. 아이들마다 위안을 얻거나 괴로움을 느끼는 대상이 다르고, 그 반응에서도 편차가 크다는 점을 기억해야 한다. 심지어 몇 분 만에 반응이 달라질 때도 있다.

우리는 자기 조절법을 통해 몇 가지 소중한 가르침을 얻는다. 내가 아이 말에 귀를 기울일 때 눈으로도 아이를 주시하는지, 내가 아이의 시계에 맞추는지 아니면 내 시계에 아이를 맞추는지, 내가 아이에게 자립심을 길러 주고 있는지 아니면 의존적인 아이로 키우고 있는지, 또 내가 회복력 있는 아이로 기르고 있는지 아니면 생기 없는 아이로 만들고 있는지 말이다. 그리고 가장 중요한 것으로, 내가 아이를 운명의 주인으로 만들고 있는지 아니면 그저 고분고분한 아이로 기르고 있는지를 점검해 보게 된다.

초기 신호를 알아내고 자기 조절 습관을 길러 주는 열 가지 방법

1. 반복되는 패턴 찾기

아이가 과각성에 빠졌다는 신호는 안색이나 억양의 변화, 독특한 표정처럼 매우 미묘할 수도 있고, 전혀 표정에 드러나지 않을 수도 있다. 우리는 아이들의 행동과 말을 통해서 아이가 매우 스트레스를 받고 있다고 알려주는 순간을 눈치채야 한다.

2. 목표에 주목하기

자기 조절법에서의 초점은 지나친 스트레스로 생기는 혹은 그런 스트레스로 악화되는 부차적이거나 구체적인 문제가 아니라 자기 자각이어야 한다. 일단 자기 조절법이 몸에 익기 시작하면, 그런 문제 중에서 상당수는 저절로 해결된다. 우리의 목표는 아이들이 자기 조절법과 그 전략을 익혀서 스트레스를 받을 때 자기 조절 능력을 발휘하게 하는 것이다. 간단한 예로, 아이에게 바라는 것은 잠잘 때가 되면 침대로 가는 것뿐 아니라 실제로 잠이 드는 것이다.

3. 서서히 진행하기

자녀에게 자기 조절법을 가르치다 보면 언제나 학습 곡선이 개입한다. 학습 곡선은 때로는 정체기를 보이고, 그 형태도 아이마다 조금씩 다르다. 그래도 흥미로운 현상은 늘 벌어진다. 느리더라도 천천히 가르치다 보면, 곡선의 형태에 변화가 오기 시작한다. 그러면 아이가 차분히 집중하는 시간이 늘어난다. 우리는 뭔가 극적인 변화를 기대하지 말고 미묘한 변화의 조짐을 찾아야 한다. 이는 시행착오를 통해 꾸준히 학습하게 하는 동력이 될 것이다. 사소하더라도 눈에 보이는 성과부터 무엇이 왜 효과적이었는지 알아내야 한다. 또한 이것 못지않게 중요한, 무엇이 왜 효과가 없었는지 알아내야 한다.

4. 아이가 첫발을 내딛는 흥분된 순간 체험하기

아이가 변화를 보이고 당신 말에도 반응을 보이는 순간, 아이의 뇌는 스트레스가 생기면 늘 의지했던 원시적 방어기제(투쟁-도피 반응 혹은 기능 중지 반응)에서 벗어나 사회적 교감을 하기 시작한다. 아이는 당신에게 뭔가를 보여주거나 말하고 싶어 안달할 것이다. 10대 자녀라면 소파에서 뒹굴거리면서 묻지도 않았는데 학교에서 있었던 일을 말할 것이다. 이는 일상에서 최적의 조절이 이뤄지고 있다는 신호로, 우리가 결코 당연하게 받아들일 수 없는 모습이다.

5. 예기치 못한 일 기대하기

아이들에게 자기 조절법을 가르치면서 얻은 교훈이 한 가지 있다면, 바로 겸손이다. 세상사를 가장 합리적인 근거로 예측할 수 있다 해도, 가끔 우리의 기대를 완전히 저버리는 것이 바로 아이들이다. 이럴 때 우리는 자기 조절이 하나의 과정이라는 점을 그리고 아이들에게 자기 조절을 가르치면서 우리 역시 아이들로부터 배운다는 점을 다시 한 번 깨달아야 한다. 예기치 못한 일을 기대하는 방법은 무척 많지만, 기본 원리를 몇 가지로 정리해 볼 수 있다.

- 어떤 아이에게 잘 맞는 방법이 다른 아이에게는 역효과를 낼 수 있다. 두 아이의 욕구가 매우 비슷해도 그럴 수 있다.
- 언제나 그렇듯 잘 통했던 방법이 갑자기 안 통할 때가 있다.
- 가끔 전혀 예기치 못한 이유로 통하는 방법이 있다.
- 가끔 전혀 알 수 없는 이유로 통하지 않는 방법도 있다.

- 당신이 매우 좋아하는 것을 아이들이 싫어하고, 그 반대도 마찬가지인 경우가 상당히 많다.
- 효과가 있다고 생각한 방법이 때로는 상황을 더 악화시킬 때가 있다.
- 효과가 없다고 확신한 방법이 예상보다 시간이 좀 더 걸리긴 했지만 굉장한 결과를 낳을 때가 있다.

6. 어려운 단어 사용하지 않기

우리는 언어에 지나치게 의존할 때가 있는데, 이를 무심코 넘기는 경향이 있다. 당신은 '차분하다'를 어려운 말이라고 생각하지 않겠지만, 어려운 말은 단어의 글자 수가 아니라 단어의 구성 요소로 결정된다. 이런 점에서 '차분하다'는 매우 어려운 말이다. 이 단어는 세 가지 서로 다른 요소, 즉 신체적·인지적·감정적 의미로 구성되기 때문이다. 신체적 요소는 심장박동이 느려지고, 깊고 이완된 호흡을 하며, 근육의 긴장이 완전히 풀린 상태를 뜻한다. 인지적 요소는 신체적 감각이나 주변에서 벌어지는 일을 자각하는 것을 뜻한다. 감정적 요소는 이런 상태를 실제로 즐기는 것을 가리킨다. 이런 요소를 모두 알아야 차분함을 구체적으로 이해할 수 있다. 즉 차분함을 정의 내리고 올바른 용법을 알 뿐 아니라 감각과 감정, 자각을 차분함과 연결할 수 있다. 나는 차분하다는 말뜻을 제대로 아는 아이나 10대가 거의 없다는 사실에 줄곧 놀란다. 대부분 차분함을 조용함이라고 생각하는 것 같다.

7. 아이의 인지 수준 고려하기

우리는 아이들과 자기 조절법을 훈련할 때 나이와 상관없이 아이가 정보를 충분히 이해할 수 있도록 부단히 애써야 한다. 이는 다섯 가지 영역의 발달 수준에 맞춰 아이와 소통해야 한다는 뜻이다. 그런 노력은 어린아이들뿐 아니라 10대들에게도 필요하다.

어느 하나의 영역은 매우 발달했지만 다른 영역은 상대적으로 약한 아이, 예를 들면 인지 능력은 뛰어나지만 사회적 기능과 감정적 기능이 떨어지는 아이와는 소통이 쉽지 않다.(아주 똑똑하지만 사회성이 없고, 남들과 교감이 안 되면 매우 당황하는 아이가 그 전형적인 예다.) 심지어 한 영역 안에서도 기능의 불균형이 심한 아이가 있다. 추상적 사고 능력은 뛰어난 반면 자기 자각 능력은 떨어지는 경우로, 제임스도 여기에 해당했다. 제임스는 부모가 하는 말을 처리할 수 있고, 차분함이라는 단어도 정확히 사용했으며 차분함을 정의해 보라고 하면 제대로 설명했다. 그렇지만 이 단어를 구체적으로 이해하지는 못했다. 또 차분함이 어떤 느낌인지도 몰랐다. 제임스가 차분함을 이해하는 수준은 외국어를 정의할 수는 있어도, 그 용법은 모르는 경우와 비슷했다.

부모들에게 이것은 큰 난관일 수 있다. 부모들은 늘 자신의 의도를 아이에게 제대로 전달하고 있다고 생각한다. 사실 더 단순한 단어나 더 명확한 표현을 써야 하는데도 그렇게 생각한다. 어린아이뿐 아니라 10대들도 자기 조절을 하려면 저각성, 과각성, 차분함 같은 어려운 단어가 어떤 느낌인지 알아야 한다. 아이들은 졸린 상태와 과각성의 차이를, 힘이 넘치는 것과 지나치게 활동적인 것의 차이를 이해해야 한다. 그리고 차분함이 얼마나 기분 좋은 느낌인지도 당연히 알아야 한다.

8. 나이와 상관없이 자기 조절법 시작하기

내가 자주 받는 질문 중 하나는 자기 조절법을 언제 시작하는 게 좋으냐는 것이다. 그 답은 물론 이 책에서 손을 떼는 순간이다. 아이가 없어도 상관없다! 그렇지만 아이들에게 자기 조절법을 가르치는 경우라면, 아기들이 태어나면서부터 몸짓을 통해 자기에게 편한 것과 성가신 것을 우리에게 말해 준다는 점을 명심해야 한다. 조금 세게 어루만지면 긴장하는 아기는 바로 그런 반응으로 다른 마사지를 해달라고 '말하는' 것이다. 그래서 천천히 가볍게 어루만져 주면 아기는 긴장을 풀면서 '아~'라고 소리 내기도 한다.

무엇보다 중요한 사실은 자기 조절을 시작하기에 너무 이른 나이도, 너무 늦은 나이도 없다는 점이다. 부모들은 늦어도 여섯 살 무렵에 두뇌 회로가 결정된다는 등 어린 시절의 중요성을 강조하는 온갖 정보를 접한다. 이런 정보는 의도치 않게 부모들에게 엄청난 스트레스를 안긴다. "맙소사. 우리 아이가 좋은 시기를 놓쳤네. 지금은 늦었잖아." 나는 이런 탄식을 한두 번 들은 게 아니다! 아이가 자기 조절법을 시작하기에 늦은 경우는 절대 없다. 당신에게도 마찬가지다. 좀 더 큰 아이와 10대는 물론 어떤 생애 단계에 있는 사람이라도 자기 조절법을 배우기에 늦은 때란 없다.

9. 자신의 행동 경로 바꾸기

계속 꾸지람을 듣고, 벌을 받으며 '쟤는 말이야'라는 식으로 낙인찍힌 아이를 숱하게 접하면서 이런 의문이 들었다. 우리가 바꾸려는 아이의 행동 경로에서 우리의 책임선은 근본적으로 어디까지일까? 생각만

해도 아찔한 질문이다. 기존의 자기 통제 관념에 사로잡힌 우리는 아이를 혼내거나 상을 주는 방식으로 자신이 최선을 다해 아이를 돕고 있다고 생각했던 것 같다. 그러다 보니 아이에게 이런 처방이 통하지 않으면 아이를 탓한다. 아이가 노력이 부족하다고, 저렇게 제멋대로 행동하면 문제아가 될 게 뻔하다는 식으로 반응한다.

교사나 코치, 주변 이웃 등 아이 인생에 영향을 줄 만한 어른들이 아이 부모에게 이런 인식을 심어 주는 모습을 보면, 나는 더욱 심란해진다. "댁의 아이는 노력이 좀 필요해요." "아이가 생각을 좀 하고 행동해야 할 것 같네요." "아이하고 솔직한 대화가 필요하지 않을까요?" 이 선의의 조언은 초점에서 벗어나 있고(자기 조절에 필요한 행동을 전혀 고려하지 않는다.), 부모들의 근심만 키울 뿐이다. 부모들은 이런 말을 들으면 불안감을 조금이나마 덜기 위해 아이에게 상처 주는 말을 되풀이하고, 심지어 자신도 그 생각이 맞다고 받아들이기 시작한다.

자기 조절법의 핵심은 당연히 이 문제들을 자각하고 탐구하고 아이들이 살면서 겪는 스트레스에 대처할 수 있도록 감정적·인지적·사회적·친사회적 능력을 길러 주는 전략을 세우는 것이다. 그렇지만 아이들의 행동 경로를 바꾸려면 아이를 대하는 우리의 인식부터 바꿔야 한다. 아이에 대한 인식은 생각보다 훨씬 더 아이의 자기 인식에 깊은 영향을 주기 때문이다.

10. 개인적으로 받아들이기

자기 조절은 어디까지나 개인적인 영역이다. 돈독한 유대 관계를 맺어야만(이는 동조적 뇌의 핵심 기능이다.) 자기 조절이 가능해지고 또 발전한다. 그리고 우리는 자신의 자기 조절 욕구도 받아들여야 한다.

정크푸드를 무의식적으로 먹었던 조나처럼 당신도 지금 에너지가 떨어졌고 매우 긴장하고 있다는 자신만의 신호를 알아채야 한다. 스트레스 요인, 특히 숨은 요인을 파악하고 이를 줄이기 위해 할 수 있는 일을 찾아야 한다. 그리고 이 책에서 살핀 모든 아이들과 10대들처럼 당신도 저각성 또는 과각성 상태에 빠지는 순간을 자각해야 하며, 무엇보다 일상의 무수한 스트레스에서 벗어나 차분하게 휴식을 취하면서 기운을 회복할 때 어떤 기분이 드는지 느껴야 한다.

많은 부모가 아이에게 도움을 준 단계별 자기 조절법이 어른들에게도 유익하다는 사실을 깨닫는다. 어떤 어머니는 사춘기 때부터 몸무게와 씨름했는데, 성인이 돼서도 다이어트를 지속했지만 늘 요요 현상을 겪었으며 그럴 때마다 의지력이 약한 자신을 자책했다고 한다. 그러다가 아들과 함께 자기 조절법을 연습하면서 자신의 체중 문제가 의지력과는 거의 무관하다는 사실을 깨달았다. 진짜 문제는 어릴 때부터 음식으로 자신을 위로했다는 사실에 있었다. 이는 일종의 자기 조절이었다. 음식을 먹으면 실제 마음이 진정된다. 그렇지만 먹는 행동은 형편없는 자기 조절법이다. 첫째 스트레스를 덜어 주는 효과가 일시적일 뿐이고, 둘째 비만과 같은 신체적 부작용을 낳기 때문이다.

이 어머니는 자기 조절법을 활용하면서 전반적인 스트레스를 낮추기 시작했다. 음식을 과식하려는 충동이 드는 순간 숨은 스트레스 요인과 함께 일정한 패턴이 있음을 알아챘다. 직장에서 일이 잘 풀리거나 저녁이나 주말에 가족과 느긋한 시간을 보내면 탐닉과 과식을 유발하는 음식에 끌리지 않았다. 반면 직장이나 집에서 스트레스를 받는 날이면 케이크, 감자칩, 남은 음식 등을 목이 차오를 때까지 먹었다. 그러면 기분이 나아지기는커녕 죄책감과 수치심만 들었다. 자신의 상태를 정확하게 파악하고부터 스트레스 요인을 없앨 수는 없지만 걷거나 여타 긍정적인 행동을 하면서 스트레스 상황에 더욱 차분하게 대처할 수 있었다고 한다. 음식을 탐닉하는 증상도 자연스럽게 사라졌고 군살도 덩달아 빠졌다.

자신의 스트레스 요인을 자각하고 이에 효과적으로 대처하는 방법을 알아내면서, 음식 탐닉과 스트레스성 폭식이 사라진 것이었다. 자기 조절법도 여기에 한몫했다. 걷기든 차분한 호흡이든 아니면 뜨개질이든 긴장을 이완하고 기운을 회복하는 데 도움을 주는 행동을 하기로 결심하면서 폭식이 아닌 긍정적인 행동을 하게 되었다. 또 자신에게 더욱 신경을 쓰면서 가족에게도 더 많은 에너지를 쏟고 더 큰 인내심을 발휘하게 되었다.

부모들을 위한 자기 조절 지침

부모로서 자기 자각 능력 키우기

하루 종일 자신의 욕구와 리듬에 맞춰 내가 어떤 식으로 각성도를 높이고 낮추는지 주시해 보자. 스트레스를 받으면 내 몸과 마음에 어떤 느낌이 오는지, 이것이 아이에게 말하거나 아이를 대하는 태도에 어떤 식으로 영향을 주는지 눈여겨보자. 스트레스가 심하고 불안하며 뭔가 신경 쓰이는 일이 있으면 지나치게 예민해지지 않는지 혹은 다른 사람이 이런 예민한 모습을 보이면 아이가 이에 휩쓸릴까 봐 불안해하지 않는지 살펴보자. 각각의 다섯 가지 영역에서 자신만의 스트레스 요인을 알아내고, 에너지 소모를 줄일 수 있는 방법을 찾아보자.

최적의 자기 조절을 위한 여건을 만들자

잘 자고 잘 먹고 제대로 운동하는 처방은 아이뿐 아니라 당신에게도 필요하다. 집 안 분위기를 차분하고 평화롭게 만드는 것도 이런 처방에 해당한다. 만약 자신을 위해 이렇게 하는 게 힘들다면 아이를 위해서라도 한번 해보자. 당신은 아이에게 모범일 뿐 아니라, 공동 조절을 위한 파트너이고 자기 조절을 가르치는 선생님임을 명심하자. 아이에게는 자신을 잘 보살필 수 있는 부모가 필요하다.

자신을 용서하자

자책하고 창피해하는 패러다임에서 벗어나려면 자기 처벌을 멈추고 아이뿐 아니라 자신에게도 관대해질 필요가 있다. 자기 자신에게 너그러워지자. 우리 모두는 부모로서 실수를 한다. 어쩌다 실수를 했거나 좀 더 나은 모습을 보이지 못했다면 아이에게 사과하자. 아이는 당신의 모습을 보면서 일상에서 스트레스 다루는 법과 제대로 다루지 못했을 때 대처하는 요령을 깨친다.

평온함을 추구하자

특정한 양육 방식이나 그런 구분에 얽매이지 말자. 이런 틀은 실제로 아이를 키울 때 겪는 난관을 지나치게 단순화하며, 당신과 아이가 어떤 순간에서든 참신하게 대처할 수 있는 역량을 과소평가한다. 이런 틀 대신 아이에게 차분하고 일관된 태도를 보이기 위해 애써 보자.

아이와 노는 시간을 마련해 함께 즐기자

아이를 통해 정말 중요한 사실을 깨닫자. 아이의 눈으로 세상을 바라보면 그냥 지나쳤던 아름답고 경이로운 순간이 다시 눈에 보인다. 이는 본질적으로 당신과 아이에게 평온함을 안긴다.

몇 해 전 나는 아일랜드에서 대대적으로 추진 중인 지역사회 재생 프로젝트와 관련해 컨설팅 요청을 받았다. 해당 지역은 몇 해째 이어진 정치적·사회적 무관심으로 매우 황폐해졌다. 그리고 폭력과 마약, 기물 파손이 만연했다. 여유가 있는 사람들은 이곳을 빠져나갔지만 남은 사람들은 경쟁 세력인 두 곳의 폭력 집단 중 어느 한 곳에 가담하거나 이들을 피해 다녀야 했다. 이곳을 방문한 첫날 동네를 둘러보는데 다 타버린 주택과 지저분한 공원이 눈에 들어왔다. 나는 프로젝트 주최 측에게 이곳에 와보니 가자Gaza 지구에 갔던 기억이 생생하게 떠오른다고 말했다. 그래도 프로젝트 담당자들은 아일랜드의 출중한 인물들을 끌어들여 이곳의 물리적·사회적 환경을 복원하려고 애쓰고 있었다. 이들이 넘어야 할 산이 많이 있었지만 전반적인 분위기는 매우 낙관적이었다.

사실 나는 그 분위기에 동화되지 못했다. 그 지역의 한 초등학교를 방문했을 때 내가 본 한 무리의 아이들은, 정말 솔직히 말하면 다들 정신적인 상처가 깊어 보였다. 내가 만난 교사들도 누구보다 훌륭하고 온정적인 사람들이었지만, 어디서부터 손써야 할지 몰라 난감해했다. 하나같이 심리적으로 탈진했거나 심리학에서 말하는 연민의 피로compas-sion fatigue(불행을 지나치게 접하면서 연민 자체가 무뎌지는 현상—옮긴이)가 누적돼 보였다.

그날 오후 나는 교구사제인 패트 신부Father Pat를 만나 차 한잔했다. 내 목소리에 절망감이 묻어났는지 패트 신부는 날 지그시 바라보며 강한 아일랜드 억양으로 말했다. "오, 그래도 아직 아이들이잖아요, 스튜어트. 당신의 전문 지식이라면 이 아이들을 도울 방법이 분명 있지 않겠어요?" 바로 그 순간 패트 신부의 말이 맞다는 강한 확신과 함께 이곳 아이들과 부모, 교사들만큼 자기 조절에 대한 지식과 훈련이 절실한 사람이 없다는 사실을 깨달았다. 바로 그 순간, 캐나다 국립학교들과 함께 추진한 대대적인 자기 조절 교육 방안이 탄생했다.

우리가 아이들을 걱정하는 것은 인간적 차원의 행동이지, 계급이나 문화적 차원에서 하는 행동이 아니다. 부모로서 아이들에게 느끼는 우려와 애정은 특정 집단만 느끼는 것이 아니다. 요즘 아이들이 대처해야 하는 온갖 스트레스는 그 어떤 아이에게도 예외가 아니다. 물론 이런 스트레스는 학교 폭력부터 대학 입시에 대한 부담까지 형태가 매우 다양하다. 그렇지만 인간적 차원에서 보면 모든 아이를 그 자체로 이해하고, 아이들이 온갖 고난에 대처할 수 있는 능력을 키우고 자신의 잠재력을 최대한 발휘하며 살아갈 수 있도록 도와주는 일이다.

책에서 '감사의 글'은 단순히 저자의 사고에 깊이 영향을 준 사람들에게 감사하다고 전하는 자리가 아니다. 이는 그 책의 지적 계보를 밝히는 기회이기도 하다. 나의 연구 방법론은 프리드리히 바이즈만Friedrich Waismann이 언급했던 것처럼, 존 스튜어튜 밀John Stuart Mill에서 시작되어 루드비히 비트겐슈타인Ludwig Wittgenstein에서 정점을 이룬 논리적 경험론의 전통을 따르고 있다. 이 책에 가장 큰 영향을 준 근대 경험론자 두 명을 꼽자면, 스탠리 그린스펀Stanley Greenspan과 스테판 포지스Stephen Porges이다. 이 두 사람이 처음 연구에 몸담았을 때부터 긴밀하게 작업한 것은 우연이 아니었다. 그린스펀의 발달론적 관점과 포지스의 생리학적 관점이 교류되면서 큰 폭의 시너지 효과를 냈기 때문이다.

빠뜨리면 안 될 또 다른 공헌자로는 알란 포겔Alan Fogel과 로버트 세이어Robert Thayer, 앨런 쇼어Allan Schore 세 명이다. 이들은 각각 뛰어난 철학자이자 저명한 과학자들이다. 나는 미주에 언급한 저자들 한 명 한 명에게 중요한 영향을 받았지만, 특히 중요한 사람은 폴 맥린Paul Maclean과 월터 캐넌Walter Cannon, 한스 셀리에Hans Selye 그리고 전 세계 DIRDevelopmental, Individual Difference, Relationship-based(발달 단계, 개인별 차이, 관계성에 근거한 감각 통합 훈련—옮긴이) 분야의 치료사들과 이론가들이다.

이 책은 밀튼과 해리스 부부Milton and Ethel Harris 그리고 밀튼의 때 이른 죽음 이후 그의 자녀들인 데이비드David, 주디스Judith, 나오미Naomi 그리고 조카인 존John의 지원이 없었다면 세상에 나오지 못했을 것이다. 나는 MEHRIMilton & Ethel Harris Research Initiative 연구소 팀원들에서 어떻게 감사의 말을 전해야 할지 모르겠다. 누구보다 중요한 인물로 함께 즐겁게 연구한 연구소장 데빈 케이슨하이저Devin Casenhiser, 신경과학 연구 책임자 짐 스티븐Jim Stieben, 치료사인 아만다 빈스Amanda Binns와 유니스 리Eunice Lee, 페이 맥길Fay McGill, 나밀리 데이아난단Narmilee Dhayanandhan, 나디아 노블Nadia Noble, 연구조사 팀장 올가 모더러Olga Morderer, 지역사회 섭외 담당자 앨리시아 앨리슨Alicia Allison, 수석 연구자 소니아 모스트랜젤로Sonia Mostrangelo와 리사 베이라미Lisa Bayrami, 릴리아나 라덴노픽Ljiljana Radenovic, 셰린 하사네인Shereen Hassanein, 연구 비서인 지젤 테데스코Giselle Tedesco와 애나 보즈쿤Ana Bojcun 그리고 우리 연구에 지친 기색 없이 함께해 준 모든 대학원생과 학부생들에게 고마움을 전한다.

또한 MEHRI 연구소의 작업 치료사였고 MEHRI 연구소 최초의 임상연구 책임자였던 크리스 로빈슨Chris Robinson을 따로 언급하지 않을 수 없다. 이 책에 담긴 무수한 아이디어는 우리가 함께한 임상연구들에서 나왔다.

나는 MEHRI 연구소에 빚진 게 많은 만큼 요크대학교 건강과 철학 학부 교수진에게도 많은 신세를 졌다. 그중에서도 학장인 론다 렌턴Rhonda Lenton과 하비 스키너Harvey Skinner에게 감사의 말을 전하고 싶다. 이들은 가장 절실한 순간에 우리의 연구를 지원하고 이끌어 주었다.

지난 몇 년간 내 연구를 아낌없이 후원해 준 장학기관들이 있다. 해리스 스틸 재단Harris Steel Foundation, 캐나다 인문사회과학연구위원회Social Sciences and Humanities Research Council of Canada, 유니콘 재단Unicorn Foundation, 이제 자폐증을 치료하자Cure Autism Now, 캐나다 공중보건기구Public Health Agency of Canada, 템플턴 재단Templeton Foundation, 스타즈 재단Stars Foundation, 캐나다 국제개발연구센터IDRC, 아버지 역할 연구동맹FIRA, 캐나다 온타리오 주 보건부Ministry of Health Promotion in Ontario, 캐나다 보건연구소CIHR, 공감교육 단체 공감의 뿌리Roots of Empathy 등이다.

지난 몇 년간 나는 수많은 사람과 같이 연구했고, 그들과 나눈 우정은 그들이 내게 준 도움과 조언 못지않게 중요했다. 그중에서도 제레미 버먼Jeremy Burman, 로저 다우너Roger Downer, 존 호프먼John Hoffman, 바바라 킹Barbara King, 마이크 매케이Mike McKay, 메리 헬렌 모스Mary Helen Moes에게 고마움을 전하며, 특히 내 아이들의 대부이자 내 인생의 사표인 미셸 메일라Michel Maila에게 감사의 말을 전한다.

MEHRI 연구소 팀원들은 내게 끊임없이 영감을 주었다. 린다 워렌Linda Warren, 브렌다 스미스-챈트Brenda Smith-Chant, 질 퍼거스Jill Fergus, 소피 데이비슨Sophie Davidson, 스티븐 리탈릭Stephen Retallick, 메간 트르윈

Meaghan Trewin이 바로 그들이다. 특별히 언급해야 할 사람이 또 있다. 우리 연구소 사무국장 수잔 홉킨스Susan Hopkins로, 이 책에 상상할 수 없을 만큼 많은 기여를 했다.

이 책이 빛을 보게 한 세 사람을 특별히 언급하고 싶다. 내 출판 에이전트인 질 니어림Jill Kneerim, 편집자 앤 고도프Ann Godoff 그리고 다른 누구보다 공동 저자인 테레사 바커Teresa Barker를 빼놓을 수 없다. 바커는 이 책에 쓰인 단어 하나하나를 고심했고, 이 책에 나온 모든 아이디어를 다각도로 세심히 살폈다. 바커와 이 책을 같이 쓴 것은 내 인생에서 가장 흥미로운 지적 경험이었다. 마지막으로 내 비서인 제이드 칼버Jade Calver에게 고마움을 전한다. 칼버는 엄청난 요구를 모두 들어줬었을 뿐 아니라 언제나 유쾌한 자세로 임했다.

이외에도 무수히 많은 사람이 이 책에 영감을 주었다. 심리학자, 정신과 의사, 상담 치료사, 철학자들뿐 아니라 운 좋게도 같이 작업할 수 있었던 아이들, 청소년, 교사, 공무원, 정부 책임자들 모두가 이 책에 영감을 불어넣었다. 우리는 이 책에 언급된 아이들과 부모들의 실체가 드러나지 않도록 무척 고심했는데, 많은 경우 유사한 사례들을 묶어서 서술했다. 본인 이야기를 각색해서 쓸 수 있게 허락해 준 가족들에게 진심으로 감사를 전한다.

나는 부모와 누이에게 언제나 의지했고, 처가 식구인 케니스 로텐버그Kenneth Rotenberg와 도리스 서머-로텐버그Doris Sommer-Rotenberg에게 아낌없이 응원을 받는 복도 누렸다. 그렇지만 내가 가장 큰 빚을 진 사람은 언제나 아내와 아이들이었다. 나는 이 책을 아내와 아이들 때문에, 아내와 아이들을 위해 그리고 사실상 아내와 아이들과 함께 썼다.

자기 조절법에 대한 최신 정보를 계속 받아 보려면 쉥커 박사의 블로그 '자기 조절 뷰'The Self-Reg View에 접속하면 된다. 육아, 교육, 매체 관련 자료를 받아보려면 메리트 센터http://www.self-reg.ca 를 방문하길 권한다.

서장

1. 우리는 마치 기질에 대한 과학적 이해가 최근 들어 상당히 깊어진 것처럼 반응한다. 이는 주로 메리 로스바트Mary Rothbart의 생리학적 영향에 대한 연구에서 기인한다. 다음을 참고하라. M. K. Rothbart, *Becoming Who We Are: Temperament and Personality in Development* (Guilford Press, 2011).

2. R. F. Baumeister and K. D. Vohs, *Handbook of Self-Regulation: Research, Theory and Applications* (New York: Guilford Press, 2004).

3. J. T. Burman, C. D. Green, and S. G. Shanker, "The Six Meanings of Self-Regulation," *Child Development* (2015, in press).

4. W. B. Cannon, *The Way of an Investigator: A Scientist's Experiences in Medical Research* (W. W. Norton, 1945); M. Jackson, *The Age of Stress: Science and the Search for Stability* (Oxford University Press, 2013); H. Selye, *Stress Without Distress* (New York: Hodder & Stotten Ltd., 1977); E. M. Sternberg, *The Balance Within: The Science Connecting Health and Emotions* (Macmillan, 2001).

5. S. I. Greenspan and J. Salmon, *The Challenging Child: Understanding, Raising, and Enjoying the Five "Difficult" Types of Children* (Da Capo Press, 1996).

6. S. Shanker and D. Casenhiser, "Reducing the Effort in Effortful Control," in T. Racine and K. Slaney, eds., *Conceptual Analysis and Psychology* (New York: Macmillan, 2013); Christopher Peterson and Martin Seligman, *Character Strengths and Virtues* (New York: Oxford University Press, 2004).

7. W. Mischel, *Marshmallow Test* (Random House, 2014).

8. 다음을 참고하라. S. Lupien, *Well Stressed: Manage Stress Before It Turns Toxic* (John Wiley & Sons, 2012).

제1장

9. N. Ryan, *"Willpower: Rediscovering the Greatest Human Strength*, by Roy F. Baumeister and John Tierney (book review), *Journal of Positive Psychology* 7, no. 5 (2012): 446-48.

10. J. LeDoux, The Emotional Brain: *The Mysterious Underpinnings of Emotional Life* (Simon & Schuster, 1998).

11. S. T. von Sommerring, *Vom Baue des menschlichen Korpers*, vol. 1 (Varrentrapp und Wenner, 1791).

12. 자기 통제에 대한 고전적 견해는《일리아드》Iliad에 대한 플라톤의 해석에서 비롯됐다. 다음을 참고하라. S. Shanker, "Emotion Regulation Through the Ages" (2012), in Moving Ourselves, *Moving Others: Motion and Emotion in Intersubjectivity, Consciousness and Language*, vol. 6, ed. A. Foolen et al. (John Benjamins, 2012).

13. 노라 볼코우Nora Volkow는 배외측 전전두피질DLPFC의 영향력이 '꺾이는' 현상에 대한 획기적인 연구 작업을 남겼다. 이와 관련해 다음을 참고하라. Volkow and Ruben Baler, "Addiction: A Disease of Self-Control."

14. P. D. MacLean and V. A. Kral, *A Triune Concept of the Brain and Behaviour* (University of Toronto Press, 1973).

15. H. Selye, *Stress Without Distress* (Springer US, 1976), 137-46.

16. W. B. Cannon, *Bodily Changes in Pain, Hunger, Fear and Rage*, 2nd ed. (New York: D. Appleton, 1929).

17. Gabor Mate, *When the Body Says No: The Hidden Costs of Stress* (Vintage Canada, 2004).

18. S. W. Porges, *The Polyvagal Theory: Neurophysiological Foundations of Emotions, Attachment, Communication, and Self-Regulation*, Norton Series on Interpersonal Neurobiology (W. W. Norton, 2011).

19. C. Lillas and J. Turnbull, *Infant/Child Mental Health, Early Intervention, and Relationship-Based Therapies: A Neurorelational Framework for Interdisciplinary Practice* (W. W. Norton, 2009).

20. 속도를 높이거나 언덕을 오를 때 우리는 가속 페달을 밟는다.(교감신경계의 활성화로, SNS의 S를 속도speed로 생각하자.) 속도를 낮추거나 멈춰야 할 때 우리는 브레이크를 밟는다.(부교감신경계의 억제로, PNS의 P를 멈춤pause으로 생각하자.) 교통 체증이 심할 때 우리는 끊임없이 가속 페달과 브레이크를 밟으면서 가다 서다를 수없이 반복한다. 그러면 두뇌가 교감신경과 부교감신경을 무의식적으로 매끄럽게 오가는 것이 무척 힘들어진다. 이 두 가지 시스템은 우리가 매 순간 숨 쉴 때마다 작동한다. 교감신경계는 심박수와 혈압을 높이고, 폐를 확장하며 산소를 실어 나른다. 숨이 가득 차면 우리는 잠시 호흡을 멈추고 이어 부교감신경이 회복 과정을 개시한다. 그러면 심박수와 혈압이 낮아지고, 폐가 수축되며 이산화탄소가 제거된다.

21. B. S. McEwen and H. M. Schmeck, *The Hostage Brain* (New York: Rockefeller University Press, 1994).

22. S. Porges, *Polyvagal Theory* (New York: W. W. Norton, 2011), p. 283.

23. J. D. Ford and J. Wortmann, *Hijacked by Your Brain: How to Free Yourself When Stress Takes*

Over (Sourcebooks, 2013); S. J. Blakemore and U. Frith, *The Learning Brain: Lessons for Education* (Blackwell, 2005). 또한 다음을 참고하라 M. I. Posner and M. K. Rothbart, *Educating the Human Brain* (American Psychological Association, 2007).

24. P. A. Levine and A. Frederick, *Waking the Tiger: Healing Trauma: The Innate Capacity to Transform Overwhelming Experiences* (Berkeley, CA: North Atlantic Books, 1997).

25. Shanker, "Emotion Regulation Through the Ages." Both of Marc Lewis's recent books, *Memoirs of an Addicted Brain and The Biology of Desire*, are a must read on this topic.

26. K. McGonigal, *The Upside of Stress: Why Stress Is Good for You, and How to Get Good at It* (Penguin, 2015).

27. M. S. William and S. Shellenberger, *How Does Your Engine Run?: A Leader's Guide to the Alert Program for Self-Regulation* (TherapyWorks, 1996).

28. S. Shanker, *Calm, Alert, and Learning: Classroom Strategies for Self-Regulation* (Pearson, 2013).

29. '행동에 대한 인식 전환'이라는 아이디어는 비트겐슈타인의 《철학적 탐구》(1958)라는 저작에서 영감을 받았다. 비트겐슈타인은 게슈탈트 심리학 Gestalt psychology의 한 이미지를 이용해 다루기 힘든 논리적 문제를 다른 관점에서 바라볼 때 필요한 형태 전환 aspect-shift이라는 개념을 설명했다. 인식 전환도 이와 유사하다. 어떤 아이의 행동을 문제라고, 즉 관리해야 하거나 억눌러야 한다고 보는 관점에서 벗어나는 것이다. 이렇게 관점을 달리하면 아이의 행동은 신경계가 과부화된 신호로 인식된다. L. Wittgenstein, *Philosophical Investigations* (1958).

30. 검토는 위험인 줄 알았는데 알고 보니 우호적인 것처럼, 우호적인 줄 알았던 것이 사실 위험임을 깨닫는 과정이다. 검토는 인체가 보내는 메시지에 크게 영향 받는다. 만성적 불안에 휩싸이면 전전두피질에 온갖 경보 신호가 쏟아지면서 모든 것을 위험으로 간주하려는 검토 시스템이 가동된다. 이는 투쟁 도피 시스템의 생물학적 원리 때문이다. 그러면 시상하부와 배측선조체가 위험과 관련된 신호를 처리하면서 교감신경계를 활성화하고, 이는 다시 아드레날린과 노르아드레날린을 분비한다. 그러면 심혈 관계, 호흡계, 소화계, 배설계, 내분비계에 순차적으로 변화가 생기면서 보호 반응을 보인다. 해마 역시 내부 감각과 관련된 이전의 경험을 샅샅이 살피면서 위험을 확인하려 들고, 편도체는 계속해서 경보기를 울린다. 이 경보기가 꺼지지 않으면 전전두피질은 위험을 찾아 나서는데, 그 어떤 위협도 발견하지 못하면 감각 자체가 위협으로 변한다. 경보기가 계속 울린다는 것은 어딘가 화재가 나긴 했다는 뜻이기 때문이다.

31. J. Kabat-Zinn, *Mindfulness for Beginners: Reclaiming the Present Moment—and Your Life* (Sounds True, 2011).

32. R. E. Thayer, *Calm Energy: How People Regulate Mood with Food and Exercise* (Oxford University Press, 2003).

제2장

33. W. Mischel, *The Marshmallow Test* (Random House, 2014).

34. 이 사실을 처음으로 보고한 문헌은 W. Mischel, Y. Shoda, and M. I. Rodriguez, "Delay of Gratification in Children," *Science* 244, no. 4907 (1989): 933-38.이다. 테리에 모피트Terrie Moffitt와 동료 연구자들은 후속 연구를 통해 만족을 늦춘 아이와 그렇지 못한 아이가 서로 다른 인생 경로를 그렸다는 놀라운 사실을 밝혀냈다. 이와 관련해서는 다음을 참고하라. T. E. Moffitt et al., "A Gradient of Childhood Self-Control Predicts Health, Wealth, and Public Safety," *Proceedings of the National Academy of Sciences* 108, no. 7 (2011): 2693-98.

35. "Me Want It (but Me Wait)," *Sesame Street*, August 5, 2013, https://youtu.be/9PnbKL3wuH4.

36. Sherrod (1974)는 이 사실을 처음으로 입증한 연구 중 하나다. D. R. Sherrod, "Crowding, Perceived Control, and Behavioral After-effects," *Journal of Applied Social Psychology* 4 (1974): 171-86. See also A. Duckworth and M. Seligman, "Self-Discipline Outdoes IQ in Predicting Academic Performance of Adolescents," *Psychological Science* 16, no. 12 (2005): 939-94.

37. 이는 마시멜로 실험과 관련해 내가 즐겨 사용하는 표현이다. ppproductions1000, "Very Tempting Marshmallow Test," September 19, 2009, https://youtu.be/x3S0xS2hdi4.

38. R. E. Robert Thayer, *The Biopsychology of Mood and Arousal* (Oxford University Press, 1989).

39. Bruce S. McEwen and Elizabeth Norton Lasley, *The End of Stress as We Know It* (Joseph Henry Press, 2002).

40. H. Benson, *The Relaxation Response* (New York: William Morrow, 1975), 278.

41. 듀크 대학교 아동과 가족정책연구소의 제니퍼 랜스포드Jennifer Lansford는 세계 각지에서 꾸린 연구팀과 함께 신체적 처벌이 아이들의 태도에 미치는 영향과 관련해 체벌이 가장 적다고 보고된 태국부터 가장 많다고 보고된 케냐에 이르기까지 6개국의 사례를 비교했다. 연구 결과 아이들과 청소년들은 체벌의 강도가 높을수록 공격성과 불안감이 컸다. J. E. Lansford, et al., "Ethnic Differences in the Link Between Physical Discipline and Later Adolescent Externalizing Behaviors," *Journal of Child Psychology and Psychiatry*, 45 (2004), 801-12.

42. M. R. Muraven and R. F. Baumeister, "Self-Regulation and Depletion of Limited Resources: Does Self-Control Resemble a Muscle?" *Psychological Bulletin* 126 (2000): 247-59; B. J. Schmeichel and R. F. Baumeister, "Self-Regulatory Strength," in *Handbook of Self-Regulation*, ed. R. F. Baumeister and K. D. Vohs (New York: Guilford Press, 2004), 84-98.

43. J. B. Watson, "Psychology as the Behaviorist Views It," *Psychological Review* 20, no. 2 (1913): 158.

44. 내 연구실은 이러한 유행병에 관한 논문들로 넘쳐난다. 이 글들은 비만, 당뇨, 알레르기, 천식, 충치, 심장병, 위장병, 수면 부족, 자폐증, ADHD, 발달 장애, 우울증, 자해, 식이 장애, 폭력, 분노, 반항적 행동, 집단 따돌림, 자아도취적 태도, 이기심, 문맹, 학습 장애, 난독증, 무단결석 등을 다룬다. 신체 활동의 부족과 이와 짝을 이루는 비디오게임 중독이 유행하는 현상을 다룬 글도 있다. 유행병이 차고 넘친다. 그 목록은 끝이 없어 보인다. '유행병'이란 말 자체가 유행어가 됐다. 그렇지만 이러한 용어가 널리 쓰이는 것은 단지 독자의 시선을 끌기 위해서가 아니다. 이는 사회적으로 아이들의 상태를 우려하는 시각이 팽배함을 보여주는 것이다. 동시에 이는 '스트레스 받는 아이를 키우다가 스트레스가 생긴 부모들이 유행하는 현상'에 대해 반박할 수 없는 요인을 보여주는 것이

다. K. Race, "The Epidemic of Stressed Parents Raising Stressed Kids," *Huffington Post*, February 21, 2014, www.huffingtonpost.com/kristen-race-phd/the-epidemic-of-stressed-parents-raising-stressed-kids_b_4790658.html.

45. 지난 몇 년 동안 로이 바우마이스터Roy Baumeister와 동료 연구자들은 '자아 고갈'ego depletion 효과를 보여주는 훌륭한 실험을 상당수 진행했다. 바우마이스터와 티어니Tierney가 쓴 《의지력의 재발견》은 흥미롭고 중요한 연구 분야를 이해할 수 있는 좋은 입문서이다. R. F. Baumeister and J. Tierney, *Willpower: Rediscovering the Greatest Human Strength* (Penguin, 2011).

46. S. W. Porges, *The Polyvagal Theory: Neurophysiological Foundations of Emotions, Attachment, Communication, and Self-Regulation*, Norton Series on Interpersonal Neurobiology (W. W. Norton, 2011).

47. R. M. Sapolsky, *Why Zebras Don't Get Ulcers: The Acclaimed Guide to Stress, Stress-Related Diseases, and Coping* (Macmillan, 2004).

48. 다음을 참고하라. D. Tantam, *Can the World Afford Autistic Spectrum Disorder? Nonverbal Communication, Asperger Syndrome and the Interbrain* (Jessica Kingsley, 2009).

제3장

49. Stephen J. Gould, "Human Babies as Embryos," in *Ever Since Darwin* (New York: W. W. Norton, 1977), 72.

50. Gould, *Ever Since Darwin*. 굴드는 이 개념을 처음으로 제시한 스위스의 생물학자 아돌프 포르트만Adolf Portmann의 저작을 인용하고 있다. 다음을 참고하라. H.M.N. McCain, J. F. Mustard, and S. Shanker, *Early Years Study* 2 (2007).

51. K. Rosenberg and W. Trevathan, "Bipedalism and Human Birth: The Obstetrical Dilemma Revisited," *Evolutionary Anthropology: Issues, News, and Reviews* 4, no. 5 (1995): 161-68.

52. P. R. Huttenlocher, *Neural Plasticity* (Harvard University Press, 2002); C. A. Nelson, K. M. Thomas, and M. De Haan, *Neuroscience of Cognitive Development: The Role of Experience and the Developing Brain* (John Wiley & Sons, 2012).

53. Martha Bronson, *Self-Regulation in Early Childhood* (New York: Guilford Press, 2001); S. J. Bradley, *Affect Regulation and the Development of Psychopathology* (New York: Guilford Press, 2003).

54. J. F. Mustard, "Experience-Based Brain Development: Scientific Underpinnings of the Importance of Early Child Development in a Global World," *Paediatrics & Child Health* 11, no. 9 (2006): 571; J. Kagan and N. Herschkowitz, *A Young Mind in a Growing Brain* (Psychology Press, 2006).

55. D. Maurer and C. Maurer, *The World of the Newborn* (Basic Books, 1988); Tiffany Field, *The Amazing Infant* (Wiley-Blackwell, 2007).

56. 포지스Porges가 《다미주 신경이론》The Polyvagal Theory에 요약한 신생아에 관한 연구 내용은 획기적이었다. 다음도 참고하라. H. J. Polan and M. A. Hofer, "Psychobiological Origins of Infant

Attachment and Separation Responses," in *Handbook of Attachment: Theory, Research, and Clinical Application*, ed. J. Cassidy and P. R. Shaver (New York: Guildford Press, 1999), 162–80; J. Kagan, *Unstable Ideas: Temperament, Cognition and Self* (Boston: Harvard University Press, 1989); M. K. Rothbart, L. K. Ellis, and M. I. Posner, "Temperament and Self-Regulation," in *Handbook of Self-Regulation: Research, Theory, and Applications*, ed. R. F. Baumeister and K. D. Vohs (New York: Guilford Press, 2004), 357–70; M. Gunnar and K. Quevedo, "The Neurobiology of Stress and Development," *Annual Review of Psychology* 58 (2007).

57. C. Lillas and J. Turnbull, *Infant/Child Mental Health, Early Intervention, and Relationship-Based Therapies: A Neurorelational Framework for Interdisciplinary Practice* (W. W. Norton, 2009).

58. '감각 통합'sensory integration의 중요성에 대해서는 다음을 참고하라. A. C. Bundy, S. J. Lane, and E. A. Murray, *Sensory Integration: Theory and Practice* (Philadelphia: F. A. Davis Co., 2002); F. A. Davis, N. Kashman, and J. Mora, *The Sensory Connection: An OT and SLP Team Approach* (Arlington, TX: Future Horizons, 2005).

59. Laura Berk and Stuart Shanker, *Child Development* (Pearson, 2006); M. Numan and T. R. Insel, *The Neurobiology of Parental Behavior* (Springer, 2003).

60. S. I. Greenspan and N. Lewis, *Building Healthy Minds: The Six Experiences That Create Intelligence and Emotional Growth in Babies and Young Children* (Da Capo Press, 2000).

61. S. I. Greenspan, *Secure Child: Helping Our Children Feel Safe and Confident in a Changing World* (Da Capo Press, 2009).

62. 앨런 쇼어는 이 주제를 다룬 많은 논문을 발표했다. 다음 책의 첫 장에 그 내용이 잘 요약되어 있다. A. N. Schore, *The Science of the Art of Psychotherapy*, Norton Series on Interpersonal Neurobiology (W. W. Norton, 2012). 다음도 참고하라. Ed Tronick, *The Neurobehavioral and Social-Emotional Development of Infants and Children* (W. W. Norton, 2007) and J. Freed and L. Parsons, *Right-Brained Children in a Left-Brained World: Unlocking the Potential of Your ADD Child* (Simon & Schuster, 1998).

63. 다음을 참고하라. A. N. Schore, *Affect Regulation and the Origin of the Self: The Neurobiology of Emotional Development* (Psychology Press, 1994).

64. 나는《차분하고 주의 깊게 학습하기》Calm, Alert and Learning에서 교실의 스트레스를 줄일 수 있는 다양한 기법을 소개했는데, 이는 부모들이 집에서도 유용하게 활용할 수 있는 방법들이 다. 특히 다음 책의 1장을 참고하라. S. Shanker, *Calm, Alert, and Learning: Classroom Strategies for Self-Regulation* (Pearson, 2012).

65. 쇼어는《정서 조절과 자아의 기원》Affect Regulation and the Origin of Self에서 이에 관한 방대한 연구를 검토했다.

66. E. Z. Tronick, "Emotions and Emotional Communication in Infants," *American Psychologist* 44 (1989): 112-19. 무표정 실험을 보여주는 유튜브 동영상은 다음과 같다. https://youtu.be/apzXGEbZht0.

67. 댄 시겔Dan Siegel은 이 주제로 훌륭한 책을 여러 권 썼다. 그중 내가 좋아하는 저서 가운데 하나는

《성장하는 마음》The Developing Mind (New York: Guilford Press, 1999; second edition 2012).
이다.

68. A. Fogel, *Developing Through Relationships* (University of Chicago Press, 1993); A. Sameroff, *The Transactional Model* (American Psychological Association, 2009).

제4장

69. M. G. Baron and J. Grodon, *Stress and Coping in Autism* (Oxford University Press, 2006). 자폐증에 걸린 아이들뿐 아니라 모든 아이들이 겪는 각종 스트레스 요인을 이해할 수 있는 매우 귀중한 지침이다. 특히 이들이 만든 스트레스 진단표Stress Inventory는 매우 유익하다.

70. A. Fogel, B. J. King, and S. G. Shanker, eds., *Human Development in the Twenty-first Century: Visionary Ideas from Systems Scientists* (Cambridge University Press, 2007).

71. P. Ogden, *Sensorimotor Psychotherapy: Interventions for Trauma and Attachment* (W. W. Norton, 2015).

제5장

72. 다음을 참고하라. S. Shanker and D. Casenhiser, *Reducing the Effort in Effortful Control: A Wittgensteinian Perspective on the Use of Conceptual Analysis in Psychology.* (Palgrave Macmillan, 2013).

73. 다음을 참고하라. T. Lewis, F. Amini, and R. Lannon, *A General Theory of Love* (Vintage, 2007).

74. W. B. Cannon, *The Wisdom of the Body* (W. W. Norton, 1932).

75. 다음을 참고하라. K. Lee Raby et al., "The Enduring Predictive Significance of Early Maternal Sensitivity: Social and Academic Competence Through Age 32 Years," *Child Development* 17 (December 2014), 695-708.

76. P. Meerlo et al., "Sleep Restriction Alters the Hypothalamic-Pituitary-Adrenal Response to Stress," *Journal of Endocrinology* 14 (2002), 397-402.

77. M. Edlund, *The Power of Rest: Why Sleep Alone Is Not Enough: A 30-Day Plan to Reset Your Body* (HarperCollins, 2010).

78. S. Shanker, *Calm, Alert, and Learning: Classroom Strategies for Self-Regulation* (Pearson, 2012).

79. A. Fogel, *The Psychophysiology of Self-awareness: Rediscovering the Lost Art of Body Sense* (W. W. Norton, 2009).

80. 우리 연구소의 임상연구 책임자 크리스 로빈슨은 이 방법을 개발할 때 중요한 기여를 했다. 다음도 참고하라. S. K. Greenland, *The Mindful Child: How to Help Your Kid Manage Stress and Become Happier, Kinder, and More Compassionate* (Simon & Schuster, 2010).

81. 이는 진 에이어스Jean Ayers, 모셰 펠덴크라이스Moshe Feldenkrais, 엘사 긴들러Elsa Gindler, 알렉산더 로웬Alexander Lowen, 빌헬름 라이히Wilhelm Reich, 이다 롤프Ida Rolf 등 지난 세기의 위대한 '소마 교육자들'somatic educators(신체 감각과 움직임을 일깨우는 교육자들—옮긴이)의 저작을 이해

할 때 핵심이다. 이 책은 아이들이나 청소년들에게 자각시키려는 것(낮은 에너지나 높은 긴장감)이 이런 자각을 가로막는다고 본다. 모든 소마 교육자들은 이러한 정체 상태를 뚫는 강력한 치료 기법을 개발했고, 이를 통해 로웬이 '생체에너지'bioenergy라고 칭한 것을 발산하게 했다.

82. 다음을 참고하라. Robin Alter, *Anxiety and the Gift of Imagination: A New Model for Helping Parents and Children Manage Anxiety* (Createspace, 2011); G. M. Biegel, *The Stress Reduction Workbook for Teens: Mindfulness Skills to Help You Deal with Stress* (New Harbinger, 2009); G. Hawn and W. Holden, *10 Mindful Minutes: Giving Our Children?and Ourselves?the Social and Emotional Skills to Reduce Stress and Anxiety for Healthier, Happy Lives* (Penguin, 2011); X. Vo. Dzung, *The Mindful Teen: Powerful Skills to Help You Handle Stress One Moment at a Time* (New Harbinger, 2015).

제6장

83. 지난 수십 년 동안 발달심리학자들은 감정적 기능이 아이들의 웰빙에 어떤 역할을 하는지 세심히 관찰해 왔다. 다음을 참고하라. C. Izard, et al. (2001), "Emotional Knowledge as a Predictor of Social Behavior and Academic Competence in Children at Risk," *Psychological Science*, 12, 18-23; N. Eisenberg, et al. (2004), "The Relation of Effortful Control and Impulsivity to Children's Resiliency and Adjustment," *Child Development*, 75, 25-46; S. Denham, P. Ji, and B. Hamre (2010), *Compendium of Preschool Through Elementary School Social-Emotional Learning and Associated Assessment Measure*s; Social and Emotional Learning Research Group: University of Illinois at Chicago. 최근의 연구 결과, 학업 성취도와 관련해 감성지수가 IQ보다 중요하다고 밝혀졌다. 이와 관련된 저작은 다음과 같다. P. Salovey and J. D. Mayer, (1990), "Emotional Intelligence," *Imagination, Cognition, and Personality*, 9, 185-211; D. Goleman, *Emotional Intelligence* (New York: Bantam Dell, 1995); J. Shonkoff and D. Phillips, *From Neurons to Neighborhoods: The Science of Early Childhood Development* (Washington, D.C.: National Academy Press, 2000); S. Denham, et al. (2009), "Assessing Social Emotional Development in Children from a Longitudinal Perspective," *Journal of Epidemiology and Community Health*, 63 (Suppl II), 37-52. 매우 중요한 연구 분야를 개괄하려면 다음을 참고하라. Shanker, "Broader Measures of Success: Social/Emotional Learning," Toronto, *People for Education*, 2015.

84. Stuart Shanker, "A Dynamic Developmental Model of Emotions," *Philosophy, Psychiatry and Psychology* 11 (2004): 219-33.

85. Carrol Izard, *The Psychology of Emotions* (Springer, 1991); Jaak Panksepp, *Affective Neuroscience* (Oxford University Press, 1998); Marc Lewis and Jeanette Haviland-Jones, *Handbook of Emotions*, 3rd ed. (Guilford Press, 2010).

86. C. E. Izard, *The Psychology of Emotions* (Springer Science & Business Media, 1991).

87. P. E. Griffiths, *What Emotions Really Are: The Problem of Psychological Categories* (Chicago: University of Chicago Press, 1997), 114.

88. S. I. Greenspan and J. I. Downey, *Developmentally Based Psychotherapy* (Madison, CT: International Universities Press, 1997).

89. Stanley Greenspan with Nancy Thorndike Greenspan, *First Feelings: Milestones in the Emotional Development of Your Infant and Child from Birth to Age* 4 (Viking, 1985).

90. James J. Gross, *Handbook of Emotion Regulation*, 2nd ed. (Guilford Press, 2015).

91. SEL 프로그램의 성과를 평가한 수백 건의 연구가 있다. 모든 연구와 검토 사항은 www.casel.org/guide에서 찾아볼 수 있다. 다음을 참고하라. Shanker, "Broader Measures of Success: Social/Emotional Learning," Toronto, *People for Education*, 2015.

92. 이는 '생체에너지학'bioenergetics 분야를 이해할 때 핵심이다. 베셀 반 데어 콜크Bessel van der Kolk 는 이 분야에 중대한 공헌을 남겼다. B. van der Kolk, *The Body Keeps the Score: Brain, Mind, and Body in the Healing of Trauma* (Penguin, 2014).

93. 이 주장을 상세히 다룬 저작은 다음과 같다. S. I. Greenspan and S. Shanker, *The First Idea: How Symbols, Language, and Intelligence Evolve, from Primates to Humans* (Perseus Books, 2004).

94. T. Ross, M. I. Fontao, and R. Schneider, "Aggressive Behavior in Male Offenders: Preliminary Analyses of Self-Regulatory Functions in a Sample of Criminals," *Psychological Reports* 100, no. 3, part 2 (2007): 1171-85; A. Raine, *The Anatomy of Violence: The Biological Roots of Crime* (Vintage, 2013); R. E. Tremblay, W. W. Hartup, and J. Archer, eds., *Developmental Origins of Aggression* (Guilford Press, 2005). 이와 대조되는 흥미로운 주장은 다음을 참고하라 J. Fallon, *The Psychopath Inside: A Neuroscientist's Personal Journey into the Dark Side of the Brain* (Penguin, 2013).

95. J. Panksepp, *Affective Neuroscience* (New York: Oxford University Press, 1998).

제7장

96. 우리가 ADHD 증상을 보이는 아이들과 임상 연구를 하면서 크게 영향 받은 저작은 다음과 같다. S. I. Greenspan and J. Greenspan, *Overcoming ADHD: Helping Your Child Become Calm, Engaged, and Focused—Without a Pill* (Da Capo Press, 2009); E.M.M. Hallowell and J. J. Ratey, *Driven to Distraction: Recognizing and Coping with Attention Deficit Disorder from Childhood Through Adulthood* (Anchor, 2011); and M. L. Kutscher, *ADHD: Living Without Brakes* (Jessica Kingsley, 2009).

97. 이와 관련해 내가 크게 영향 받은 책은 다음과 같다. S. I. Greenspan and N. T. Greenspan, *The Learning Tree: Overcoming Learning Disabilities from the Ground Up* (Da Capo Press, 2010).

98. 이와 관련해 몇 권의 훌륭한 지침서가 있다. 내게 특히 도움된 책은 다음이다. P. Dawson and R. Guare, *Executive Skills in Children and Adolescents: A Practical Guide to Assessment and Intervention* (Guilford Press, 2010) 좀 더 깊은 이론적 이해를 위해서는 다음을 참고하라. R. A. Barkley, *Executive Functions: What They Are, How They Work, and Why They Evolved* (Guilford Press, 2012). E. Galinsky, *Mind in the Making: The Seven Essential Life Skills Every Child Needs* (HarperStudio, 2010)

99. J. T. Nigg, *What Causes ADHD? Understanding What Goes Wrong and Why* (Guilford Press, 2006).

100. Daniel Pink, *Drive: The Surprising Truth About What Motivates Us* (New York: Penguin, 2009), 138 and 240.

101. William James, Principles of Psychology (Cambridge, MA: Harvard University Press, 1981), 462. Originally published in 1890.

102. Stuart Shanker, *Wittgenstein's Remarks on the Foundations of AI* (London: Routledge, 1998). 제롬 브루너Jerome Bruner는 특히 이 주제와 관련해 내 사고에 지대한 영향을 준 사람이다. 그의 다음 저작을 참고하라. J. Bruner, *Child's Talk* (Oxford: Oxford University Press, 1983); J. Bruner, "Child's Talk: Learning to Use Language," *Child Language Teaching and Therapy* 1, no. 1 (1985): 111-14.

103. 그 동료는 바로 크리스 로빈슨Chris Robinson이다. 이 장의 상당 부분은 크리스와 함께 개별 사례를 연구하면서 얻은 결과를 토대로 했다.

104. 비록 자기 조절이라는 용어를 쓰지는 않았지만, 내가 읽은 자기 조절에 관한 책 중 뛰어난 저서는 다음과 같다. Chris Hadfield's *An Astronaut's Guide to Life on Earth* (Pan Macmillan, 2013).

105. 리처드 데이비슨Richard Davidson은 이 분야를 다룬 중요한 책을 여러 권 썼다. 다음을 참고하라. Richard Davidson and Daniel Goleman, *Training the Brain* (Amazon Digital Services, 2012); Richard Davidson and Sharon Begley, *The Emotional Life of Your Brain* (Hachette UK, 2012); Jon Kabatt-Zinn and Richard Davidson, eds. *The Mind's Own Physician: A Scientific Dialogue with the Dalai Lama on the Healing Power of Meditation* (New Harbinger, 2012).

106. S. W. Porges, *The Polyvagal Theory: Neurophysiological Foundations of Emotions, Attachment, Communication, and Self-Regulation, Norton Series on Interpersonal Neurobiology* (W. W. Norton, 2011).

107. 다음을 참고하라. Huitt, W. (2011), "Motivation to Learn: An Overview," *Educational Psychology Interactive* (Valdosta, GA: Valdosta State University).

108. S. Shanker, *Calm, Alert, and Learning: Classroom Strategies for Self-Regulation* (Pearson, 2013).

109. B. J. Zimmerman and D. H. Schunk, eds., *Self-Regulated Learning and Academic Achievement: Theoretical Perspectives* (Routledge, 2001).

110. 테리에 새그볼든Terje Sagvolden(2005)은 ADHD 증상이 있는 아이들은 대부분 시간을 남들과 다르게 자각한다고 보고했다. 텍사스 대학 오스틴 캠퍼스의 길든연구소Gilden Lab 과학자들도 ADHD를 앓는 많은 아이가 발달 속도가 정상인 아이들보다 시간의 흐름을 더 빨리 느낀다는 사실을 밝혀냈다. T. Sagvolden et al., "A Dynamic Developmental Theory of Attention-Deficit/Hyperactivity Disorder (ADHD) Predominantly Hyperactive/Impulsive and Combined Subtypes," *Behavioral and Brain Sciences* 28, no. 3 (2005): 397-418.

111. 다음을 참고하라. S. I. Greenspan, *Secure Child: Helping Our Children Feel Safe and Confident in a Changing World* (Da Capo Press, 2009); and, of course, J. Bowlby, *A Secure Base: Clinical Applications of Attachment Theory*, vol. 393 (Taylor & Francis, 2005).

112. R. Louv, *Last Child in the Woods: Saving Our Children from Nature-Deficit Disorder* (Algonquin Books, 2008); R. Louv, *The Nature Principle: Reconnecting with Life in a Virtual Age* (Algonquin Books, 2012). 자연에 노출되면 뇌가 진정되는 이유를 고민하다 보면 '생명애' biophilia 이론을 깊이 파고든다. 다음을 참고하라. E. O. Wilson, *Consilience: The Unity of Knowledge*, vol. 31 (Vintage, 1999). 이 분야에 대한 중요한 신경과학적 개괄로는 다음을 참고하라. E. M. Sternberg, *Healing Spaces: The Science of Place and Well-being* (Harvard University Press, 2009).

113. 그렇지만 다음 책을 참고해 보라. S. Olfman and B. D. Robbins, eds., *Drugging Our Children: How Profiteers Are Pushing Antipsychotics on Our Youngest, and What We Can Do to Stop It* (ABC-CLIO, 2012).

114. 스티븐 톤티Stephen Tonti의 멋진 테드엑스 토크TEDx talk, 'ADHD는 인지적 차이일 뿐 장애가 아니다'ADHD is a difference in cognition, not a disorder를 참고하라. https://youtu.be/uU6o2_UFSEY 또 짐 제이콥슨Jim Jacobson의 블로그도 살펴보라. www.amongsthumans.com

제8장

115. S. W. Porges, *The Polyvagal Theory: Neurophysiological Foundations of Emotions, Attachment, Communication, and Self-Regulation, Norton Series on Interpersonal Neurobiology* (W. W. Norton, 2011).

116. A. Fogel, *Developing Through Relationships* (University of Chicago Press, 1993).

117. Stuart Shanker and Jim Stieben, "The Roots of Mindblindness," in *Against Theory of Mind*, ed. Ivan Leudar (London: Palgrave Macmillan, 2009).

118. E. Tronick, "Why Is Connection with Others So Critical?" (2004), in *Emotional Development*, ed. J. Nadel and D. Muir (Oxford University Press, 2004). The "research assistant" was Lisa Bohne.

119. A. N. Schore, *Affect Regulation and the Origin of the Self: The Neurobiology of Emotional Development* (Psychology Press, 1994).

120. S. Savage-Rumbaugh, S. G. Shanker, and T. J. Taylor, *Apes, Language, and the Human Mind* (Oxford University Press, 1998).

121. M. D. Lewis, "Bridging Emotion Theory and Neurobiology Through Dynamic Systems Modeling," *Behavioral and Brain Sciences* 28, no. 2 (2005): 169-94.

122. J. D. Ford and J. Wortmann, *Hijacked by Your Brain: How to Free Yourself When Stress Takes Over* (Sourcebooks, 2013).

123. D. M. Casenhiser, S. G. Shanker, and J. Stieben, "Learning Through Interaction in Children with Autism: Preliminary Data from Asocial-Communication-Based Intervention," *Autism* 17, no. 2 (2013): 220-41.

124. T. Grandin, *Thinking in Pictures: My Life with Autism*, expanded ed. (New York: Vintage, 2006).

125. 이와 관련해 제이슨 코웰Jason Cowell과 진 데세티Jean Decety가 수행한 놀라운 연구 결과로, 다음을 참고하라. "Precursors to Morality in Development as a Complex Interplay Between Neural, Socioenvironmental, and Behavioral Facets," *Proceedings of the National Academy of Science*, University of Chicago, May 2015.

126. N. Eisenberg and P. H. Mussen, *The Roots of Prosocial Behavior in Children* (Cambridge University Press, 1989).

127. T. Hobbes, *Leviathan* (New York: Oxford University Press, 1651; 2009, XIII.9), 581-735; for a modern version see W. Golding, *Lord of the Flies* (New York: Penguin, 1954; 1983).

128. 2005년에 조르지 몰Jorge Moll은 베푸는 행동을 하면 유대감을 강화하는 신경전달물질을 분비하는 뇌 부위가 활성화된다는 사실을 밝혀냈다. 요즘은 이 현상을 일컬어 '헬퍼스 하이'Helper's High 라고 부른다. 다음을 참고하라. J. Moll et al., "The Neural Basis of Human Moral Cognition," *Nature Reviews Neuroscience* 6, no. 10 (2005): 799-809.

129. B. J. King, *The Dynamic Dance: Nonvocal Communication in African Great Apes* (Harvard University Press, 2009); F. De Waal, *The Age of Empathy: Nature's Lessons for a Kinder Society* (Broadway Books, 2010); M. Bekoff and J. Goodall, *The Emotional Lives of Animals: A Leading Scientist Explores Animal Joy, Sorrow, and Empathy—and Why They Matter* (New World Library, 2008).

130. Stanley Greenspan and Stuart Shanker, *Toward a Psychology of Global Interdependency: A Framework for International Collaboration* (Washington, DC: ICDL Press, 2002).

131. 아서 브룩스Arthur Brooks는 베푸는 사람일수록 자신이 '매우 행복하다'고 생각할 확률이 42퍼센트, '건강 상태가 매우 좋다'고 느낄 확률이 25퍼센트 높다는 사실을 밝혔다. 다음을 참고하라. A. Brooks, *Who Really Cares* (New York: Basic Books, 2006); Canadian Institute for Health Information, *The Role of Social Support in Reducing Psychological Distress* (Canadian Institute for Health Information, 2012).

132. 다음을 참고하라. Esther Sternberg, *The Balance Within* (New York: Times Books, 2001).

133. 다음을 참고하라. J. T. Cacioppo and J. Decety, "Social Neuroscience: Challenges and Opportunities in the Study of Complex Behavior," *Annals of the New York Academy of Sciences* 1224, no. 1 (2011): 162-73. 공감의 신경과학을 다룬 데세티Decety의 연구는 획기적이었다. 그중 하나로 다음을 참고하라. J. Decety and C. D. Batson, "Social Neuroscience Approaches to Interpersonal Sensitivity" (2007), in *Suffering and Bioethics*, ed. R. M. Green and N. J. Palpant (New York: Oxford University Press, 2014), 89-105.

134. D. Goleman, *Social Intelligence* (Random House, 2007).

135. R. W. Wrangham and D. Peterson, *Demonic Males: Apes and the Origins of Human Violence* (Houghton Miff lin Harcourt, 1997). 이 책은 인간 본성에 관한 홉스주의적 시각을 강조한다. 그렇지만 앞서 인용한 프란스 드 발Frans de Waal의 책을 보면 초기 인류는 침팬지보다 공감 능력이 발달한 보노보에 가깝다는 것을 알 수 있다. 아이들의 타고난 공감 본능과 관련해 내가 선호하는

책 중 하나는 다음과 같다. Mary Gordon, *Roots of Empathy: Changing the World Child by Child* (Workman, 2009).

136. 다음을 참고하라. Stanley Greenspan and Stuart Shanker, *Toward a Psychology of Global Interdependency: A Framework for International Collaboration* (Washington, D.C.: ICDL Press, 2002).

137. 이를 직관적으로 아는 이유는, 나의 위대한 지도교수 중 한 사람인 노드롭 프라이Northrop Frye의 설명에 따르면, 우리 사고의 바탕에 성경이 있기 때문이다. 특히 이 주제는 시편 15편과 관련 있다. 다윗은 이렇게 묻는다. "주여, 당신의 장막에 머무를 자 누구입니까?" 이어 그는 다소 당당하게 대답한다. "허물이 없고 정의로우며, 진심으로 진실만을 말하고, 남을 모함하거나 해치지 아니하며, 어떤 힘겨운 상황에서도 언약을 지키는 자, 그리고 악함을 증오하고 고귀함을 포용하는 자이다." 그리고 다윗은 이렇게 결론을 내린다. "이렇게 행하는 자만이 결코 흔들림이 없을 것이다." 다윗은 앞부분에서 이런 것들이 중요할 뿐 아니라 이렇게 살아야 한다고 말한다. 뒷부분에서는 이렇게 살아야 하는 이유는 단지 천국에 가기 위해서가 아니라, 지금 이 순간 그 유익함을 누릴 수 있고 오직 이렇게 살 때만 진정한 평화와 고요함을 만끽할 수 있기 때문이라고 말한다.

제10장

138. G. E. Weisfeld, *Evolutionary Principles of Human Adolescence* (Basic Books, 1999).

139. 요즘 목격하는 또 다른 유행병으로 미국 국립약물남용연구소National Institute of Drug Abuse가 처방전 세대Rx Generation, (Rx는 prescription의 약어—옮긴이)라고 표현한 현상을 들 수 있다. 믿기지 않을 만큼 많은 10대들이 진통제, 기침 감기약을 복용해 불안감에서 나오는 증상을 억누르려고 한다. 시간이 흐를수록 이는 불안감을 악화하고, 때로는 심각한 형태로 처방전 약물의 남용을 일으키게 된다.

140. 다음을 참고하라. P. W. Gold, "The Organization of the Stress System and Its Dysregulation in Depressive Illness." *Molecular Psychiatry*, 2015; 20: 32-47.

141. 댄 시겔의 《십대의 두뇌는 희망이다》는 이 주제와 관련해 매우 큰 통찰을 줄 뿐 아니라 부모와 10대들에게 매우 유익한 도움을 준다. D. J. Siegel, *Brainstorm: The Power and Purpose of the Teenage Brain* (Hachette UK, 2014).

142. P. Gluckman and M. Hanson, *Mismatch: Why Our World No Longer Fits Our Bodies* (Oxford University Press, 2006).

143. 제이 지드Jay Giedd의 다음 저작을 비롯해 그가 쓴 모든 글을 참고하라. Jay Giedd, starting with "The Teen Brain: Primed to Learn, Primed to Take Risks," Cerebrum, February 26, 2009; see also L. Steinberg, *Age of Opportunity: Lessons from the New Science of Adolescence* (Houghton Miff lin Harcourt, 2014).

144. L. Steinberg, "A Dual Systems Model of Adolescent Risk-Taking," *Developmental Psychobiology* 52, no. 3 (2010): 216-24.

145. 다음을 참고하라. Jay Giedd's *Frontline* piece, "Inside the Teenage Brain," January 31, 2002.

146. Steinberg, "Dual Systems Model of Adolescent Risk-Taking."

147. 스위스의 생리학자 발터 헤스Walter Hess는 시상하부의 여러 부위를 자극했을 때 생기는 효과에 대한 연구를 바탕으로, '에르고트로픽'ergotropic과 '트로포트로픽'trophotropic이라는 용어를 도입했다. 이는 유기체가 위험에 노출됐을 때 에너지를 소모하는 상태(에르고트로픽)와 에너지를 보충하고 기력을 회복하는 과정(트로포트로픽)을 구분하는 용어다.

148. Stuart Shanker, "Descartes' Legacy: The Mechanist/Vitalist Debates," in *Philosophy of Science, Logic, and Mathematics in the 20th Century* (London: Routledge, 1996).

149. Y. Zhao, *Who's Afraid of the Big Bad Dragon: Why China Has the Best (and Worst) Education System in the World* (John Wiley & Sons, 2014).

150. Daniel Lieberman, *The Story of the Human Body: Evolution, Health, and Disease* (Penguin, 2014).

151. 위와 동일. 다음을 참고하라. J. J. Ratey and E. Hagerman, *Spark: The Revolutionary New Science of Exercise and the Brain* (Little Brown, 2008).

152. J. Abbott, *Overschooled but Undereducated: How the Crisis in Education Is Jeopardizing Our Adolescents* (A&C Black, 2010). 다음도 참고하라. R. Epstein, *The Case Against Adolescence: Rediscovering the Adult in Every Teen* (Quill Driver Books, 2007).

제11장

153. 요크대학의 내 동료 연구자 중 한 명인 존 이스트우드John Eastwood는 이 사실을 입증했다. 다음을 참고하라. Eastwood et al., "The Unengaged Mind: Defining Boredom in Terms of Attention," *Perspectives on Psychological Science* 7, no. 5 (2012): 482-95; Kimberley B. Mercer-Lynn, Rachel J. Bar, and John D. Eastwood, "Causes of Boredom: The Person, the Situation, or Both?" *Personality and Individual Differences* 56 (2014): 122-26.

154. 지난 10년간 보상 체계의 신경 생물학적 원리에 관한 연구가 무수히 진행됐다. 다음 책에 그 내용이 훌륭하게 요약돼 있다. Marc Lewis, *The Biology of Desire: Why Addiction Is Not a Disease* (Penguin Random House Canada, 2015). 다음도 참고하라. G. Wilson, *Your Brain on Porn: Internet Pornography and the Emerging Science of Addiction* (Commonwealth, 2014).

155. Matthias Koepp et al., "Evidence for Striatal Dopamine Release During a Video Game," *Nature* 393 (1998), 266-68.

156. M. Lewis, *Memoirs of an Addicted Brain: A Neuroscientist Examines His Former Life on Drugs* (Doubleday Canada, 2013).

157. D. Grossman, *On Killing: The Psychological Cost of Learning to Kill in War and Society* (Little, Brown, 2009).

158. Scott Brown, "How Movies Activate Your Neural G-Spot," *Wired*, January 25, 2010

159. Samuel T. Coleridge, *Biographia Literaria*, chapter XIV (West Sussex, UK: Littlehampton Book Services, 1817 and 1975).

160. D. A. Kessler, *The End of Overeating: Taking Control of the Insatiable American Appetite* (Rodale, 2010).

161. 임상의들은 이런 상태를 '알로스타틱 과부하'allostatic overload라고 부른다. 우리가 1장에서 살펴본 것처럼, 자율신경계ANS는 스트레스에 대처할 때 에너지를 소비하는 대사 과정을 일으킨 후 다시 기력을 보충하고 인체를 성장시키는 회복 과정을 밟는다. 이렇게 항상성을 유지하려는 작용을 일 컬어 알로스타틱 부하allostatic load라고 부른다. 알로스타틱 부하는 회복 기제가 그 한계를 넘어서 서 제 기능을 발휘하지 못할 때 생긴다.

162. R. E. Thayer, *The Origin of Everyday Moods: Managing Energy, Tension, and Stress* (Oxford University Press, 1997).

163. Marc Berman et al., "Interacting with Nature Improves Cognition and Affect for Individuals with Depression," *Journal of Affective Disorders* 140, no. 3 (2012): 300–305.

164. 이는 2012년 3월 7일에 발간된 유니세프UNICEF의 연구자료 '전 세계 도시'An Urban World(www. urbanizationproject.org을 참고하라.)와 2012년 3월 26일에 나온 미국 통계국U.S. census의 자료 (www.census.gov을 참고하라)를 바탕으로 한 것이다.

165. 도시 생활이 정신병이 증가하게 된 주요인이라는 우려는 1965년부터 1984년까지 영국 런던 캠버 웰Camber-well에서 진행된 연구로 거슬러 올라간다. 이 기간 동안 조현병 진단을 받은 캠버웰 주민 의 수가 두 배로 증가한 반면, 농촌 지역에서 조현증 진단을 받은 사람의 수가 증가하지 않았다. 스 트레스가 조현증 발현에 결정적인 요소라는 점이 널리 알려진 만큼, 해당 연구는 주요 저자인 제 인 보이델Jane Boydell의 표현처럼 "도시가 우리를 아프게 하고 있는지도 모른다."는 우려로 당연 히 이어졌다. 이는 조현병 환자들이 농촌보다 도시에 거주할 때 조현병으로 진단 받기가 더 쉬워 서 나온 결과일지도 모른다. 혹은 '이주' 효과, 즉 심리적 장애를 가진 사람들이 더 나은 치료를 받 으려고 도시로 이동하면서 생긴 결과일지도 모른다. 또는 캠버웰 연구는 연고緣故가 사라지면서 생기는 스트레스, 예를 들면 강한 사회적 지지망을 떠나 대도시에서 외롭게 살아갈 때 생기는 스 트레스를 보여주는 것인지도 모른다. 아니면 숲을 거닐거나 개울가에서 낚시를 즐기지 못하는 삶 을 반영한 것일 수도 있다. 또 도시화와 밀접해 보이는 가정폭력과 아동학대의 증가가 주요 요인 이었을지도 모른다. 아니면 캠버웰에서 살면 특별히 더 스트레스를 받는 요인이 있었을지도 모른 다. Noel Kennedy et al., "Gender Differences in Incidence and Age at Onset of Mania and Bipolar Disorder Over a 35-Year Period in Camberwell, England," *American Journal of Psychiatry*, 162 (2005): 257–62.

166. Florian Lederbogen et al., "City Living and Urban Upbringing Affect Neural Social Stress Processing in Humans," *Nature* 474, no. 7352 (2011): 498–501.

167. G. W. Evans, J. Brooks-Gunn, and P. K. Klebanov, "Stressing Out the Poor," *Pathways* (2011), Community Investments 23(2): 22–27.

제12장

168. 요즘 이 주제를 다룬 많은 책 중에서 내가 특히 유용하다고 본 것은 다음과 같다. *Parenting Through the Storm* by Ann Douglas (HarperCollins, 2015); *The Parents We Mean to Be* by R. Weissbourd (Houghton Miff lin Harcourt, 2009); and the deeply inspiring *Child Honouring: How to Turn This World Around* by Sharna Olfman and Raffi Cavoukian (APG

Books, 2015).

169.D. Baumrind, "Effects of Authoritative Parental Control on Child Behavior," *Child Development* 37, no. 4 (1966): 887-907; D. Baumrind, "Childcare Practices Anteceding Three Patterns of Preschool Behavior," *Genetic Psychology Monographs* 75, no. 1 (1967): 43-88.

170.E. E. Maccoby and J. A. Martin, "Socialization in the Context of the Family: Parent-Child Interaction," in *Handbook of Child Psychology*, vol. 4, *Socialization, Personality, and Social Development*, 4th ed., ed. P. H. Mussen and E. M. Hetherington (New York: Wiley, 1983).

참고
문헌

Abbott, J. *Overschooled but Undereducated: How the Crisis in Education Is Jeopardizing Our Adolescents*. London: A&C Black, 2010.

Alter, R. *Anxiety and the Gift of Imagination: A New Model for Helping Parents and Children Manage Anxiety*. Createspace, 2011.

Barkley, R. A. *Executive Functions: What They Are, How They Work, and Why They Evolved*. New York: Guilford Press, 2012.

Baron, M. G., and J. Grodon. *Stress and Coping in Autism*. Oxford: Oxford University Press, 2006.

Baumeister, R. F., and K. D. Vohs. *Handbook of Self-Regulation: Research, Theory and Applications*. New York: Guilford Press, 2004.

_____, and J. Tierney. *Willpower: Rediscovering the Greatest Human Strength*. Penguin, 2011.

Baumrind, D. "Childcare Practices Anteceding Three Patterns of Preschool Behavior," *Genetic Psychology Monographs* 75, no. 1 (1967).

_____. "Effects of Authoritative Parental Control on Child Behavior." *Child Development* 37, no. 4 (1966): 887-907.

Bekoff, M., and J. Goodall. *The Emotional Lives of Animals: A Leading Scientist Explores Animal Joy, Sorrow, and Empathy?and Why They Matter*. Novato, CA: New World Library, 2008.

Benson, H. *The Relaxation Response*. New York: William Morrow, 1975.

Berk, L., and Stuart Shanker. *Child Development*. New York: Pearson, 2006.

Berman, M., et al. "Interacting with Nature Improves Cognition and Affect for Individuals with Depression." *Journal of Affective Disorders* 140, no. 3 (2012): 300-305.

Biegel, G. M. *The Stress Reduction Workbook for Teens: Mindfulness Skills to Help You Deal with Stress*. Oakland, CA: New Harbinger, 2009.

Blakemore, S. J., and U. Frith. *The Learning Brain: Lessons for Education*. Oxford: Blackwell, 2005.

Bowlby, J. A. *Secure Base: Clinical Applications of Attachment Theory*. London: Taylor & Francis, 2005.

Bradley, S. J. *Affect Regulation and the Development of Psychopathology*. New York: Guilford Press, 2003.

Bronson, M. *Self-Regulation in Early Childhood*. New York: Guilford Press, 2001.

Brooks, A. *Who Really Cares*. New York: Basic Books, 2006.

Brown, S. "How Movies Activate Your Neural G-Spot." *Wired*, January 25, 2010.

Bruner, J. *Child's Talk*. Oxford: Oxford University Press, 1983.

——. "Child's Talk: Learning to Use Language." *Child Language Teaching and Therapy* 1, no. 1 (1985): 111-14.

Bundy, A. C., S. J. Lane, and E. A. Murray. *Sensory Integration: Theory and Practice*. Philadelphia: F. A. Davis, 2002.

Burman, J. T, C. D. Green, and S. G. Shanker. "The Six Meanings of Self-Regulation." *Child Development* (2015, in press).

Cacioppo, J. T., and J. Decety. "Social Neuroscience: Challenges and Opportunities in the Study of Complex Behavior." *Annals of the New York Academy of Sciences* 1224, no. 1 (2011): 162-73.

Canadian Institute for Health Information. *The Role of Social Support in Reducing Psychological Distress*. Ottawa, Canada: Canadian Institute for Health Information, 2012.

Cannon, W. B. *The Wisdom of the Body*. New York: W. W. Norton, 1932.

——. *Bodily Changes in Pain, Hunger, Fear and Rage*, 2nd ed. New York: D. Appleton, 1929.

——. *The Way of an Investigator: A Scientist's Experiences in Medical Research*. New York: W. W. Norton, 1945.

Casenhiser, D. M., S. G. Shanker, and J. Stieben. "Learning Through Interaction in Children with Autism: Preliminary Data from Asocial-Communication-Based Intervention." *Autism* 17, no. 2 (2013): 220-41.

Coleridge, Samuel T. *Biographia Literaria*, chapter XIV. West Sussex, England: Littlehampton Book Services, 1817; 1975.

Cowell, J., and Jean Decety. "Precursors to Morality in Development as a Complex Interplay Between Neural, Socioenvironmental, and Behavioral Facets." *Proceedings of the National Academy of Science*, University of Chicago, May 2015.

Davidson, R., and Sharon Begley. *The Emotional Life of Your Brain*. London: Hachette UK, 2012.

Davis, F. A., N. Kashman, and J. Mora. *The Sensory Connection: An OT and SLP Team Approach*. Arlington, TX: Future Horizons, 2005.

Dawson, P., and R. Guare. *Executive Skills in Children and Adolescents: A Practical Guide to Assessment and Intervention*. New York: Guilford Press, 2010.

Decety, J., and C. D. Batson. "Social Neuroscience Approaches to Interpersonal Sensitivity." *Social Neuroscience* 2 (3-4)(2007): 151-57.

Denham, S., P. Ji, and B. Hamre. *Compendium of Preschool Through Elementary School Social-Emotional Learning and Associated Assessment Measures*. Chicago: Social and Emotional Learning Research Group, University of Illinois, 2010.

——, et al. (2009). "Assessing Social Emotional Development in Children from a Longitudinal Perspective." *Journal of Epidemiology and Community Health* 63 (Suppl II), 37-52.

De Waal, F. *The Age of Empathy: Nature's Lessons for a Kinder Society*. New York: Broadway Books, 2010.

Douglas, A. *Parenting Through the Storm*. New York: HarperCollins, 2015.

Duckworth, A., and M. Seligman. "Self-Discipline Outdoes IQ in Predicting Academic Performance of Adolescents." *Psychological Science* 16, no. 12 (2005): 939–94.

Dzung, X. *The Mindful Teen: Powerful Skills to Help You Handle Stress One Moment at a Time*. Oakland, CA: New Harbinger, 2015.

Eastwood, John, et al. "The Unengaged Mind: Defining Boredom in Terms of Attention." *Perspectives on Psychological Science* 7, no. 5 (2012): 482–95.

Edlund, M. *The Power of Rest: Why Sleep Alone Is Not Enough: A 30-Day Plan to Reset Your Body*. New York: HarperCollins, 2010.

Eisenberg, N., and P. H. Mussen. *The Roots of Prosocial Behavior in Children*. Cambridge, UK: Cambridge University Press, 1989.

———, et al. "The Relation of Effortful Control and Impulsivity to Children's Resiliency and Adjustment." *Child Development* 75 (2004): 25–46.

Epstein, R. *The Case Against Adolescence: Rediscovering the Adult in Every Teen*. Fresno, CA: Quill Driver Books, 2007.

Evans, G. W., J. Brooks-Gunn, and P. K. Klebanov. "Stressing Out the Poor." *Pathways* (2011), Community Investments 23(2):22–27.

Fallon, J. *The Psychopath Inside: A Neuroscientist's Personal Journey into the Dark Side of the Brain*. New York: Penguin, 2013.

Field, Tiffany. *The Amazing Infant*. Hoboken, NJ: Wiley-Blackwell, 2007.

Fogel, A. *Developing Through Relationships*. Chicago: University of Chicago Press, 1993.

———. *The Psychophysiology of Self-awareness: Rediscovering the Lost Art of Body Sense*. New York: W. W. Norton, 2009.

———, B. J. King, and S. G. Shanker, eds. *Human Development in the Twenty-first Century: Visionary Ideas from Systems Scientists*. Cambridge, UK: Cambridge University Press, 2007.

Ford, J. D., and J. Wortmann. *Hijacked by Your Brain: How to Free Yourself When Stress Takes Over*. Naperville, IL: Sourcebooks, 2013.

Freed, J., and L. Parsons. *Right-Brained Children in a Left-Brained World: Unlocking the Potential of Your ADD Child*. New York: Simon & Schuster, 1998.

Galinsky, E. *Mind in the Making: The Seven Essential Life Skills Every Child Needs*. New York: HarperStudio, 2010.

Giedd, J. "The Teen Brain: Primed to Learn, Primed to Take Risks." *Cerebrum*, February 26, 2009.

———. "Inside the Teenage Brain." *Frontline*, January 31, 2002.

Gluckman, P., and M. Hanson. *Mismatch: Why Our World No Longer Fits Our Bodies*. Oxford: Oxford University Press, 2006.

Goleman, D. *Emotional Intelligence*. New York: Bantam Dell, 1995.

———. *Social Intelligence*. New York: Random House, 2007.

Gordon, M. *Roots of Empathy: Changing the World Child by Child*. New York: Workman, 2009.

Gould, Stephen J. "Human Babies as Embryos," in *Ever Since Darwin*, New York: W. W. Norton, 1977.

Grandin, Temple. *Thinking in Pictures: My Life with Autism*, expanded ed. New York: Vintage, 2006.

Greene, R. W. *The Explosive Child*. New York: Harper Paperbacks, 2001.

Greenland, S. K. *The Mindful Child: How to Help Your Kid Manage Stress and Become Happier, Kinder, and More Compassionate*. New York: Simon & Schuster, 2010.

Greenspan, S. I. *Secure Child: Helping Our Children Feel Safe and Confident in a Changing World*. Boston: Da Capo Press, 2009.

———, and Stuart Shanker. *Toward a Psychology of Global Interdependency: A Framework for International Collaboration*. Washington, DC: ICDL Press, 2002.

———, with N. T. Greenspan. *First Feelings: Milestones in the Emotional Development of Your Infant and Child from Birth to Age 4*. New York: Viking, 1985.

———, and N. T. Greenspan. *The Learning Tree: Overcoming Learning Disabilities from the Ground Up*. Boston: Da Capo Press, 2010.

———, and J. Greenspan. *Overcoming ADHD: Helping Your Child Become Calm, Engaged, and Focused-Without a Pill*. Boston: Da Capo Press, 2009.

———, and S. Shanker. *The First Idea: How Symbols, Language, and Intelligence Evolve, from Primates to Humans*. New York: Perseus Books, 2004.

———, and N. Lewis. *Building Healthy Minds: The Six Experiences That Create Intelligence and Emotional Growth in Babies and Young Children*. Boston: Da Capo Press, 2000.

———, and J. I. Downey. *Developmentally Based Psychotherapy*. Madison, CT: International Universities Press, 1997.

———, and J. Salmon. *The Challenging Child: Understanding, Raising, and Enjoying the Five "Difficult" Types of Children*. Boston: Da Capo Press, 1996.

Griffiths, P. E. *What Emotions Really Are: The Problem of Psychological Categories*. Chicago: University of Chicago Press, 1997.

Gross, J. *Handbook of Emotion Regulation*, 2nd ed. New York: Guilford Press, 2015.

Grossman, D. *On Killing: The Psychological Cost of Learning to Kill in War and Society*. New York: Little, Brown, 2009.

Gunnar, M., and K. Quevedo. "The Neurobiology of Stress and Development." *Annual Review of Psychology* 58 (2007).

Hadfield, C. *An Astronaut's Guide to Life on Earth*. London: Pan Macmillan, 2013.

Hallowell, E.M.M., and J. J. Ratey. *Driven to Distraction: Recognizing and Coping with Attention Deficit Disorder from Childhood Through Adulthood*. New York: Anchor, 2011.

Hawn, G., and W. Holden. *10 Mindful Minutes: Giving Our Children—and Ourselves—the Social and Emotional Skills to Reduce Stress and Anxiety for Healthier, Happy Lives.* New York: Penguin, 2011.

Hobbes, T. *Leviathan.* New York, Oxford University Press, 1651; 2009, XIII.9, 581–735; for a modern version, see William Golding. *Lord of the Flies.* New York: Penguin, 1954; 1983.

Huitt, W. "Motivation to Learn: An Overview." *Educational Psychology Interactive.* Valdosta, GA: Valdosta State University, 2011.

Huttenlocher, P. R. *Neural Plasticity.* Cambridge, MA: Harvard University Press, 2002. Izard, C. *The Psychology of Emotions.* London: Springer, 1991.

____, et al. "Emotional Knowledge as a Predictor of Social Behavior and Academic Competence in Children at Risk." *Psychological Science* 12 (2001): 18–23.

Jackson, M. *The Age of Stress: Science and the Search for Stability.* Oxford: Oxford University Press, 2013.

James, W. *Principles of Psychology.* Cambridge, MA: Harvard University Press, 1981, p. 462. Originally published in 1890.

Kabat-Zinn, J. *Mindfulness for Beginners: Reclaiming the Present Moment—and Your Life.* Louisville, CO: Sounds True, 2011.

____, and Richard Davidson, eds. *The Mind's Own Physician: A Scientific Dialogue with the Dalai Lama on the Healing Power of Meditation.* Oakland, CA: New Harbinger, 2012.

Kagan, J. *Unstable Ideas: Temperament, Cognition and Self.* Cambridge, MA: Harvard University Press, 1989.

____, and N. Herschkowitz. *A Young Mind in a Growing Brain.* East Sussex, England: Psychology Press, 2006.

Kennedy, N., et al. "Gender Differences in Incidence and Age at Onset of Mania and Bipolar Disorder Over a 35-Year Period in Camberwell, England." *American Journal of Psychiatry,* vol. 162 (2005): 257–62.

Kessler, D. A. *The End of Overeating: Taking Control of the Insatiable American Appetite.* Emmaus, PA: Rodale, 2010.

King, B. J. *The Dynamic Dance: Nonvocal Communication in African Great Apes.* Cambridge, MA: Harvard University Press, 2009.

Koepp, Matthias, et al. "Evidence for Striatal Dopamine Release During a Video Game." *Nature* 393 (1998): 266–68.

Kutscher, M. L. *ADHD: Living Without Brakes.* London: Jessica Kingsley, 2009.

Lansford, J. E., et al. "Ethnic Differences in the Link Between Physical Discipline and Later Adolescent Externalizing Behaviors." *Journal of Child Psychology and Psychiatry* 45 (2004): 801–12.

Lederbogen, A. F., et al. "City Living and Urban Upbringing Affect Neural Social Stress Processing in Humans." *Nature* 474, no. 7352 (2011): 498–501.

LeDoux, J. *The Emotional Brain: The Mysterious Underpinnings of Emotional Life*. New York: Simon & Schuster, 1998.

Levine, P.A., and A. Frederick. *Waking the Tiger: Healing Trauma: The Innate Capacity to Transform Overwhelming Experiences*. Berkeley, CA: North Atlantic Books, 1997.

Lewis, M. *The Biology of Desire: Why Addiction Is Not a Disease*. Toronto: Penguin Random House Canada, 2015.

_____. *Memoirs of an Addicted Brain: A Neuroscientist Examines His Former Life on Drugs*. Toronto: Doubleday Canada, 2013.

_____, and Jeanette Haviland-Jones. *Handbook of Emotions*, 3rd ed. New York: Guilford Press, 2010.

_____, "Bridging Emotion Theory and Neurobiology Through Dynamic Systems Modeling." *Behavioral and Brain Sciences* 28, no. 2 (2005): 169-94.

Lewis, T., F. Amini, and R. Lannon. *A General Theory of Love*. New York: Vintage, 2007.

Lieberman, D. *The Story of the Human Body: Evolution, Health, and Disease*. New York: Penguin, 2014.

Lillas, Connie, and Janiece Turnbull. *Infant/Child Mental Health, Early Intervention, and Relationship-Based Therapies: A Neurorelational Framework for Interdisciplinary Practice*. New York: W. W. Norton, 2009.

Louv, R. *Last Child in the Woods: Saving Our Children from Nature-Deficit Disorder*. New York: Algonquin Books, 2008.

_____. *The Nature Principle: Reconnecting with Life in a Virtual Age*. New York: Algonquin Books, 2012.

Lupien, S. *Well Stressed: Manage Stress Before It Turns Toxic*. New York: John Wiley & Sons, 2012.

McCain, H.N.M., J. F. Mustard, and S. Shanker. *Early Years Study 2*. Toronto: Council for Early Child Development, 2007.

Maccoby, E. E., and J. A. Martin. "Socialization in the Context of the Family: Parent- Child Interaction," in *Handbook of Child Psychology*, vol. 4: *Socialization, Personality, and Social Development*, 4th ed., P. H. Mussen and E. M. Hetherington, eds. New York: John Wiley & Sons, 1983.

McEwen, B. S., and Elizabeth Norton Lasley. *The End of Stress as We Know It*. Washington, D.C.: Joseph Henry Press, 2002.

McGonigal, K. *The Upside of Stress: Why Stress Is Good for You, and How to Get Good at It*. New York: Penguin, 2015.

MacLean, P. D., and V. A. Kral. *A Triune Concept of the Brain and Behaviour*. Toronto: University of Toronto Press, 1973.

Maté, G. *When the Body Says No: The Hidden Costs of Stress*. Toronto: Vintage Canada, 2004.

Maurer, D., and C. Maurer. *The World of the Newborn*. New York: Basic Books, 1988.

_____, and H. M. Schmeck. *The Hostage Brain*. New York: Rockefeller University Press, 1994.

Meerlo, P., et al. "Sleep Restriction Alters the Hypothalamic–Pituitary–Adrenal Response to Stress." *Journal of Endocrinology*, vol. 14 (2002): 397–402.

Mercer-Lynn, K., Rachel J. Bar, and John D. Eastwood. "Causes of Boredom: The Person, the Situation, or Both?" *Personality and Individual Differences* 56 (2014): 12–26.

"Me Want It (but Me Wait)." *Sesame Street*, August 5, 2013, https://youtu.be/9PnbKL3wuH4.

Mischel, W. *Marshmallow Test*. New York: Random House, 2014.

———, Y. Shoda, and M. I. Rodriguez. "Delay of Gratification in Children." *Science* 244, no. 4907 (1989): 933–38.

Moffitt, T. E., et al. "A Gradient of Childhood Self-Control Predicts Health, Wealth, and Public Safety." *Proceedings of the National Academy of Sciences* 108, no. 7 (2011): 2693–98.

Moll, J., et al. "The Neural Basis of Human Moral Cognition." *Nature Reviews Neuroscience* 6, no. 10 (2005): 799–809.

Muraven, M.R., and R. F. Baumeister. "Self-Regulation and Depletion of Limited Resources: Does Self-Control Resemble a Muscle?" *Psychological Bulletin* 126 (2000): 247–59.

Mustard, J. F. "Experience-Based Brain Development: Scientific Underpinnings of the Importance of Early Child Development in a Global World." *Paediatrics & Child Health* 11, no. 9 (2006): 571.

Nelson, C. A., K. M. Thomas, and M. De Haan. *Neuroscience of Cognitive Development: The Role of Experience and the Developing Brain*. New York: John Wiley & Sons, 2012.

Nigg, J. T. *What Causes ADHD? Understanding What Goes Wrong and Why*. New York: Guilford Press, 2006.

Numan, M., and T. R. Insel. *The Neurobiology of Parental Behavior*. London: Springer, 2003.

Ogden, P. *Sensorimotor Psychotherapy: Interventions for Trauma and Attachment*. New York: W. W. Norton, 2015.

Olfman, S., and B. D. Robbins, eds. *Drugging Our Children: How Profiteers Are Pushing Antipsychotics on Our Youngest, and What We Can Do to Stop It*. Santa Barbara, CA: ABC-CLIO, 2012.

Panksepp, J. *Affective Neuroscience*. New York: Oxford University Press, 1998.

Peterson, Christopher, and Martin Seligman. *Character Strengths and Virtues*. New York: Oxford University Press, 2004.

Pink, D. *Drive: The Surprising Truth About What Motivates Us*. New York: Penguin, 2009, 138 and 240.

Polan, H. J., and M. A. Hofer. "Psychobiological Origins of Infant Attachment and Separation Responses," in *Handbook of Attachment: Theory, Research, and Clinical Application*, J. Cassidy and P. R. Shaver, eds. New York: Guilford Press, 1999, 162–80.

Porges, S. W. *The Polyvagal Theory: Neurophysiological Foundations of Emotions, Attachment, Communication, and Self-Regulation*, Norton Series on Interpersonal Neurobiology. New York: W. W. Norton, 2011, 283.

Posner, M. I., and M. K. Rothbart. *Educating the Human Brain*. Washington, D.C.: American Psychological Association, 2007.

Ppproductions1000, "Very Tempting Marshmallow Test," September 19, 2009, https://youtu.be/x3S0xS2hdi4.

Raby, K., et al. "The Enduring Predictive Significance of Early Maternal Sensitivity: Social and Academic Competence Through Age 32 Years." *Child Development* 17 (December 2014): 695–708.

Race, K. "The Epidemic of Stressed Parents Raising Stressed Kids." *Huffington Post*, February 21, 2014, www.huffingtonpost.com/kristen-race-phd/the-epidemic-of-stressedparents-raising-stressed-kids_b_4790658.html.

Raine, A. *The Anatomy of Violence: The Biological Roots of Crime*. New York: Vintage, 2013.

Ratey, J. J., and E. Hagerman. *Spark: The Revolutionary New Science of Exercise and the Brain*. New York: Little Brown, 2008.

Richard, D., and Daniel Goleman. *Training the Brain*. Amazon Digital Services, 2012.

Rosenberg, K., and W. Trevathan. "Bipedalism and Human Birth: The Obstetrical Dilemma Revisited." *Evolutionary Anthropology: Issues, News, and Reviews* 4, no. 5 (1995): 161–68.

Ross, T., M. I. Fontao, and R. Schneider. "Aggressive Behavior in Male Offenders: Preliminary Analyses of Self-Regulatory Functions in a Sample of Criminals." *Psychological Reports* 100, no. 3, part 2 (2007): 1171–85.

Rothbart, M. K. *Becoming Who We Are: Temperament and Personality in Development*. New York: Guilford Press, 2011.

_____, L. K. Ellis, and M. I. Posner. "Temperament and Self-Regulation," in *Handbook of Self-Regulation: Research, Theory, and Applications*. R. F. Baumeister and K. D. Vohs, eds. New York: Guilford Press, 2004, 357–70.

Ryan, N. "Willpower: Rediscovering the Greatest Human Strength, by Roy F. Baumeister and John Tierney" (book review). *Journal of Positive Psychology* 7, no. 5 (2012): 446–48.

Sagvolden, T., et al. "A Dynamic Developmental Theory of Attention-Deficit/Hyperactivity Disorder (ADHD) Predominantly Hyperactive/Impulsive and Combined Subtypes." *Behavioral and Brain Sciences* 28, no. 3 (2005): 397–418.

Salovey, P., and J. D. Mayer. "Emotional Intelligence." *Imagination, Cognition, and Personality* 9 (1990): 185–211.

Sameroff, A. *The Transactional Model*. Washington, D.C.: American Psychological Association, 2009.

Sapolsky, R. M. *Why Zebras Don't Get Ulcers: The Acclaimed Guide to Stress, Stress-Related Diseases, and Coping*. New York: Macmillan, 2004.

Savage-Rumbaugh, S., S. G. Shanker, and T. J. Taylor. *Apes, Language, and the Human Mind*. New York: Oxford University Press, 1998.

Schmeichel, B. J., and R. F. Baumeister. "Self-Regulatory Strength," in *Handbook of Self-

Regulation. R. F. Baumeister and K. D. Vohs, eds. New York: Guilford Press, 2004, 84-98.

Schore, A. N. *Affect Regulation and the Origin of the Self: The Neurobiology of Emotional Development*. East Sussex, England: Psychology Press, 1994.

_____. *The Science of the Art of Psychotherapy*, Norton Series on Interpersonal Neurobiology. New York: W. W. Norton, 2012.

Selye, H. *Stress Without Distress*. New York: Springer US, 1976, 137-46.

Shanker, S. *Calm, Alert, and Learning: Classroom Strategies for Self-Regulation*. London: Pearson, 2013.

_____. *Wittgenstein's Remarks on the Foundations of AI*. London: Routledge, 1998.

_____, and D. Casenhiser. *Reducing the Effort in Effortful Control: A Wittgensteinian Perspective on the Use of Conceptual Analysis in Psychology*. London: Palgrave Macmillan, 2013.

_____. "A Dynamic Developmental Model of Emotions." *Philosophy, Psychiatry and Psychology* 11 (2004): 219-33.

_____. Broader Measures of Success: Social/Emotional Learning [report]. Toronto: People for Education, 2015.

_____. "Descartes' Legacy: The Mechanist/Vitalist Debates," in *Philosophy of Science, Logic, and Mathematics in the 20th Century*. London: Routledge, 1996.

_____. "Emotion Regulation Through the Ages" (2012), in *Moving Ourselves, Moving Others: Motion and Emotion in Intersubjectivity, Consciousness and Language*, vol. 6, A. Foolen et al., eds. Amsterdam, The Netherlands: John Benjamins, 2012.

_____ and D. Casenhiser. "Reducing the Effort in Effortful Control," in *Conceptual Analysis and Psychology*, T. Racine and K. Slaney, eds. New York, Macmillan, 2013.

_____, and Jim Stieben. "The Roots of Mindblindness," in *Against Theory of Mind*. Ivan Leudar, ed. London: Palgrave Macmillan, 2009.

Sherrod, D. R. "Crowding, Perceived Control, and Behavioral After-effects." *Journal of Applied Social Psychology* 4 (1974): 171-86.

Shonkoff, J., and D. Phillips. *From Neurons to Neighborhoods: The Science of Early Childhood Development*. Washington, D.C.: National Academy Press, 2000.

Siegel, D. *Brainstorm: The Power and Purpose of the Teenage Brain*. London: Hachette UK, 2014.

_____. *The Developing Mind*. New York, Guilford Press, 1999; second edition 2012.

Steinberg, L. *Age of Opportunity: Lessons from the New Science of Adolescence*. Boston: Houghton Miff lin Harcourt, 2014.

_____. "A Dual Systems Model of Adolescent Risk-Taking." *Developmental Psychobiology* 52, no. 3 (2010): 216-24.

Steiner-Adair, C. *The Big Disconnect: Protecting Childhood and Family Relationships in the Digital Age*. New York: HarperCollins, 2013.

Sternberg, E. *The Balance Within: The Science Connecting Health and Emotions*. New York: Times Books, 2001.

____. *Healing Spaces: The Science of Place and Well-being. Cambridge*, MA: Harvard University Press, 2009.

Tantam, D. *Can the World Afford Autistic Spectrum Disorder? Nonverbal Communication, Asperger Syndrome and the Interbrain. London:* Jessica Kingsley, 2009.

Thayer, R. E. *The Biopsychology of Mood and Arousal.* New York: Oxford University Press, 1989.

____. *The Origin of Everyday Moods: Managing Energy, Tension, and Stress.* New York: Oxford University Press, 1997.

____. *Calm Energy: How People Regulate Mood with Food and Exercise.* New York: Oxford University Press, 2003.

Thompson, M. G. *Raising Cain: Protecting the Emotional Life of Boys.* New York: Ballantine, 1999.

____. *It's a Boy! Understanding Your Son's Development from Birth to Eighteen.* New York: Ballantine, 2008.

Tremblay, R. E., W. W. Hartup, and J. Archer, eds. *Developmental Origins of Aggression.* New York: Guilford Press, 2005.

Tronick, E. Z. *The Neurobehavioral and Social-Emotional Development of Infants and Children.* New York: W. W. Norton, 2007.

____. "Why Is Connection with Others So Critical?," in *Emotional Development.* J. Nadel and D. Muir, eds. Oxford: Oxford University Press, 2004.

____. "Emotions and Emotional Communication in Infants," *American Psychologist* 44 (1989): 112-19.

Van der Kolk, B. *The Body Keeps the Score: Brain, Mind, and Body in the Healing of Trauma.* New York: Penguin, 2014.

Volkow, Nora, and Ruben Baler. "Addiction: A Disease of Self-Control." *Neurosciences and the Human Person: New Perspectives on Human Activities. Scripta Varia 121.* Vatican City: Pontifical Academy of Sciences, 2013.

Von Sömmerring, S. T. *Vom Baue des menschlichen Körpers*, vol. 1 Frankfurt, Germany: Varrentrapp und Wenner, 1791.

Watson, J. B. "Psychology as the Behaviorist Views It." *Psychological Review* 20, no. 2 (1913): 158.

Weisfeld, G. E. *Evolutionary Principles of Human Adolescence.* New York: Basic Books, 1999.

Weissbourd, R. *The Parents We Mean to Be.* Boston: Houghton Miff lin Harcourt, 2009.

William, M. S., and S. Shellenberger. *How Does Your Engine Run?: A Leader's Guide to the Alert Program for Self-Regulation.* Albuquerque, NM: TherapyWorks, 1996.

Wilson, E. O. *Consilience: The Unity of Knowledge.* New York: Vintage, 1999.

Wilson, G. *Your Brain on Porn: Internet Pornography and the Emerging Science of Addiction.* New Delhi, India: Commonwealth, 2014.

Wittgenstein, L. *Philosophical Investigations.* Oxford: Blackwell, 1958.

Wrangham, R. W., and D. Peterson. *Demonic Males: Apes and the Origins of Human Violence.* Boston: Houghton Miff lin Harcourt, 1997.

Zhao, Y. *Who's Afraid of the Big Bad Dragon: Why China Has the Best (and Worst) Education System in the World*. New York: John Wiley & Sons, 2014.

Zimmerman, B. J., and D. H. Schunk, eds. *Self-Regulated Learning and Academic Achievement: Theoretical Perspectives*. London: Routledge, 2001.